GEO

VOLKER SOMMER

Feste Mythen Rituale

Warum die Völker feiern

GEO

Herausgeber: Hermann Schreiber
Lektorat: Ortwin Fink
Gestaltung: Peter Voigt
Bildredaktion: Sabine Wuensch, Bärbel Edse
Bildrecherche USA: Brigitte Barkley
Dokumentation: Dr. Paul Winkler

Herstellung: Jürgen Hartmann, Klaus Horstmann
Druckzentrale G+J

Lithographie: MWW-Repro, Hamburg
Druck: Brillant Offset GmbH

Gedruckt auf Papier mit chlorfrei
gebleichtem Zellstoff

1. Auflage 1992
ISBN: 3-570-01746-X

Heilige Ord

Früh schon bewog den Menschen sein Urtrieb nach Geborgenheit im Chaos der Welt zur Suche nach geregeltem Leben und sicherem Hort. So bildeten sich die hohen Tage und die besonderen Orte heraus, an denen auch heute noch die Höhepunkte des Daseins feierlich begangen werden. Über dieses Bedürfnis haben Völkerkundler, Anthropologen, Verhaltenswissenschaftler und Theologen lange gerätselt. Die Ergebnisse der Forschung laden ein zu einer spannenden Reise durch die Welt der Traditionen und Religionen samt ihren Künsten, Kulten und Festen

nung in Zeit und Raum

Das Heilige offenbart sich in spektakulärer Natur. Diese Prozession führt zum Gott des Feuers. Blutige Menschenopfer sollten einst den unberechenbaren Zorn des Vulkans Bromo auf Java besänftigen. Auf schmalem Grat zwischen Bangen und Hoffen werden ihm heute Blumen, Speisen und Geld dargebracht

Blüte aus dem Legendenkranz des christlichen Osterfestes: Auf dem Weg nach Golgatha trocknete Jesus sein schweißüberströmtes Gesicht mit dem Schleier der Veronika. In Marsala auf Sizilien schlüpfen prächtig herausgeputzte junge Frauen während der Karwoche in die Rolle der heiligen Mildtäterin

Im Banne des Heiligen:
Nicht Jerusalem, sondern der Berg Garizim ist das sakrale Zentrum der Samaritaner, die eine besondere Form der Jahwereligion zelebrieren. Auf dem Gipfel reckt der Priester zum Passah-Fest die Thora-Rollen ins zarte Morgenlicht

Jenseits aller nüchternen Logik entfaltet Religion ihre Kraft – besonders zu den Höhepunkten des göttlichen Kalenders. In Comas, einem schäbigen Vorort der peruanischen Hauptstadt Lima, wird wie vielerorts zu Ostern die Kreuzigung Christi ergreifend nachgespielt

Fixpunkt im Fluß der Zeit: Wie in vielen spanischen Orten gipfelt auch für die Einwohner Sevillas das Kirchenjahr in der „Semana Santa", der „Heiligen Woche" vor Ostern. Dann ziehen mystisch beseelte Büßergemeinschaften in Erinnerung an die Passion Christi durch die andalusische Metropole

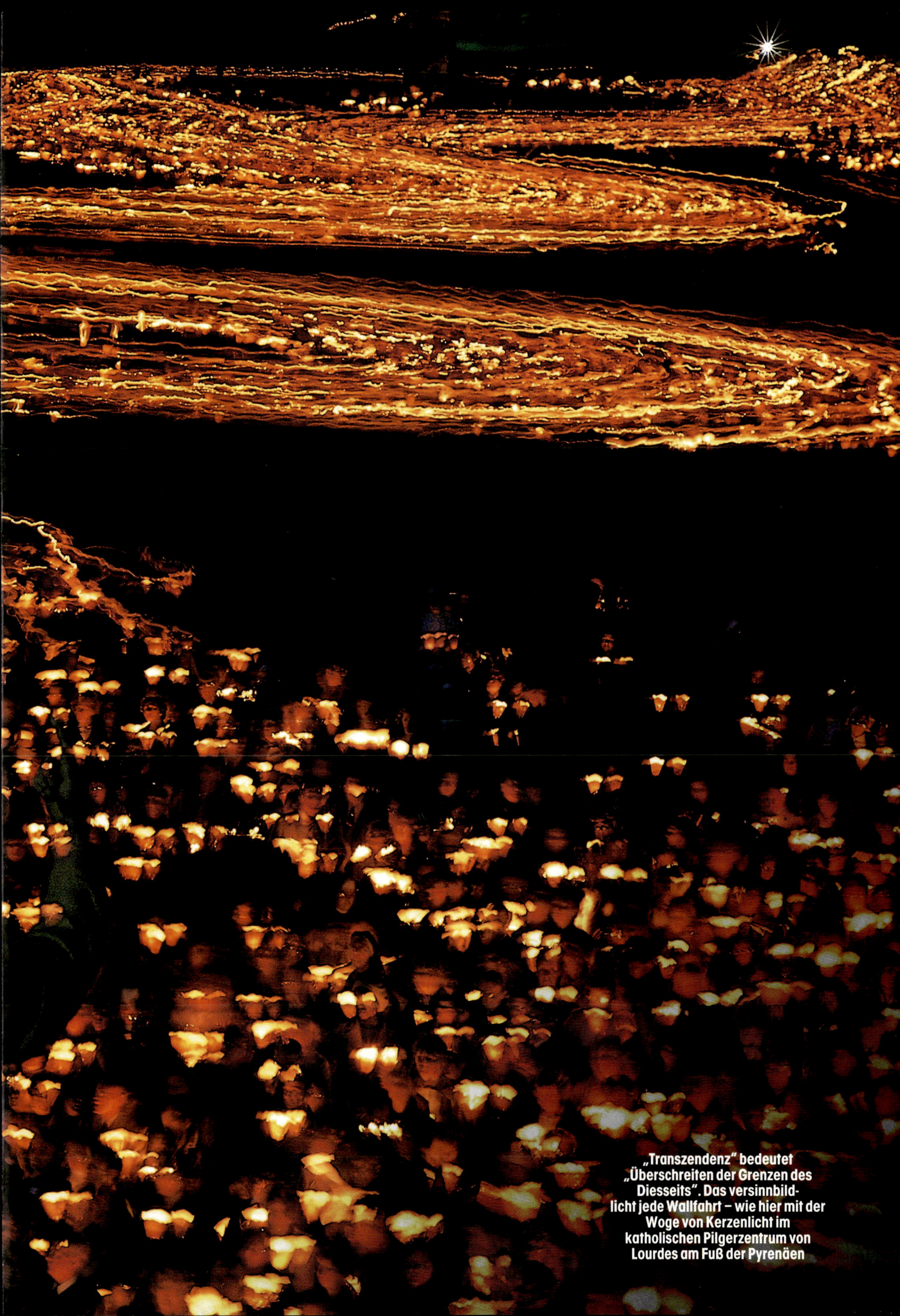

„Transzendenz" bedeutet „Überschreiten der Grenzen des Diesseits". Das versinnbildlicht jede Wallfahrt – wie hier mit der Woge von Kerzenlicht im katholischen Pilgerzentrum von Lourdes am Fuß der Pyrenäen

Die Macht des Bösen brechen: Zur Pilgerfahrt nach Mekka gehört für jeden frommen Muslim, daß er auf dem Weg dorthin Steine aufsammelt, die er im nahen Mina gegen die Säulen des Satans schleudert

Zu den Moderatoren des Übersinnlichen, die das Heil verwalten, zählen auch Geisterbeschwörer – wie diese in Mali. Ihre Rituale scheiden das Profane vom Sakralen, den Alltag vom Festtag

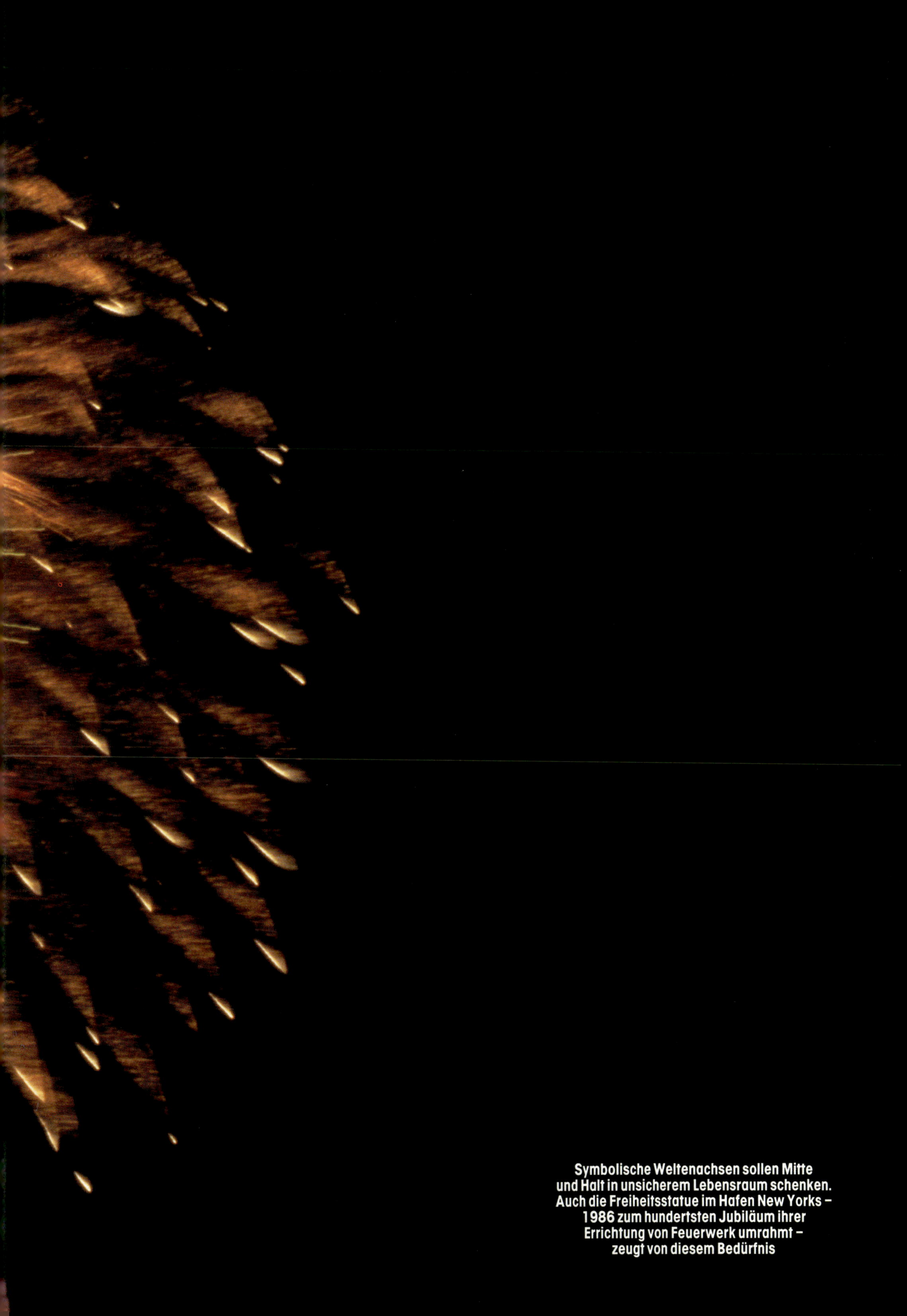

Symbolische Weltenachsen sollen Mitte und Halt in unsicherem Lebensraum schenken. Auch die Freiheitsstatue im Hafen New Yorks – 1986 zum hundertsten Jubiläum ihrer Errichtung von Feuerwerk umrahmt – zeugt von diesem Bedürfnis

Majestät im Übermaß: 17 Meter
hoch ragt die tausend Jahre alte Skulptur
der Jaina-Gottheit Adinath
im südindischen Sravanabelagola.
Die Opfergabe zu ihren Füßen schrumpft
beinahe zum Nichts

Gleich dem balsamischen Duft aus dem zentnerschweren Weihrauchkessel sollen die Gebete gen Himmel steigen. Dieser fromme Wunsch beflügelt die Pilger im nordspanischen Santiago de Compostela – jahrhundertelang einer der bedeutendsten Wallfahrtsorte der Christenheit

IN ALL
ACKNOWL
AND HE SHALL D

Als Richtschnur für Glauben, Leben und Gemeindeordnung mit all ihren Zeremonien gilt den in den USA verbreiteten Zion-Baptisten allein die Bibel, die bereits der dreizehnjährige Prediger mit heiligem Eifer auslegt

Im Schmelztiegel der pazifischen Kulturen haben sich viele Rituale folkloristisch vermischt. Dazu gehört auf den Fidschi-Inseln der Kriegstanz der Keulenschwinger, der Elemente des Feuertanzes zu Ehren der melanesischen Götter aufgenommen hat

Ein Feuerzeug hat der Priester nur vorsichtshalber unter den Talar gesteckt – falls es mit den Kieselsteinen nicht klappen sollte. Doch der Haufen Stroh ist locker, trocken und mit ein paar Spritzern Petroleum präpariert. Außerdem haben die Jungen am Gründonnerstag fleißig geübt. Manche mäkeln zwar, als Meßdiener in den weißen knöchellangen Röcken sähen sie einfach lächerlich aus. Aber am Ende dieser Frühjahrsnacht das Feuer neu entzünden zu dürfen, bleibt eine Ehre. Und eine Herausforderung – denn die Methode des Funkenschlagens ist archaisch.

Auf dem Friedhof ist kaum die Hand vor Augen zu sehen. Zum Glück regnet es nicht. Schemenhaft nähern sich von überall Grüppchen von Menschen. Ähnliche Aufzüge finden zu dieser Stunde an unzähligen Orten statt – auf den mächtigen Stufen der mosaikbeladenen Kirche von Santa Maria Maggiore in Rom, neben den schmucklosen Backsteinmauern von Dei Frari in Venedig, an der figurenverzierten Bronzetür des Doms zu Hildesheim, vor der kunstvoll geschwollenen Fassade der Wallfahrtskirche von Vierzehnheiligen – überall da, wo Katholiken sich zu nachtschlafender Zeit aus ihren Betten erheben, um das Osterfest zu begehen.

Hier, im oberbayerischen Schliersee, streben die Gläubigen der stattlichen Pfarrkirche zu, die dem heiligen Sixtus geweiht ist. Die meisten verschwinden ins abgedunkelte Innere – nicht ohne sich zuvor mit Weihwasser zu benetzen, das Knie zu beugen, das Kreuzzeichen zu schlagen.

Draußen verdichtet sich die Erwartung. Bis es endlich hell klakkert in der nächtlichen Stille: Die Kiesel werden aneinandergeschlagen. Ein Funke verfängt sich im Gewirr der Halme, wächst sich zu einem Flackern aus – rasch ergreift das Licht Besitz von dem Haufen. Der Priester weiht das Feuer: „O Gott, du hast durch deinen Sohn, den wahren Eckstein, den Gläubigen das Feuer deiner strahlenden Herrlichkeit mitgeteilt; gibt diesem Feuer, das zu unserem Gebrauch aus dem Stein geschlagen ist, deine Weihe und laß uns durch diese Osterfeier so von himmlischer Sehnsucht entflammt werden, daß wir ganz rein zur immerwährenden Festfeier deiner Lichtfülle gelangen."

Mit einem Griffel ritzt der Priester in die meterhohe wachsweiße Osterkerze das Zeichen des Kreuzes. Darüber gräbt er ein Alpha ein, den ersten Buchstaben des griechischen Alphabets, darunter ein Omega, den letzten Buchstaben. In die Winkel der Kreuzbalken werden die Ziffern der Jahreszahl gezeichnet. Schließlich drückt der Priester in die Kreuzform fünf Weihrauchkörner ein: „Durch seine heiligen und glorreichen Wunden behüte und bewahre uns Christus der Herr. Amen."

Was das bedeutet? Während seiner Hinrichtung auf der Schädel-

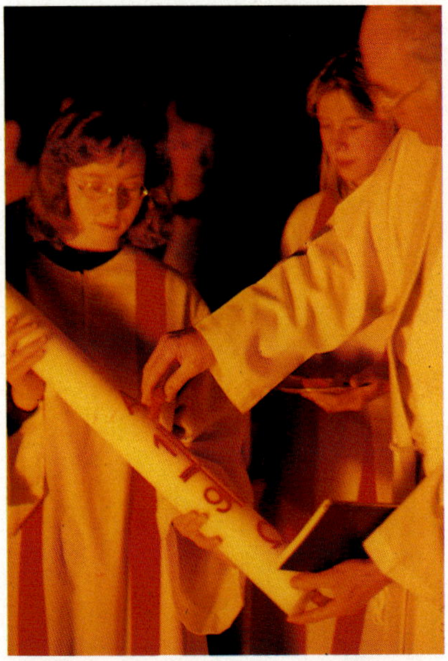

Tiefe Symbolik: Die Kerze wird präpariert

Das Licht des Glaubens an die Auferstehung vertreibt die Finsternis des Todes. Kerzenschein durchflutet die Barockkirche Sankt Sixtus, wenn die Katholiken im oberbayerischen Schliersee die Osternacht feiern

stätte Golgatha nahe Jerusalem wurden dem Stifter dieser Religion – dem Wanderprediger Jesus von Nazareth – fünf Wunden beigebracht: vier beim Annageln durch Hände und Füße, die fünfte durch einen Speerstich in die Seite. Eine grausame Szene – aber daran denkt hier niemand. Zum einen wurde die Martergeschichte zu oft kolportiert, zum anderen versammeln sich die Menschen eben deshalb, weil sie glauben, der zu Tode Gefolterte sei nach drei Tagen aus dem mit einem Felsblock verschlossenen Grab wiederauferstanden. Der Rest dieser Nacht erinnert noch an das Dunkel der Grabeshöhle – das neue Feuer, mit dem die Osterkerze jetzt entzündet wird, kündet bereits von einem hellen Morgen: „Das Licht Christi, des glorreich Auferstandenen, zerstreue das Dunkel der Herzen und des Verstandes."

Das erste, was die in der dunklen Kirche schweigend Wartenden gewahren, ist diese eine kleine Flamme – eben hell genug, um das weiße Gewand des Diakons aufglänzen zu lassen. An der Spitze des Zuges von Priester, Kirchen- und Meßdienern schreitet er in die Kirche, hält an, hebt die riesige Kerze empor. Die Teilnehmer der Prozession sinken auf die Knie.

Der Diakon singt: „Lumen Christi!" Die Menge, in den Bänken und auf der Empore dicht gedrängt, antwortet: „Deo gratias!" Alle erheben sich. Der Priester, der die Osterkerze geweiht hat, zündet an ihr nun die eigene an.

Der Zug schreitet weiter. In der Mitte des Raumes macht er ein zweites Mal halt. Wieder knien alle nieder. Der Diakon hält die Kerze empor und singt in erhöhter Stimmlage: „Lumen Christi!" Wieder antwortet die Menge: „Deo gratias!" Nachdem alle erneut aufgestanden sind, entzünden die Kirchendiener ihre Kerzen am Osterlicht.

Die Prozession erreicht den Altar. Hier hält sie ein drittes Mal. Der Diakon erhebt die Kerze, singt in nochmals höherer Stimmlage: „Lumen Christi!" Alle antworten kniend: „Deo gratias!"

Jetzt wird die Flamme an die Kerzen der Gläubigen weitergegeben. Viele von ihnen haben nach strengem Brauch seit Karfreitag kein offenes Licht mehr entfacht. Am Ende des Gottesdienstes werden die Kinder versuchen, ihre Kerzen brennend heimzutragen. Nun aber, da die Lichter das Innere der Kirche strahlend erleuchten, wird mit einem Male deutlich, warum Sankt Sixtus als „Barockperle" gilt: In den Nischen der Seitenaltäre scheinen Heiligenstatuen auf, am Hochaltar schimmern Marmor- und Porphyrsäulen, Stukkaturen und Fresken füllen jeden Winkel. Die schwankenden Lichter in den Händen der Menschen vereinigen sich mit dem Schein kostbarer Lampen, die von der Decke herabhängen oder auf hohen Kandelabern ruhen, spiegeln und brechen sich im üppigen

Durch heilige Mahlzeiten wird die Gottheit symbolisch vernichtet – auch beim christlichen Abendmahl verleibt sich der Gläubige damit Unsterblichkeit ein. Denn gemäß den Worten des Priesters gilt die erhobene Hostie als „Jesu Leib"

Blattgold. Die Osterkerze erhält bis zum Himmelfahrtstag auf eigenem Leuchter neben dem Hochaltar einen Ehrenplatz.

Über diese Woge des Lichts erhebt sich die leicht zitternde Stimme des Diakons – vielleicht hat er sich zuvor nicht genug geräuspert, vielleicht schwingt einfach freudige Erregung mit. In der nächsten Viertelstunde wird er einen mehr als anderthalb Jahrtausende alten Hymnus rezitieren: das Lob der Kerze und der Osternacht. Dieser Preisgesang pocht nach alter Überlieferung am Himmel an: „Dies ist die Nacht – dies ist die Nacht – o wahrhaft selige Nacht."

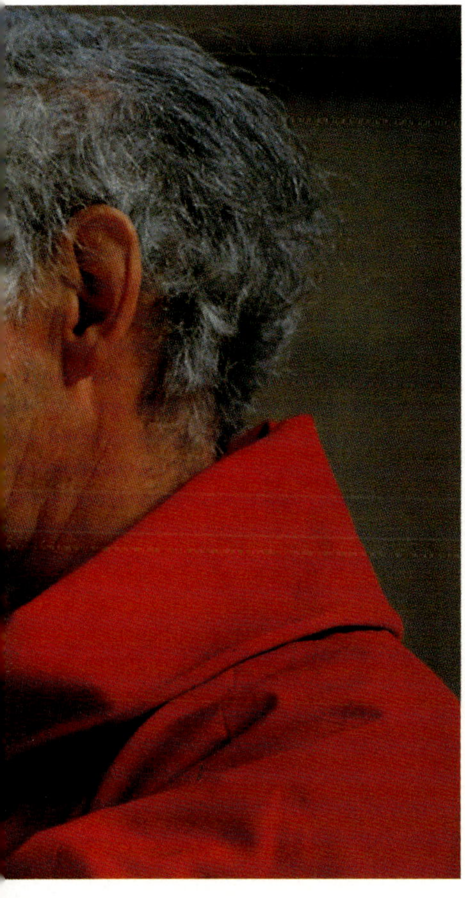

Am Tag zuvor sind die feierlich gestimmten Menschen noch ganz profanen Tätigkeiten nachgegangen – sie betreiben Tankstellen, Bäckereien, Metzgereien, Lebensmittelgeschäfte, Gaststätten und Hotels –, vor allem für die Touristen, welche zwischen Salzburger Land und München weiß-blaue Idylle suchen. Etliche der Kirchgänger sind Bauern, andere Angestellte bei Banken, Stadt, Post, einige sind bei den Pharma-Werken beschäftigt, die mit dem Namen des Kirchenpatrons keck für ihren Fußbalsam werben: „Sixtuwohl". Es sind also alle eigentlich ganz „normale" Leute, die sehr wohl mit kaufmännischer Vernunft und nüchternem Kalkül ihr Leben zu gestalten wissen. Mitten in dieser Nacht allerdings gewinnt ein anderer Antrieb Macht über ihr Handeln – eine Motivation, die jeder Logik entbehrt, die jenseits naturwissenschaftlicher Objektivität liegt und der kühler Verstand nichts als Achselzucken entgegenzubringen vermag: Die Menschen sind aus freien Stücken zusammengekommen, um ein Fest zu begehen, das seinem Wesen nach höchst irrational ist.

Feierliche Versammlungen gehören zum ältesten Menschheitserbe. Sie begleiten die großen Einschnitte im Lebenslauf – die Geburt, die Aufnahme in die Religionsgemeinschaft oder Berufsgruppe, den Beginn der Ehe, den Tod. Feste gliedern die Zeit nach Anfang, Höhepunkt und Ende einer Arbeit – beim ersten Spatenstich, dem Aufrichten des Dachstuhls, beim Stapellauf eines Schiffes. Feste markieren den Zyklus der Natur sowie Höhepunkte in der Geschichte von Vereinigungen und Staaten. Feste wurzeln tief in der sozialen und religiösen Herkunft des Menschen; sie offenbaren Spuren eines „kollektiven Unbewußten", für die sich eine ganze Reihe wissenschaftlicher Disziplinen zunehmend interessiert – darunter Völkerkunde, Anthropologie, Soziologie, Psychologie und Theologie.

Weltweit Aufsehen unter den Fachgelehrten erregte der Marburger Theologe Rudolf Otto (1869–1937) mit seiner These, der Schlüssel zum Verständnis religiöser Neigungen liege in der psychologischen Erfahrung der Gläubigen. Er widersprach damit klar der historisch argumentierenden Religionswissenschaft seiner Zeit. In der Abhandlung „Das Heilige" aus dem Jahre 1917 verwarf er bewußt die gängigen philosophischen Begriffe zur Bestimmung von Religion und kehrte stattdessen die „irrationalen" Elemente heraus – besonders die Vorstellung vom „lebendigen Gott" als einer furchteinflößenden Macht. In Ottos Sicht nimmt die Erhabenheit und Übermacht dieses „Numinosen" – vom lateinischen „numen", Gott – für die Gläubigen eine reale Gestalt an. Diese Wirklichkeit ist allerdings anderer Art als die natürliche Realität. Die irreale Wirklichkeit – von Otto „das Heilige" genannt – bildet vor allem den Gegensatz zum „Weltlichen". Das Leben der Menschen schwingt also zwischen den beiden Polen, dem Sakralen und dem Profanen. Auch wenn heute durch Naturwissenschaft und Technologie der Kosmos in zunehmendem Maße seiner „Heiligkeit" beraubt wird: Die Sehnsüchte und Gefühle der Menschen spiegeln sich weiterhin in Feiern wider, wie sie sich etwa in der Osternacht abspielen, mitsamt einer ungeheuer bunten, bisweilen bizarr anmutenden Palette von Ritualen und Symbolen.

Oftmals ist bereits der Platz der Handlungen von tiefer Bedeutung. Als Wohnsitze und Offenbarungsorte der übermenschlichen Mächte gelten weithin ungewöhnliche Strukturen der Natur – Höhlen, Quellen, Haine, Berge, Meteoriten. Solche Stellen, an denen nach Überzeugung der Gläubigen die göttlichen Kräfte besonders stark wirken, sind bevorzugtes Ziel von Wallfahrten. So haben sich seit Muhammad Millionen von Muslimen nach Mekka aufgemacht, um einen legendenschweren schwarzen Stein zu verehren, und alljährlich steigen Heerscharen von Hindus zum Götterberg Kailash im Himalaja hinauf. Christen wiederum wallfahrten zur Grotte der Heiligen Rosalia bei Palermo oder zur wundertätigen Quelle von Lourdes am Fuße der Pyrenäen.

Solche im wahrsten Sinne des Wortes be-greifbaren Erscheinungen des Heiligen – die „Hierophanien" – helfen dem religiösen Menschen, die eigene Position im Raum zu bestimmen. Sie gewähren Orientierung, enthüllen Mittelpunkte und Achsen in einer zunächst unstrukturierten, formlosen Umgebung, die unsicher macht. Deshalb werden Feste nicht an beliebiger Stelle gefeiert, sondern an eigens ausgewählten und hergerichteten Orten.

Von tiefer Bedeutung – im wahrsten Sinne des Wortes – ist für die Pilger auf Java der Vulkan Bromo. Wer in seinen Schlund hinabsteigt, tut dies mit heiligem Respekt vor dem Gott des Feuers

So sind Heiligtümer für die meisten Menschen die Mitte ihrer Welt. Viele Gesellschaften machen wie selbstverständlich einen Unterschied zwischen dem engeren Gebiet, das ihre Ahnen in Besitz nahmen, und dem weiteren Umkreis, wo unheimliche Monster und unbekannte Wesen hausen. Nicht umsonst richteten die portugiesischen und spanischen Konquistadoren bei Landnahmen das Kreuz Christi auf, um die Gegend mit ihrem heiligen Zeichen zu weihen. Das Kreuz versinnbildlicht die Begegnung des irdischen Horizonts – waagerechter Balken – mit dem Himmel – senkrechter Balken. Wer das Kreuz mit sich trägt, glaubt sich dem Allerhöchsten verbunden.

Menschen lassen sich gern um den Mittelpunkt ihrer Welt nieder. Das ist der Ort, an dem sie sich versammeln und auch ihre Feste feiern. Der berühmteste „omphalos" – griechisch für „Nabel" – befand sich im Zentrum des Apollotempels von Delphi: ein Fels von der Form eines Bienenkorbes, überzogen mit einem skulptierten Netz, das vielleicht die dort wohnenden guten Mächte festhalten sollte. Im Allerheiligsten des Tempels von Jerusalem, das als Zentrum des Erdkreises galt, verschloß ein „Nabelstein" die Öffnung, aus der einst das Wasser der ersten Flut in die Tiefe abgeflossen sein soll. In Indien wiederum bestimmt vor dem Hausbau ein Astrologe den Punkt für den Grundstein. Hier muß ein Pfahl eingeschlagen werden, um den Kopf der Schlange festzunageln, welche die Welt trägt. Weil Schlangen sich windend fortbewegen, stehen sie für das Formlose, das nicht Manifestierte, dessen es Herr zu werden gilt bei jedem Bau. Zahlreiche mythische Drachentöter werden in den verschiedenen Kulturen verehrt, weil sie das Chaos überwanden: Apollon vernichtete Python, Herakles die Hydra, Siegfried den Lindwurm. Der „Drachenstich" des Heiligen Georg ist im bayerischen Furth Anlaß eines Volksfestes, bei dem der Sieg des edlen Ritters über das achaische Tohuwabohu nachgespielt wird.

Ist die Weltenmitte festgelegt, wird um sie herum gern ein Quadrat konstruiert, das sich auf die vier Horizonte bezieht. Dörfer werden oft in vier Sektoren eingeteilt, mit einem Platz in der Mitte als Ort für das Kultgebäude, dessen Dach den Himmel repräsentiert – eine Vorstellung, die den Waropen auf Neuguinea ebenso vertraut ist wie den Algonkin- und Sioux-Indianern Nordamerikas. Die Architektur christlicher Kirchen greift die Begegnung von Erde und Himmel gleichfalls auf – immer dann, wenn sich über einer die Erde darstellenden Vierung eine Kuppel wölbt: der geöffnete Himmel. Verbreitet ist auch die Vorstellung, der Himmel sei ein gewaltiges Zelt, gestützt von einem Mittelpfosten.

In dieser Symbolik kommt auch Bäumen eine besondere Rolle zu. In manchen Gegenden Mitteleuropas ist die kleine Birke, die zum Richtfest am Dachstuhl befestigt wird, eine ferne Erinnerung an die kosmische Zeltstange. Bäume repräsentieren als Sinnbilder für die Vegetation zugleich die Fähigkeit

Es war mehr als nur ein Zeichen weltlicher Besitzergreifung: Das Kreuz, das Kolumbus 1492 nach seiner Landung auf Haiti errichten ließ, gab ihm und seinen Leuten festen Halt in fremder Welt

des Kosmos, sich endlos zu erneuern. Vielen Kulturen sind kosmische Bäume vertraut: den Germanen die Esche Yggdrasil, den Völkern der Alten Welt die Bäume der Weisheit oder der Erkenntnis des Guten und des Bösen. Mythen verheißen demjenigen Unsterblichkeit oder ewige Jugend, der in fernen Landen den Baum mit den goldenen Früchten findet – der allerdings bewacht wird von Greifen, Drachen oder Schlangen. In Manching bei Ingolstadt wurde aus keltischer Zeit ein vergoldetes Bäumchen ausgegraben, 2300 Jahre alt, mit Blättern, Knospen, Blüten. Beweise für die Symbolkraft von Bäumen finden sich vielerorts in Süddeutschland: Meist nahe der Kirche ragt ein figurenverzierter Maibaum in den Himmel. Nach dem Volksglauben feit der prächtig geschmückte Stamm den Ort vor bösen Geistern. Im Wipfel wird gern ein mit bunten Bändern geschmückter Kranz montiert, behangen mit Würsten, Schinken oder Süßigkeiten als Preis für diejenigen, die am glatten Stamm hinaufzuklettern vermögen – bevor das fröhliche Fest mit einem „Maireigen" fortgesetzt wird.

Zahlreiche Völker versuchen, ihrem Lebensraum durch Achsen oder Säulen Mitte und Halt zu geben:

● Die Kwakiutl – ein Indianerstamm in British Columbia – sehen in der Milchstraße mit ihrer Anhäufung von Sternen ein Bild der Weltensäule. Aus den Dächern der Kultgebäude ragen als Imitate dieser Säule riesige Zedernstämme heraus, und der Kultgesang verkündet: „Ich bin im Zentrum der Welt – ich bin am Pfosten der Welt."

Kosmische Bäume tragen das Himmelszelt. Von diesem Glauben kündet auch das Zeugnis keltischer Goldschmiedekunst, 2300 Jahre alt und ausgegraben in Manching bei Ingolstadt

● Ähnlich denken die Achilpa-Nomaden vom Stamme der Aranda in Australien. Das göttliche Wesen Numbakula schuf aus einem Gummibaum den heiligen Pfahl „kauwa-auwa“, um daran in den Himmel zu klettern. Wo immer dieser Pfahl errichtet wird, gilt das Land um ihn herum als bewohnbar. Da die Achilpa diese Weltachse stets mit sich führen, können sie trotz häufigen Ortswechsels beständig in der Mitte ihres Kosmos bleiben.

● Die Tibeter greifen solche Bezüge auf, wenn sie „Lhatos“ und „Stupas“ errichten. Ein Lhato ist ein kleines dreistöckiges Gebäude mit quadratischem Grundriß – Abbild der vier Himmelsrichtungen –, das oft mit einem Pfahl bekrönt wird: Zeichen für den Weltenbaum. Stupas sind ähnlich gebaut, nur daß eine der Etagen deutlich gewölbt ist. Sie enthalten Reliquien, meist auch ein Stück „Lebensholz“ – vermutlich gleichfalls ein Relikt des Weltenbaumes.

Weltenachsen verbinden das Irdische mit dem Himmlischen. An der Flanke des Himalajagipfels Kailash richten tibetische Gläubige zu Buddhas Geburtstag einen Mast mit Yakleder und Gebetsfahnen her – kultisches Abbild des Weltenberges Meru

● Als der nordindische Maharaja Jai Singh II. im Jahre 1727 mit Hilfe von Astrologen eine neue Residenz gründete, ließ er die Mitte der Welt in das nach ihm benannte Jaipur verlegen: Dort überragt der siebenstöckige Ishvar Minara-Turm weithin sichtbar alle anderen Gebäude der Stadt.

● Die Vorstellung einer Weltensäule, die den Himmel trägt und den Weg zur Heimstatt des Göttlichen weist, war auch den Germanen geläufig: Karl der Große zerstörte in einem seiner Kriege gegen die Sachsen den Tempel der Stadt Eresburg samt dem heiligen Holz – der berühmten Irminsul. Christlicher Missionseifer pfropfte diesem „heidnischen“ Erbe indes eigene kosmische Säulen auf. Denn Kirchtürme stellen nichts anderes als Weltachsen dar, die eine Verbindung zwischen dem Göttlichen und den Gläubigen herstellen. Daß es im Land von solchen Weltmittelpunkten nur so wimmelt, stört die Gläubigen nicht. Denn aus der diesseitigen Welt sind unendlich viele Durchbrechungen ins Transzendente möglich.

Damit ein Fest gefeiert werden kann, ist nicht nur der Raum zu ordnen. Zudem muß das Gleichmaß der Zeit verändert werden: Feste durchbrechen die Gleichförmigkeit des Alltags, setzen seine Regeln außer Kraft, schaffen Frei-Zeit. Auf diese Überhöhung weist das englische „holiday“ hin – das ursprünglich „holy day“, „heiliger Tag“, meint –, ebenso wie das Wort „Ferien“, das sich vom lateinischen „feria“ – Fest – ableitet.

Im physikalischen Sinne kennt der Fluß der Zeit keine Stromschnellen, Wasserfälle oder gemächlichen Ebenen – wohl aber

Feste unterbrechen den gleichförmigen
Fluß der Zeit. Ein Zeichen dafür setzen die tibetischen
„Thankas", mit mythologischen Motiven
bemalte Bilder auf Leinen, die – wie dieses riesige
Exemplar im Kloster Labrang zu Neujahr –
nur an hohen Tagen ausgerollt werden

im Religiösen. Tibetische Klöster beherbergen oft Tausende kunstvoll mit mythologischen Motiven bemalte Rollbilder. Besonders die meterlangen Prachtstücke unter diesen „Thankas" – wörtlich: „das, was man aufrollt" – werden lediglich zu hohen Festen enthüllt: etwa wenn die Zeit reif ist, um Buddhas Geburtstag zu begehen.

Ähnlich halten es die Christen mit ihren Festzeiten. Viele Kirchen besitzen dreiflügelige Klappaltäre, die während der meisten Zeit des Jahres geschlossen sind und auf der Außenseite das Leiden Jesu zeigen. Während der kurzen Zeit des österlichen Jubels werden die Flügel aufgebreitet, damit innen die Verherrlichung der Auferstehung sichtbar wird. In der byzantinischen Kirche nahm dieses Intervall noch konkretere Form an. Normalerweise ist dort der Altar durch eine Bildwand vom Rest der Kirche abgetrennt. Zur Osterwoche jedoch bleibt deren Haupttür während des Gottesdienstes offen – so, wie es ein Kanon beim ältesten Fest der Christenheit verkündet: „Christus ist aus dem Grabe auferstanden und hat uns die Türen des Paradieses geöffnet."

Für den religiösen Menschen ist der Übergang von weltlichem Raum und weltlicher Zeit in den heiligen Raum und die heilige Zeit nicht ohne Probleme. Vielfach glaubt man, daß die Schwelle zwischen profanem und sakralem Bereich von einem Schutzgeist bewohnt wird, der nicht mißachtet werden darf. Sinnfälligen Ausdruck findet die Vorstellung in hinduistischen Tempeln, wo schrekkenerregende Fratzen an den Türstützen die Unfrommen abwehren und die Gläubigen beschützen sollen. Der Mythologie nach ist der Stirn des Weltenzerstörers Shiva einst ein gefräßiges löwenköpfiges Ungeheuer entsprungen. Der Dämon, den zu verschlingen es geschaffen wurde, suchte jedoch flehend Zuflucht bei Shiva, so daß dieser dem Ungeheuer ein Ersatzopfer gewähren mußte. Er gebot, daß es sich von sich selbst ernähren solle. So senkten sich seine Zähne in das eigene Fleisch, bis nur das Gesicht übrigblieb. Shiva erklärte gnädig lächelnd: „Kirttimukha – Antlitz der Glorie – sollst du hinfort genannt sein, und ich befehle, daß du für immer über meinen Toren wohnst. Wer auch immer dich zu verehren vergißt, soll niemals meine Gnade gewinnen." Obgleich dieser Wächter des Heiligen Furcht einflößt, gilt es doch, voller Zuversicht und Vertrauen hinter die abstoßende Oberfläche zu schauen – daher der Name „Antlitz der Glorie."

Dem „Hüter der Schwelle" sind Eintritt und Ausgang klar anzukündigen, damit die übernatürlichen Mächte nicht von Dämonen, Krankheiten oder übelwollenden Menschen überrascht werden. Deshalb wird im 2. Buch Mose dem israelitischen Priester vorgeschrieben, am Rocksaum goldene Glöckchen zu tragen. Deren Ton „soll zu hören sein, wenn er in das Heiligtum vor den Herrn hintritt und wenn er wieder herauskommt; sonst muß er sterben". Den Eintritt in die großen Kathedralen überwacht oft der Apostel Petrus – prominent im Bogenfeld plaziert, die ihm anvertrauten Schlüssel in der Hand, und womöglich noch von steinernen Löwen oder abschreckenden Fratzen von Ungeheuern assistiert. Auch irdisches Werk kann vor dem Genuß der himmlischen Güte zu verrichten sein. Daran gemahnen zahlreiche Portale mit Abbildungen der Monatsarbeiten – vom Holzfällen im Januar über das Säen im April, das Dreschen im August bis hin zum Schlachten im Dezember. Der Kampf zwischen Tugenden und Lastern wird als Hinweis auf die Verbindung zwischen Kirchentür und Himmelstür gleichfalls gern geschildert. Katholische Christen tragen diesem Gegensatz von weltlicher und sakraler Sphäre Rechnung, indem sie sich vor dem Kirchenbesuch mit Weihwasser benetzen, um böse Mächte abzuwehren und sich zugleich zeichenhaft zu reinigen. Der Schritt durch die Pforte eines Heiligtums versinnbildlicht mithin einen Eintritt in die

Schwellenhüter bewachen die Pforten heiliger Stätten – wie diese Dämonen am buddhistischen Siong Lim-Tempel in Singapur

Die Kirchentür gilt Christen als Tor zum Himmel. Die Schlüsselgewalt übt der Apostel Petrus aus – auch am Portal der Kathedrale von Chartres in Frankreich kontrolliert er den Übergang vom Weltlichen ins Heilige

„Transzendenz" – denn das lateinische „transzendere" bedeutet nichts anderes als „hinübergehen".

Wie ein roter Faden ziehen sich rituelle Elemente durch Feste und Feiern. Damit aus einer Handlung ein Ritus wird, muß sie von der Routine des Alltags abgetrennt werden. Zudem darf der Glaube nicht fehlen, mittels des Ritus' mit unsichtbaren Wesen kommunizieren zu können – sonst bleibt die Handlung lediglich eine Technik ohne Inhalt. Der Fächer gängiger Riten, den es in diesem Buch zu entfalten gilt, ist weit gespannt – er reicht von Anbetung, dem Erzählen von Mythen und dem Repetieren von Formeln über Handauflegen, Verbrennen von Duftstoffen, Salbungen bis hin zum Benetzen mit Wasser, Blut, Öl, Milch, schließt überdies gemeinsame Mahlzeiten ein, Prozessionen, Gesänge, Tanz, Spiel, selbst die sakrale Prostitution oder Manipulationen am Körper wie Beschneiden der Haare oder der Geschlechtsorgane. In ihrer Bandbreite machen die Riten den Kult einer Glaubensgemeinschaft aus. Das Wort „Kultus" leitet sich vom lateinischen „colere" – bebauen, hegen, pflegen – ab, und in der Tat blüht ein Kult in dem Maße, wie seine Anhänger ihm gemeinsame Pflege angedeihen lassen.

Riten sollen die Götter zu einer gnädigen Haltung bewegen, sie veranlassen, „Heil" zu spenden. Überall auf der Welt vermitteln ausgewählte Personen zwischen den Menschen und den übernatürlichen Mächten – Jagdzauberer, Regenmacher, Medizinmänner, Häuptlinge, die schillernden Gestalten der Schamanen oder – in hierarchisch stärker organisierten Religionen – die Priester. Die Äußerungen dieser Moderatoren sind für den einfachen Gläubigen oft nicht verständlich, doch erfüllt gerade diese Unverständlichkeit eine wichtige Aufgabe. Zum einen wird das Heilige vom Weltlichen damit angemessen abgesondert, zum anderen nährt es die Illusionen der Teilnehmer an einer Zeremonie. Der österreichische Schriftsteller Thomas Bernhard bekannte, er sitze so gerne in Spanien an einer Promenade, weil er der Landessprache nicht mächtig sei und sich deshalb dem Glauben hingeben könne, statt Banalitäten hochinteressanten Gesprächen zu lauschen.

Auserwählte „Profis" vermitteln den von göttlichen Mächten gnädig gespendeten Segen: Zauberer, Priester, Schamanen. In Ecuador versucht ein Medizinmann, durch Schlagen mit Pflanzenbüscheln Kopfschmerzen zu lindern

Wenn in der Osternacht „Lumen Christi“ gesungen wird und die Antwort „Deo gratias“ lautet, rührt das aus ganz ähnlichem Grund viele Feiernde mehr an, als „Christus, das Licht“ und „Dank sei Gott“ dies könnten: Das Fremde wirkt erhabener.

Rituelle Formeln und Formen wie etwa während der Osternachtsfeier bewegen die Herzen der Gläubigen auch deshalb, weil sie Symbole sind. „Ein Wort oder ein Bild ist symbolisch“, erkannte der Schweizer Tiefenpsychologe Carl Gustav Jung, „wenn es mehr enthält, als man auf den ersten Blick erkennen kann.“ Symbole deuten also etwas an, was mit den Sinnen nicht wahrnehmbar ist: Sie sind Chiffren der Transzendenz – sie ermöglichen den Einstieg in eine andere als die vor Augen stehende Wirklichkeit. Über dem grauen Alltag webt sich der phantasiereiche Geist des Menschen einen bunten Baldachin aus Sinnbildern, die dem Leben quasi eine doppelte Existenz verleihen, die es heiligen. Nicht nur rituelle Worte und Handlungen können symbolische Bedeutung erlangen, sondern auch Gegenstände, Tiere, Pflanzen – wenn sie nur über sich hinaus auf etwas anderes weisen.

Die Verknüpfung von Konkretem und Abstraktem macht die Ableitung des Wortes Symbol aus dem griechischen „symballein“ – zusammenwerfen, zusammenfügen – deutlich. Illustriert wird dieser Zusammenhang im Lukas-Evangelium, das die Reaktion Marias auf die Botschaft, Gott habe sie als Mutter seines künftigen Sohnes auserwählt, mit der Vokabel „symballein“ umschreibt: „Maria aber bewahrte alle diese Worte und bewegte sie in ihrem Herzen.“ Auch in der ausdekorierten Kirche von Schliersee fehlt das in der christlichen Kunst beliebte Verkündigungs-Motiv nicht: An einem der Altäre ist im matten Kerzenschimmer der geneigte Kopf Marias erkennbar. Der Künstler zeigt, wie sie gerade, die Botschaft des Engels bedenkend, Menschliches und Göttliches, Weltliches und Heiliges innerlich zusammenfügt.

Eine lebensnahe Funktion kam dem Symbol – im Wortsinn des Zusammenfügens – in der Antike zu. Trennten sich Freunde oder Geschäftsleute, brachen sie beim Abschied einen kleinen Gegen-

Als Chiffren der Transzendenz erfahren Symbole vielfältige Deutung. Auf Tizians Gemälde aus dem 16. Jahrhundert steht der Hase handzahm für die Leibeszucht der Gottesmutter Maria. Fruchtbarkeit symbolisiert er auf dem japanischen Holzschnitt aus dem 19. Jahrhundert: Die dunklen Flecken des Mondes erinnern an einen springenden Hasen, die Phasen des Gestirns an die Erneuerung des Lebens

stand aus Holz, Ton oder Metall auseinander – etwa ein Medaillon, einen Ring, einen Würfel, einen Siegelabdruck – und nahmen jeder seinen Teil mit. Später konnten sie einander oder ihre Abgesandten an diesem Bruchrand zu Bruchrand zusammengefügten Zeichen – dem sogenannten „Symbolon" – erkennen. Symbole also verbinden Menschen miteinander. Gerade festliche Versammlungen kommen ohne Symbole nicht aus: Die Teilnehmer können sich an ihnen gegenseitig erkennen und ihre Gemeinschaft damit besiegeln. Deshalb legen sie traditionelle Trachten an, treffen sich unter Bannern und Standarten oder stimmen in Hymnen ein. Symbole schaffen Identität: Die übereinstimmende Ausdeutung der Welt ist die Grundlage einer gemeinsamen Welt-Anschauung. Im antiken Griechenland wurde dem Brautpaar ein Efeuzweig als Symbol unvergänglicher Treue übergeben: Efeu kann nicht bestehen, ohne sich anzuschmiegen, und eignet sich deshalb besonders als Sinnbild der Verbundenheit.

Symbole können schlichte Analogien sein, die sich praktisch von selbst aufdrängen – so zwischen Auge und Sonne, Atem und Wind, Haaren und Gräsern, Wirbelsäule und Weltenstamm, Nabel und Weltenmitte. Häufig werden auch nach einer Art Lupen-Schema „mikro-kosmische" Einzelheiten „makro-kosmisch" ausgedeutet: Der Leib der Gläubigen wird zum Tempel; Maria wird als Grotte beschrieben oder als „reine Himmelspforte", durch die ihr Sohn in diese Welt tritt. Symbole können aber auch von großer Liebe zum Detail zeugen. Wo die Schöpfer sakraler Kunst sich dem Madonnenmotiv zuwenden – etwa der oberrheinische Meister des schmucken „Paradiesgärtleins", eines Schatzes im Frankfurter Museum Städel –, lassen sie gern um die Füße Marias zarte Walderdbeeren wuchern. Das dreigegliederte Blatt des Pflänzleins verweist auf das Geheimnis der Dreifaltigkeit. Vor allem konzentriert sich die naturgetreue Darstellung darauf, daß die Erdbeere weiß blüht, während sie daneben süße rote Früchte trägt. Diese Gleichzeitigkeit steht für den Glauben, Maria habe ihre Leibesfrucht austragen können, während sie zugleich eine unbefleckte Blüte geblieben sei, die keine „Defloratio" erfahren habe. Auf die paradoxe Jungfräulichkeit der Gottes-„Mutter" verweist auch die Mandelschale, die ganz bleibt, obwohl der Fruchtkern herausgefallen ist, oder der schimmernde Regenbogen, der mitten im Regen unversehrt am Himmel steht.

Symbole für Millionen: Unzählige Hasen kommen zu Ostern zum Vernaschen auf den Markt; unbezahlbar sind die berühmten Schmuckeier, die der letzte Zar von seinem Hofjuwelier Fabergé anfertigen ließ

Im Unterschied zu einem festgelegten mathematischen Zeichen bleibt das Symbol stets mehrdeutig. So ist der zum Beginn der Osternacht verwendete Kiesel einerseits ebenfalls ein Symbol der Jungfräulichkeit – aus einem kalten Kristall kann doch Feuer geschlagen werden –, andererseits kann er auch das verschlossene kalte Grab bedeuten, aus dem Christus wie ein Lichtfunken hervorging. Am ehesten gleichen Symbole lyrischen Gedichten oder abstrakten Gemälden – „offenen Kunstwerken" also, die ihrem Publikum Deutung erlauben.

Manchmal haben Maler zu Füßen der Gottesmutter weiße Hasen plaziert – was Marias Sieg über die „Fleischlichkeit" ausdrücken soll. Denn wegen ihrer außergewöhnlichen Fruchtbarkeit – der eine ebensolche Bereitschaft zur Paarung vorangehen muß – wird den Hasen Lüsternheit unterstellt. Genährt wurde diese Vermutung durch die Betrachtung der vollen Mondscheibe, deren dunkle Flekken an einen springenden Hasen erinnern – eine Assoziation, welche den Azteken, Tibetern, Kelten und Altägyptern gleichermaßen vertraut war. Da der Hase wie der Mond am Tag schläft und nachts umherläuft, da zudem das abnehmende und wachsende Nachtgestirn die beständige Erneuerung des Lebens repräsentiert, lag der Bezug zur Fruchtbarkeit des Hasen nahe. Dies bescherte ihm im christlichen Abendland zwar einerseits den Stempel verwerflicher

Fleischeslust, ebnete ihm aber andererseits den Weg, eines der beliebtesten deutschen Ostersymbole zu werden.

Das alljährliche Schicksal, stanniolverpackt in Schokolade und Marzipan reinkarniert zu werden, teilt der Hase mit dem Ei. Denn bereits vorchristliche Frühlingsfeste huldigten dem Ei als Sinnbild der zu erneutem Leben erwachenden Natur. Das freilich hielt die Christen nicht davon ab, auch das Ei in ihren Kult zu vereinnahmen – als Symbol der Auferstehung nämlich, da Christus sich aus dem Grabe befreite wie das Küken aus dem Dunkel seiner Schale.

Die junge Disziplin der Kulturethologie versucht die Herkunft symbolischer Elemente mit den Methoden der vergleichenden Verhaltensforschung zu erhellen. Der österreichische Naturforscher Otto Koenig – Schüler seines Landsmannes Konrad Lorenz – verficht die Auffassung, das meiste Dekor des Menschen habe einen funktionellen Hintergrund. So waren Ohrgehänge, Nasenringe, Lippenpflöcke und Genitalabdeckung wohl ursprünglich ein magischer Schutz, um das Eindringen böser Geister in die Körperöffnungen zu verhindern. Die Vorliebe für blankes Metall wie glänzende Knöpfe mag ihren Ursprung in dem Glauben an die Abwehrkraft von spiegelnden Objekten gegen den bösen Blick haben. Der Feindabwehr dienen im Tierreich abschreckende Attrappenaugen – etwa auf Schmetterlingsflügeln oder den Körperenden harmloser Raupen. Menschen scheinen diese Signalfunktion in ihren Ornamenten aufzugreifen – beispielsweise, wenn Hindu-Frauen sich ein drittes

Festlicher Dekor hat oft funktionellen Hintergrund. Dem Punkt auf der Stirn hinduistischer Frauen entsprechen im Tierreich abschreckende „Attrappenaugen"

„Auge“ auf die Stirn schminken oder auf Schiffsrümpfen „Abwehraugen“ angebracht werden. Wenn junge Männer in alpinen Regionen Hahnenfedern als „Schneidfedern“ tragen, mag dies die Wachsamkeit und den Kampfesmut des Hahnes spiegeln: In friedlicher Stimmung wird die Feder rückwärtsgebogen auf den Hut gesteckt, in Raufstimmung nach vorn gebogen.

Zu den tiefsinnigsten Symbolen, vielfach im festlichen Rahmen zelebriert, zählt das Darbringen einer wertvollen Gabe – das Opfer. Wer opfert, trennt sich von einem Wert, um einer höheren Macht teilhaftig zu werden. So entsteht die paradoxe Situation, daß durch Trennung eine Vereinigung erreicht werden soll. Meist sollen die übernatürlichen Mächte beeinflußt und gunstig gestimmt werden. Deshalb tauscht der Mensch mit ihnen Dienste und Gaben. Das dürfte die Grundlage des verbreiteten Erstlingsopfers sein, bei dem etwa Sammlervölker die ersten eingebrachten Wildfrüchte darbringen, Nomaden das erste geborene Jungtier oder – noch heute bei uns – Bauern die letzte gebundene Garbe auf dem Feld liegenlassen. Buddhisten tränken die Mutter Erde mit einer Wassergabe, bevor sie selbst ihren Durst stillen. Die Azteken opferten, sobald der Mais reifte, eine Sklavin, die die Maisgöttin Cinteotl verkörperte. Die im Südsudan beheimateten Dinka töten einen Ochsen, um dessen Leben gegen das eines Kranken einzutauschen. Neben diesen symbolischen Opfern gibt es sogar Selbstopferungen oder Selbstverstümmelungen, etwa beim Sonnentanz der Sioux-Krieger. Mit zunehmender Entfaltung von Kultur und Handel in einer Gesellschaft können aus allen Bereichen des Erwerbs und der Wirtschaft Opfergaben erbracht werden – auch Geldspenden, wie sie sich beim Gottesdienst allsonntäglich im Klingelbeutel finden. In all diesen Formen wird damit dem Schöpfer das Recht auf Leben zuerkannt – Gott erhält von dem, worum er gebeten wird. Das müssen nicht unbedingt materielle Güter sein. Das Christentum fordert ein verantwortliches Leben als „Existenzopfer“ der Gläubigen. Und Zeremonien, Lieder oder Gebete können in gewissem Sinne als „sacrificium intellectus“ – Hingabe des Verstandes – angesehen werden.

In der Kirche von Schliersee verbreitet sich in der Osternacht während des Repetierens von Hymnen und Psalmen ein balsamischer Duft: Die Ministranten schwenken Fäßchen mit glimmendem Weihrauch – dem Harz eines subtropischen Strauches –, der die aufstei-

Den Mut des Kampfhahns an den Hut gesteckt: Die Miniatur aus dem 14. Jahrhundert zeigt einen Kämpen mit draufgängerisch nach vorn gerichteter Schneidfeder; friedlich zurückgebogen schmückt sie die Südtiroler Tracht

genden Gebete symbolisiert. Vor dem Altar haben die Gläubigen liebevoll geschmückte Körbe abgestellt, die sie „eingesegnet" nach der Feier nach Hause tragen werden. Sie sind bis an den Rand mit Nahrungsmitteln gefüllt, mit Brot, Eiern, Butter, Früchten. In beinahe jedem Korb findet sich überdies ein aus Teig gebackenes Lamm. Hier zeigt sich die enge Verbindung zur jüdischen Tradition. Ostern ist nämlich das Resultat christlicher Umdeutung des Passah-Festes, das die Juden zur Erinnerung an den Auszug aus ägyptischer Sklaverei stets am ersten Frühlingsvollmond feiern – um die Zeit, da auch die ersten Lämmer geworfen werden. Das Alte Testament berichtet, der Engel des Verderbens habe die Israeliten verschont, weil sie die Schwellen und Türpfosten ihrer Häuser mit dem Blut eines Lammes kenntlich gemacht hätten. Nach christlichem Verständnis nahm Jesus mit seinem Opfertod die Sünden hinweg. Entsprechend verwehrt sein Blut dem bösen Verderber den Zutritt: Jesus wurde ein neuer Schwellenhüter und das Lamm eines seiner zentralen Symbole. Deshalb zitiert der Priester einen Vers aus dem Neuen Testament: „Unser Osterlamm ist geopfert, Christus der Herr. Halleluja! Wir sind befreit von Sünde und Schuld. So laßt uns Festmahl halten in Freude. Halleluja!"

Dieses festliche „Abendmahl" zählt zum Kern der Osternacht. Sein Name geht zurück auf das letzte gemeinsame Essen von Jesus und seinen Jüngern vor dessen Gefangennahme. Der Priester erhebt einen Kelch mit den Worten „Jesu Blut, für dich vergossen", er verteilt die Hostien mit den Worten „Jesu Leib, für dich gegeben." Im Abendmahl taucht somit der paradoxe Opfergedanke der Trennung durch Vereinigung in besonders abstrakter Form auf: Gott selbst gab seinen Sohn hin und ließ sich damit herab auf die Stufe des Menschen. Offenbar wird die Gottheit hier nicht aus Dankbarkeit oder Berechnung beschenkt. Vielmehr sind Essen und Trinken Akte der Vernichtung: Die Gottheit wird von den Sterblichen durch die heilige Mahlzeit symbolisch getötet, um sich an deren Unsterblichkeit nähren zu können.

Oft ist es schwierig, die Bedeutung althergebrachter Symbole korrekt zu erschließen, die sich die Völker überall auf der Erde – auch in modernen Industriegesellschaften – für ihre Feste und Feiern bis heute bewahrt haben. Die Wissenschaftler sind untereinander durchaus nicht einig, ob der brei-

Wie ein Opferlamm nahm Jesus alle Sünden auf sich. Weltweit erinnern Osterbräuche an die Passion – wie das fromme Spiel von Iztapalapa in Mexiko

Bereit für den Segen: Osterkorb in Bayern

ten Skala zwischen sakralem Ritual und profaner Menschenversammlung überhaupt eine Eigenständigkeit zugesprochen werden darf. Hat die pompöse Thronbesteigung eines afrikanischen Fürsten gar etwas gemeinsam mit dem feierlichen Stapellauf eines Öltankers? Liegen einer Leichenverbrennung am Ufer des Ganges ähnliche Motive zugrunde wie den Feiern zum Jahrestag der deutschen Einheit? Die Frage, ob hier etwa Phänomene ganz unterschiedlicher Herkunft und Funktion miteinander verglichen werden, ist nicht eindeutig zu beantworten. Eine allgemein akzeptierte Deutung der mannigfachen Formen des Feierns steht aus – zu vielfältig sind die Möglichkeiten der Interpretation. Aber darin liegt nicht zuletzt der Reiz einer Reise durch die schillernde Welt der Religionen, Traditionen, Künste und Kulte samt ihren Festen.

Bei dem Versuch, den kulturübergreifenden Hintergründen festlicher Rituale näherzukommen, fasziniert die Exotik ferner Regionen naturgemäß mehr als der eigene vertraute Lebenskreis. Da reichen die Empfindungen von Neugier über erheitertes Staunen bis hin zum Gefühl der Überlegenheit oder gar Abscheu gegenüber den „Primitiven“. Noch die Hochglanz-Magazine unserer Tage sind nicht zuletzt deshalb erfolgreich, weil sie über „Interessantes“ berichten – über das, was fremd ist, merkwürdig, kurios, skurril. Selten erheischen hingegen jene Aspekte Aufmerksamkeit, in denen die Völker übereinstimmen.

Gewiß hat das Interesse am Fremden auch positive Seiten. Denn wer stets nur in den Spiegel

Selbst profane Staatsakte können den Abglanz sakraler ale nicht entbehren: Theatralische Rückbesinnung (1989) zum 00. Jahrestag der Französischen Revolution; Inthronisation des jungen Königs Mswati in Swasiland (1986); Jubiläumsfeuerwerk (1991) zur Fertigstellung des Brandenburger Tors in Berlin vor 200 Jahren

schaut, wird die Selbsterkenntnis nicht durch die Dimension der Unterscheidung bereichern können. Gerade Außenstehende vermögen bestimmte Eigenarten oft klarer zu erkennen, die einem Angehörigen der betreffenden Kultur als selbstverständlich gelten und nicht auffallen. Andererseits ist die Gefahr groß, eigene Erwartungen in eine Kultur hineinzutragen und lediglich zu registrieren, was diesen theoretischen Vorgaben entspricht. Hinzu kommen häufig bereits im Vorfeld Schwierigkeiten im Umgang mit einheimischen Dolmetschern, die dazu neigen, jene Informationen verstärkt weiterzugeben, an denen die Fremden Interesse zeigen.

Der Marburger Ethnosoziologe Horst Nachtigall hat einmal durchgespielt, zu welch merkwürdigen Deutungen ein Angehöriger eines Naturvolkes, der fiktiven „Botokude“, beim Besuch eines christlichen Gottesdienstes kommen könnte, selbst wenn seine Darstellung äußerst sachlich und vorurteilsfrei bliebe: „Die Christen in Europa glauben an ein höchstes Wesen, das sie ‚Gott‘ nennen. Gott wohnt im Himmel und kann jederzeit in die Geschicke der Welt und der Menschen eingreifen. Die Menschen verehren ihn aber trotz seiner grenzenlosen Machtfülle offenbar nicht allzu sehr, sondern sie haben überall Bilder von seinem Sohn und von der Mutter seines Sohnes, die aber nicht die Frau Gottes ist, aufgestellt. Die Christen nennen diese Frau, wie mir mein Dolmetscher immer wieder beteuerte, ‚Mutter Gottes‘, obwohl sie nur die Mutter des Sohnes des Gottes, aber nicht die Frau seines Vaters und schon gar nicht dessen Mutter ist, denn Gott hat keine Eltern.“ Ein botokudischer Wissenschaftler würde die christliche Religion als Monotheismus mit Zügen eindeutiger Vielgötterei einordnen. Auch die Abendmahlsfeier dürfte sein lebhaftes Interesse finden: „Außerdem essen die Christen, wie sie mir immer wieder glaubhaft versicherten, zu bestimmten Gelegenheiten – viele sogar jede Woche – das Fleisch des Gottessohnes und trinken sein Blut.“ Im christlichen Kultus kann der botokudische Religionsexperte mithin zahlreiche Einflüsse von „Primitiv“-Religionen erkennen – in der Verehrung des Heiligen Geistes etwa Merkmale des Geisterglaubens und des auf Tiersymbole bauenden Totemismus, im Reliquienkult Formen des Fetischismus, im Abendmahl kannibalische Riten. Würde der Botokude zudem abendländische Geschichtswerke heranziehen, fiele ihm auf, daß die Anhänger dieser Religion der Nächstenliebe mehr Kriege als andere Völker führten, speziell gegen solche des eigenen Glaubens. Das Töten von Artgenossen, so könnte sein Schluß lauten, nimmt einen dermaßen wichtigen Platz im Denken der Christen ein, daß der Kannibalismus ganz offenbar ihre geistige Grundlage ist.

Häufig können selbst bereitwillige Dolmetscher die Neugier hergereister Völkerkundler deshalb nicht vollends befriedigen, weil Kulte dazu neigen, sich zu verselbständigen und ihrer ursprünglichen Bedeutung verlustig zu gehen. Rituelle Verhaltensregeln können so im Laufe der Zeit den Charakter eines Gesetzes annehmen: Eine Zeremonie, ein Fest,

Bizarrer Volksglaube prägt weithin auch das Christentum: Alljährlich während der Marienprozession im rumänischen Radna pressen zahllose Gläubige ihr Ohr an einen geheimnisvollen Anbau der Kirche, wo der Herzschlag Jesu zu hören sein soll, wenn Unheil droht

Tiefe Gläubigkeit mag über den martialischen Anblick hinweghelfen: Diese Prozession in Andalusien huldigt einem heiliggesprochenen Märtyrer, dem der Legende nach die Füße abgeschlagen wurden

muß so und dort und nicht anders gefeiert werden. Niemand traut sich, die Rituale abweichend von den strengen Regeln der Überlieferung zu gestalten. Dahinter steckt die Angst, die Gemeinschaft zu verlieren, die Furcht, allein dazustehen. Ein Symbol aber, dessen Sinn nicht mehr wahrgenommen wird, verkümmert zum Klischee; ein Symbol, dessen Aussage dogmatisch fixiert wird, verkommt zum starren Zeichen; ein Ritus, dessen Bedeutung unwichtig wird, verarmt zum sinnentleerten Ritual, zu einem rein technischen Schema.

Kult-Kritik kann durchaus Anstoß für Reformbewegungen sein. So entzündete sich die protestantische Reformation des 16. Jahrhunderts an der formalen Erstarrung des Gottesdienstes. Besonders den religiösen Symbolen wurde großes Mißtrauen entgegengebracht – dem schier unübersehbaren Gewimmel von Kulthandlungen und phantastischen Ausdeutungen der Welt, die der Katholizismus im Laufe von anderthalb Jahrtausenden angehäuft hatte. Der nachfolgende Bildersturm konnte allerdings nur um den Preis einer „Entheiligung" des Kultus' erkauft werden, weil die Verehrung des Heiligen sich eben zu großen Teilen von irrationalen – „unvernünftigen" – Gedanken nährt. Festliche Stimmung kommt entsprechend schwer auf in evangelischen Kirchen, aus denen schmückende Devotionalien weitgehend verbannt wurden und wo allein das Wort der

Die Schwellenwächter heiliger Feststätten leben auch in einer Welt weiter, die sich aufgeklärt gebärdet: Wer an diesem Türsteher des „Underground Club" in New York vorbei will, muß sich den Ritualen der zugelassenen Gesellschaft unterwerfen

Pfarrer Lebendigkeit herstellen soll. Das Anziehende der sakralen Geheimnisse verringert sich überdies in dem Maße, wie der Moderator des Heiligen ein Mensch ist „wie du und ich" – mit den gleichen Ängsten und Wünschen, den gleichen Fähigkeiten, der gleichen Kleidung, eingebunden in das Leben einer Kleinfamilie. Oft ist die psychologische Wirkung der Heils-Vermittler nämlich um so größer, je mehr sie sich äußerlich von den Versammelten unterscheiden, sei es in ihrer Kleidung oder in ihrem Lebensstil – wozu in vielen Religionen auch das Zölibat zählt.

In den westlichen, sogenannten „aufgeklärten" Gesellschaften schwindet der Einfluß der offiziellen Religionen merklich. Allerdings darf dies nicht allgemein als ein Verschwinden der Religiosität gedeutet werden. Viele Menschen behalten die Neigung zum Sakralen in ihrer privaten Sphäre bei. Denn sie trachten gleichfalls danach, die Gleichförmigkeit des Raumes und der Zeit zu unterbrechen. Den Verpflichtungen des Lebens wird zwar meist an profanen Orten nachgegangen, doch werden auch im weltlichen Universum private „heilige Stätten" bewahrt – etwa der Ort des ersten Rendezvous, auf einer Bank, beim Sonnenuntergang, in einem Restaurant. Nicht-religiöse Menschen kreieren ihre privaten Festzeiten: beim Hören geschätzter Musik, durch Spazieren über einen Vergnügungspark, beim Schmökern eines Buches, mit dem die Zeit – wie es aufschlußreich heißt – „totgeschlagen" wird.

Die Mythologie, wie verwittert auch immer, behält gleichfalls ihre Anziehungskraft: Sie wird, festlich gekleidet, im Theater gesucht oder in der Traumfabrik des Kinos. Und die Schwellenhüter leben ohnehin weiter – als Türsteher vor exklusiven Diskotheken und Clubs, die nur solche Gäste einlassen, deren Gebaren und Kleidung vermuten lassen, daß sie die Rituale des eigens abgegrenzten Raumes würdig befolgen werden.

Private und weltliche Rituale mögen ärmer an Form und Sinn sein als Versammlungen im Namen des Heiligen. Sie zeugen jedoch von den gleichen Wünschen und Sehnsüchten. Vielleicht bilden auf diese Weise nicht nur die Menschen aller Kontinente eine große Gemeinschaft. Die britische Verhaltensforscherin Jane Goodall, die mehr als drei Jahrzehnte wilde Schimpansen in Ostafrika erforschte, berichtet nämlich vom Verhalten eines Menschenaffen, der offenbar zum ersten Male in seinem Leben einen Wasserfall sah: Er sträubte sein Fell und rannte wild tanzend umher – ganz so, als sei er von der Erhabenheit des Schauspiels tief betroffen.

Am Ende der festlichen Osternacht ertönen erstmals seit Gründonnerstag wieder Orgel und Glocken und verkünden damit das Ende der Fastenzeit. Von Anbeginn bis Ende – von Alpha bis

Freudiger Kniefall: Ministranten zu Ostern

Omega – hatte jedes Element dieser Feier eine symbolische Bedeutung. Die Gläubigen betraten die Kirche von Westen – von dort, wo am Vorabend die Sonne versank, vom Gebiet der Finsternis. Durch die Glasfenster gegenüber dem Eingang bricht sich das Licht eines neuen Tages Bahn – nicht umsonst wurde der Altar nach Osten, zur aufgehenden Sonne, ausgerichtet.

Um sich von den „heidnischen" Sonnenkulten abzugrenzen, bezeichneten die Christen bereits im 2. Jahrhundert nach Jesu Geburt ihren Religionsstifter als die „wahre Sonne". Sein Martyrium wurde im Sinne des antiken Weltbildes ausgedeutet: Im Tod versank Christus gleich dem Tagesgestirn, das im Meer versinkt. Wie die Sonne dann unter der Erdscheibe hindurch die Unterwelt, den Hades, durchwandert und am Morgen erneut aufgeht, geradeso kehrte der in die Vorhölle hinabgestiegene Christus am Ostermorgen als strahlende Sonne zurück. Seit zwei Jahrtausenden wird deshalb am Lobpreis des neuen Morgens gefeilt. Eine der vollendetsten Formulierungen gelang dem römischen Presbyter Hippolyt bereits im Jahre 235: „Die tiefe, blinde Nacht wurde verschlungen, ihr lichtloses Dunkel wurde vernichtet, der traurige Schatten des Todes ging im Lichte unter. Leben breitet sich aus über das All, das Universum ist voll unermeßlichen Glanzes, der wahren Sonne Aufgang durchstrahlt die Welt."

Die Messe ist zu Ende – eine Feier, deren Name sich von den letzten Worten des Priesters ableitet: „Ite, missa est – Geht hin, ihr seid jetzt entlassen." Zum Glück ins Sonntagsvergnügen.

Kult

Der Lauf der Gestirne mit ihrem ewigen Wettstreit um Hell und Dunkel – um Gut und Böse – findet sich nicht nur in den Mysterien der Völker und in den antiken Dramen wieder. Auch in der modernen Welt bestimmen die Jahreszeiten weithin den Zyklus des Lebens und dessen festliche Zäsuren: die Ernte etwa mit ihren verborgenen Fruchtbarkeitszaubern, oder auch Neujahr, wenn der Segen der höheren Mächte beschworen wird. Vielfältig allerdings sind die uralten Kulte bis zur Unkenntlichkeit verweltlicht

nter Mond und Sonne

Mit Getöse gegen das Böse.
Viele Kulturen bereiten den Jahreswechsel durch Geisteraustreibung vor. Auch in San Franziskos Chinatown wird Dämonen aus diesem Anlaß die Hölle heiß gemacht

TOYS & GIFTS
cards

Im gestaltlosen Chaos des Wassers kann frisches Leben keimen. Diese Symbolik beseelt das Reinigungsritual der Mucumba, einer Sekte christlich-afrikanischen Ursprungs, am Strand von Rio de Janeiro zu Neujahr

Hinduistisches Zeremoniell in Indien:
Ein Wasserguß auf die heiligen Steine – geformt wie ein Phallus, der eine Vulva durchdringt – versinnbildlicht das Verschmelzen von männlichem und weiblichem Prinzip

Orgie der Lebensfreude: das indische Frühlingsfest Holi. Soziale Unterschiede verschwimmen in einem Meer gefärbten Wassers. Die Menschen drängen sich, um neuem Anbeginn den Weg zu bahnen

Aufgeputzt zum Fest: Mönche der Gelugpa-Sekte, nach ihren Ordenskappen auch „Gelbmützen" genannt, beim tibetischen Neujahr. Um sich mit der Natur auch selbst zu erneuern, werden zu besonderem Anlaß die besten oder gar neue Gewänder angelegt

Kampf von Torero und Stier: Kultisch überformtes Ringen des Sonnengottes – Garant der Beständigkeit – mit dem wechselhaften Zyklus des Mondes – versinnbildlicht im sichelförmigen Stiergehörn

Unter Konsum und Kommerz verblassen die religiösen Wurzeln festlicher Versammlungen. Früher hätte man angesichts eines reichen Gastmahls auf gute Laune der Götter geschlossen. Bei der vornehm als „Taste-Festival" titulierten viertägigen Freß-Orgie in St. Paul, Hauptstadt des US-Bundesstaates Minnesota, zählt allein der Umsatz

Durch Freigebigkeit beschämt der große Häuptling vom Stamme der Kwakiutl seine Gäste – heutzutage auch mit Dollarnoten. Das Schenkritual des „Potlatch" wird von Indianern im Nordwesten des heutigen Kanada gepflegt. Alles kann dafür Anlaß sein: Geburt, Heirat, Tätowierung

Vom Betschemel ins Karussell:
Wer sich dem Volksvergnügen einer „Kirmes“ hingibt, ist sich kaum bewußt, daß dieser Begriff von der sakralen Handlung der kirchlichen Messe abstammt

Im Wandel der Bräuche wurden die traditionellen Feiern zu Christi Himmelfahrt zunehmend zu einem weltlichen „Vatertag" umgemünzt – den dieser stramme Männerchor aus Zittau in Sachsen mit stolzer Brust besingt

Erfundene Tradition: Als „uralt" wird auf Bali den devisenträchtigen Touristen der Mythos von der Befreiung einer edlen Göttin durch ein Heer von Affen vorgespielt. Die Choreographie in heutiger Form hatte sich ein europäischer Regisseur als aufmunterndes Beiwerk für einen Film ausgedacht. Die Ketchak-Tänzer blieben dabei

Über diese Paßhöhe muß sich auch Padmasambhava gekämpft haben. Drei Bergriegel hatte der Lotosgeborene zu überwinden, bevor er von Kaschmir aus Ladakh erreichte, das „Hohe-Pässe-Land". Der größte buddhistische Gelehrte des 8. Jahrhunderts wollte den Ureinwohnern auch in den abgelegenen Hochtälern von Himalaja und Karakorum eine neue Botschaft der Erlösung bringen.

Als wichtigstes Ritualgerät hatte Padmasambhava den Vajra im Gepäck. Ursprünglich war dieses „Diamantzepter" nichts anderes gewesen als ein schlichter Donnerkeil, mit dem Gewittergötter Blitze an den Himmel zaubern konnten. Nun leuchtete es als treffliches Symbol: Wie der rasende Blitz die Wolken spaltet, vermag der feurige Geist die Dunkelheit der Unwissenheit zu zerteilen. Reine Erkenntnis aber ist gleich einem Diamanten unveränderlich, unerschütterlich und makellos.

Den Menschen des Hochgebirges leuchteten die Lehren des Padmasambhava ein. Die Berechtigungen einheimischer Götter sahen die Viehzüchter allerdings nicht in Frage gestellt. Buddha bekam einen Ehrenplatz im Pantheon, die Schlangengeister, Riesen, die Erddämonen, die sich erhebenden Leichname, die zottelhaarigen Hüterinnen von Orakeln und die zwölf Furien mußten lediglich etwas enger zusammenrücken. Und sie behielten ihre angestammten Wohnungen in Felsen, Flüssen, Bäumen und Feldern, bei Wegkreuzungen und Paßhöhen. So verband sich allmählich die bodenständige Urreligion – das Bön – mit den aus Indien stammenden Lehren des Buddha zum eigentümlichen Lamaismus, der tibetischen Form des Buddhismus.

Dreizehnhundert Jahre später folge ich den Spuren des Padmasambhava. Zwei der freundlichen Ladakhis in ihren langen Filzmänteln helfen, mein Motorrad auf die Kuppe des Fotu-La zu schieben, mit 4094 Metern der höchste Paß, bevor es hinuntergeht in das Herz von Klein-Tibet – das fruchtbare Tal des Indus. Da die Luft hier oben so dünn ist, kriegt der Motor die richtige Mischung zwischen Benzin und Sauerstoff nicht mehr hin. Und auch ich bin völlig aus der Puste.

Die beiden Einheimischen wollen ebenfalls zum Kloster Hemis, wo alljährlich, im fünften tibetischen Monat, der Geburtstag von Padmasambhava festlich begangen wird – mit Jahrmarkt und bizarren Mysterientänzen. Doch die Feierlichkeiten sind im Ursprung viel älter; zur „heidnischen" Bön-Zeit galt es in diesen Tagen das Ende des überaus strengen Hochlandwinters zu feiern: Allenthalben verkündet die zarte Blüte der Aprikosen sein endgültiges Aus. In Hemis wird das alte Jahr mit Pauken und Trompeten vertrieben werden, und Opferzeremonien stimmen die Schutzgeister des neuen Jahres gnädig. Padmasambhavas Geburtstag ist eine gute Gelegenheit, alten Fruchtbarkeitszaubern das Gewand der lamaistischen Lehre überzustülpen.

Symbol der Erkenntnis: das Diamantzepter

Hoch her geht's beim Mysterienspiel auf dem Dach der Welt, zu dem der urtümliche Laut der kupfernen Ragdun ruft. Die Feiern zum Geburtstag des buddhistischen Heiligen Padmasambhava markieren zugleich das Ende des strengen Winters in den Hochtälern von Ladakh

Den urtümlichen Kulten des Bön hängen auch meine beiden Helfer an. Auf der Paßhöhe fügen sie dem Steinhaufen mit den Gebetsfahnen einige flache Brocken hinzu, nicht ohne die Schulterblätter von Schafen und Ziegen wieder sorgfältig obenauf zu legen. Solch ein „Ladse" gilt als Wohnstätte des Windpferdes, das auf seinem Rükken den flammenden Wunschjuwel trägt. Der Windgeist bezeugt freudige Erregung, indem er die flatternden Gebetsfahnen umso heftiger schüttelt. Eine praktische Erfindung, den Wind für sich beten zu lassen – denn mit jedem Fähnchen ist ein Wunsch um Glück und Wohlergehen verbunden.

Einen der Ladakhis kann ich auf dem Rücksitz mitnehmen, während der zweite sich einer vorbeitrottenden Maultierkarawane anschließt. Der Motor tut's wieder; in zahllosen Serpentinen windet sich ein glattes Asphaltband talwärts. Der ungewöhnlich gute Zustand der Straße verrät ihre Funktion, Versorgungsader des Militärs zu sein: Ladakh, das ist ein vom chinesisch okkupierten Tibet abgeschlagener Arm, der seit Jahrzehnten am Tropf Indiens hängt.

Die nahezu regenlosen Hochtäler des Himalaja sind Wüsten von majestätischer Schönheit. Auf sechstausend, siebentausend Meter erheben sich die Bergrücken – braune und gelbe Sinfonien aus Stein, mit Schnee überzuckert. Die Topographie schreibt das schmale Terrain für Siedlungen vor. Be-

Der Tanz der Schwarzhutzauberer soll böse Mächte bannen. Die eigentümlichen Rituale des Lamaismus verleihen Tibet, Ladakh und weiten Teilen des Himalaja ein unverwechselbares Gepräge – so auch in Bhutan mit dem Tempelfest von Paro

scheidenen Wohlstand erlaubt ihre Anlage am oberen Induslauf, wo das Tal breit und voll Schwemmland ist. Meist aber drücken sich wenige Häuser in die Nischen von Talrändern, dort, wo sie vom Schmelzwasser noch ausreichend versorgt werden: Oasen, errichtet auf feingemahlenem Schutt aus den Kronen des Himalaja.

Seit Srinagar habe ich fast 500 Kilometer hinter mich gebracht, bis sich über dem Industal die Silhouette von Hemis abzeichnet, der abgeschiedenen Klosterburg, die ohne Brunnen ist. Jeder Tropfen Wasser muß nach oben geschleppt werden.

Ich quartiere mich in einem der Zelte am Fuß des beinahe 4000 Meter hohen Klosterberges ein. Händler in Buden halten Amulette mit dem Konterfei des Dalai Lama feil, Süßigkeiten, getrocknete Apfelsinen, Plastikschuhe, an einigen Ecken werden gebündelte Pappeläste verkauft – Feuerholz ist überaus knapp. Sobald die Sonne untergeht, wird es empfindlich kalt. Als Schlaftrunk schlürfe ich eine Schale heißen Gurgur – Tee, auf dem Schlieren gesalzener Yakbutter schwimmen.

Ein inniger Blick in die fetten Augen des Gurgur stärkt mich auch am nächsten Morgen. Dröhnend künden Kesselpauken vom Beginn des größten buddhistischen Festes im westlichen Himalaja. Vor dem Eingang zum Klosterhof drängen sich Scharen von Ladakhis. Die Frauen haben ihre Filz- und Samtmäntel in der Taille zusammengebunden, auf dem Rücken tragen sie Schaf- oder Ziegenfelle, auf dem Kopf schwarze, violette oder rote Zylinder aus Samt oder Seidenbrokat. Bei genauerem Hinsehen bemerke ich, daß manche Zöpfe künstlich mit Wolle verlängert sind. Etliche Frauen haben den Perak angelegt – einen kostbaren Kopfschmuck, der von der Stirn bis weit in den Rücken reicht und mit großen Türkisen besetzt ist. Kinder mit tiefschwarzen geschlitzten Augen wuseln um mich herum, gespannte Vorfreude auf den Gesichtern. Ihre dreckverschmierten Pausbakken verraten, daß Waschen mit eiskaltem Wasser nicht als angenehm empfunden wird. Die Kinder betrachten mich ebenso aufmerksam – denn intensive Sonneneinstrahlung und trockener Fahrtwind ließen meine Lippen häßlich aufplatzen, von Nase und Handrücken schält sich die Haut.

Vorbei an einer überdimensionalen Gebetsmühle gelangen wir auf den Festspielplatz – einen Hof von zwanzig mal dreißig Metern, an drei Seiten von zweigeschossigen Galerien umgeben. Maskierte „Mönchspolizisten" knallen mit Pferdepeitschen und versuchen Ordnung zu schaffen. Die Ragdun werden geblasen – mehrere Meter lange Instrumente aus Kupfer, die aussehen wie Alphörner. Auf erhöhtem Sockel nimmt der Abt Platz. Während sich die Menge über Balkone und Erker lehnt, sich auf Treppen und Geländern drängt, beginnt recht unvermittelt das Welttheater.

Aus dem Dunkel der Klosterportale an der vierten Seite des Hofes tauchen dreizehn Schwarzhutzauberer auf, deren Kopfbedeckung mit bunten Bändern geschmückt und von einem Totenkopf gekrönt ist. Ihr Tanz soll böse Mächte fernhalten. Sechzehn Heroen in bunten Roben und mit Metallmasken vor dem Gesicht bereiten das Erscheinen Padmasambhavas vor, der mit friedvoll lächelnder Maske und in wallendem Seidengewand den Hof betritt, das Diamantzepter in der Hand. Ein

Tibetische Gebetsmühlen sind eine praktische Erfindung. Mit jedem Dreh von frommen Händen gewinnt der Weltenlauf frischen Schwung

Das Böse ist zerstört, das Gute hat gesiegt. Zerstückelt liegt die Teigfigur des Linga beim tibetischen Mysteriendrama am Boden. Sie löste frühere Tier- und Menschenopfer ab, hat aber noch immer die Funktion eines Sündenbockes

großer Ehrenschirm wird über ihn gebreitet, huldigend umringen ihn zahlreiche maskierte und unmaskierte Tänzer beiderlei Geschlechts, die mit Handtrommeln rasseln, Glocken läuten und zu seinen Ehren singen und pfeifen. Zehn grimmige Schutzheilige machen ihre Aufwartung – hinduistische und alttibetische Gottheiten, die von Padmasambhava bezwungen und durch Eid an die neue Lehre gebunden wurden. Shinkyong taucht da auf, der lokale Beschützer der Felder, ferner der stierköpfige Yamantaka, vor allem aber Mahakala – als lamaistische Form des Hindugottes Shiva Verkörperung des männlichen Prinzips – und Shridevi, sein weibliches Gegenstück.

Die Zuschauer folgen gebannt einem Spektakel, in dem ihre tiefsten Träume und Ängste Gestalt annehmen. Immer wieder werden Trommeln und Zimbeln geschlagen, wird auf weißen Muschelhörnern geblasen, auf Schalmeien, kurzen Trompeten und Oberschenkelknochen von Tieren und Menschen, denen fein ziselierte Mundstücke und Schalltrichter vorgesetzt sind. Geweihtes Wasser wird verspritzt, Gerstenbier auf den Boden gegossen, Getreidekörner werden in alle Himmelsrichtungen geworfen; Pferde, Ziegen und Hunde paradieren über die Bühne.

Schließlich wird eine kleine Teigfigur auf ein rotes Tuch am Boden gelegt und verhüllt: das Linga, ganz offenbar ein Ersatz für frühere Tier- und Menschenopfer. Das Linga ist eine Art Sündenbock – zielen die weitere Rituale doch darauf ab, alles Übel hineinzubannen. Heroen raken mit mumifizierten Händen durch die Luft, um dämonische Mächte anzuziehen. Die „Herren des Leichenackers“, ausstaffiert mit Totenkopfmasken und auf weißen Gewändern aufgemalten roten Rippen, umtanzen das Linga. Nach den Skeletten versuchen die vier Wächter der Himmelsrichtungen durch ihren Tanz alles Böse in die Teigfigur zu lokken. Auf dem Boden konstruieren Mönche in maronenfarbenen Roben eine Geisterfalle – ein Dreieck wird gezeichnet, die Enden werden durch Fäden miteinander verknüpft, damit sich das Böse wie ein Insekt im Spinnennetz verfangen möge. Das Linga wird daraufgelegt.

Endlich erscheint Padmasambhava erneut – diesmal als Dragpo, als Manifestation des Zorns. Grimmig blickt seine rote Maske drein, auf seine Schürze sind drei Augen, ein aufgerissener Rachen und ein Totenkopf gemalt. Acht Tänzer assistieren, während Dragpo langsam das Linga zerstückelt. Es ist mit rotem Saft gefüllt, der nun herausspritzt. Sorgfältig werden die gebannten dämonischen Mächte unschädlich gemacht – am Ende verzehrt Dragpo mit seinem Gefolge die Teile des Linga, während Schutzgötter, in Felle von Schneeleoparden gehüllt, schreiend und trommelnd ihrer Freude Ausdruck verleihen: Das Böse ist zerstört, das Gute hat gesiegt.

Hemis/Ladakh: Ritual im Leopardenfell

Trotz Überdeckung durch die Theologen des Lamaismus verrät das Gebaren der Darsteller seine urwüchsige Herkunft. Mit den Heroen, den Schutzgottheiten und Zauberern marschieren all jene Kräfte ein, die nötig sind, die Welt in Gang zu halten. Denn das ist der tiefere Sinn aller heiligen Dramen, wo auch immer sie aufgeführt werden: den Weltenlauf zu wiederholen. Es gilt, die Handlungen der Götter nachzuvollziehen und die Ordnung des Daseins durch ein heiliges Spiel sicherzustellen. Solche Feste sind deshalb immer in einer Zeit des Ursprungs angesiedelt. Weil die Menschen sich periodisch zu Zeitgenossen der Götter machen, verhalten sie sich während eines Festes anders als davor oder danach.

Völkerkundler versahen dieses Phänomen mit dem Etikett „alcheringa" – „Traumzeit" –, ein den Zeremonien des Stammes der Arunta entliehenes Wort. Einmal jährlich folgen diese australischen Ureinwohner dem göttlichen Ahnen ihres Klans auf seinem Weg während der „alcheringa"-Periode, machen halt, wo er halt machte, wiederholen seine Handlungen. Indem sie ganz in der Traumzeit untertauchen, reproduzieren sie die Werke der Götter, durch welche die Welt wurde, wie sie heute ist. Auch die Tibeter glauben, den ewigen Weltenlauf symbolisch nachvollziehen zu müssen. Deshalb umwandeln sie regelmäßig ihre Sakralbauten und sorgen dafür, daß sich unablässig die Gebetsmühlen drehen – von Hand, Wind oder Wasser bewegt.

Beim heiligen Drama kommt in zahlreichen Kulturen der Dualität von Mond und Sonne, von Erde und Himmel eine besondere Rolle zu. Nachtgestirn und Taggestirn werden in nahezu allen Sprachen als „weiblich" und „männlich" gedeutet – auch wenn im Deutschen kurioserweise das Gegenteil geschieht. Da die Umlaufzeit des Mondes der Länge der weiblichen Periode ähnelt und er sein Licht zudem passiv empfängt, gilt das lunare Prinzip meist als weiblich. Das Vergehen und Wachsen der Mondscheibe stellt zudem ein eindringliches Sinnbild dar für die Gedanken von „Stirb-und-Werde". Am Mondwechsel können die Menschen ihren Lebensrhythmus ablesen, zugleich erhalten sie über die Abfolge von „Geburt-Tod-Auferstehung" eine tröstliche Botschaft von Fortleben und Wiedergeburt. Es ist das kosmische Werden, dem das Nachtgestirn religiösen Rang verleiht. Das Taggestirn hingegen verkörpert Beständigkeit, denn die Sonne – obwohl immer in Bewegung – behält ihre Gestalt unverändert bei. Da die meisten Gesellschaften maskulin dominiert werden, lag es nahe, das solare Prinzip mit Männlichkeit gleichzusetzen und ihm die Werte von Autonomie, Kraft und Souveränität zuzuordnen.

Diese archaische Kosmologie wird noch heute jedes Jahr Tausenden von Stieren zum Verhängnis, die in den Arenen der iberischen Halbinsel oder Südamerikas unter Begeisterungsstürmen des Publikums getötet werden. Deren Gehörn erinnert nämlich an die Sichel des Halbmondes – im Altertum als „cornua lunae", „Hörner des Mondes", bezeichnet. Die Opferung des mächtigen Tieres stand im Zentrum des in der Antike überaus populären Mithras-Kultes. Als „Sol invictus", als unbesiegbare Sonne, wurde der jugendliche Gott Mithras im Römischen Reich weithin verehrt, und in unterirdischen Heiligtümern huldigte man ihm durch die Tötung von Stieren.

Der Bogen des Stiergehörns steht seit undenklichen Zeiten für die Sichel des Mondes, die rhythmisch wächst und abnimmt. Wer das Mondtier tötet, erlangt deshalb Macht über Geburt und Tod. Diese Symbolik steckt hinter dem Stierkampf – hier auf einer spanischen Wandkachel dargestellt

Gleich der Sonne Macht zu erlangen über das Sinnbild des Mondes und damit über Tod und Wiedergeburt – das also ist der innerste Antrieb des Toreros und der Wunsch der Menschenmenge, die ihm zujubelt.

In der Dramaturgie des Mysterienspiels von Hemis sind Mond und Sonne symbolisch ebenfalls überall gegenwärtig. Von den Balustraden und Balkonen wehen bestickte Tücher, deren Bildzeichen die Zuschreibungen aufgreifen: Surya – Sonne – steht für das Unwandelbare, Candra – Mond – für Werden und Vergehen. Unter den liturgischen Geräten versinnbildlicht der unveränderliche diamantene Donnerkeil das männliche Prinzip, während die Glocke mit ihrem dem Wandel unterworfenen Klang das weibliche Prinzip darstellt. Zugleich sind Keil und Glocke kaum verhüllte Zeichen sexueller Vereinigung.

Werden die gegensätzlichen Pole zusammengebracht, treibt dies den Kreislauf der Jahreszeiten an. „Heilige Hochzeiten" (griechisch: „hieros gamos") sicherten beim Neujahrsfest in den alten Kulturen Mesopotamiens die kosmische Ordnung im kommenden Jahr. Der König vereinigte sich hierzu mit einer Priesterin, oder die Oberpriesterin der Göttin gab sich mit einem auserwählten „Heros" öffentlich dem Liebesakt hin: Die Verschmelzung des regenspendenden Himmels mit der fruchtspendenden Erde wird

Das Beständige besiegt das Vergängliche: Der Sonnengott Mithras opfert den Stier, Sinnbild des wechselhaften Mondes. Relief der römischen Antike im Nationalmuseum, Rom

nachvollzogen durch die Vereinigung von Samen und Schoß. In Altägypten währte das Opet-Fest unter Ramses III. 24 bis 27 Tage; der Gottkönig zog sich in den Tempel zurück, um dort einen Thronfolger zu zeugen. Wie ein Chronist vermerkt, verließ er die Königin erst, „nachdem die Majestät dieses Gottes alles, was er wollte, mit ihr getan hatte".

Antike Kulte um die Göttinnen der Fruchtbarkeit leben im Katholizismus durch die Verehrung Marias weiter. Sie ererbte von ihren Vorgängerinnen zahlreiche schmückende Beinamen: Heilige Jungfrau, Gottesmutter, Gottesgebärerin. Diana und Isis liehen ihr den Halbmond, Ceres die Ähren, Venus erotische Symbole wie die Taube (berüchtigt wegen ihrer sich in öffentlicher Paarung äußernden Lüsternheit), die Rose (deren konzentrische Blütenlippen den weiblichen Geschlechtsorganen ähneln) und Muscheln (der Form nach ebenfalls auf die Vulva verweisend).

Durch Hierogamie, Heilige Hochzeiten, halten Kulturen aller Kontinente das Rad des Lebens in Schwung. Die Omaha-Indianer teilen ihre Dörfer in zwei Hälften, die Himmel und Erde heißen. Ehen sind nur zwischen den beiden Hälften möglich und wiederholen damit jedesmal die erste Hierogamie. Die griechische Mythologie berichtet von der karthagischen Königin Dido, die ihre Hochzeit mit Äneas, Urahn der Herrscher Roms, in einem heftigen Sturm feiert – ihre Vereinigung fällt mit der der Elemente zusammen. In gleicher Symbolik ließ ein Maharaja der nordwestindischen Stadt Bikaner einen Palastraum mit dräuend

Heilige Hochzeiten sollen den Fortbestand des Lebendigen sichern. Im Hinduismus gehört hierzu die Verehrung des phallusförmigen „Lingam", der aus dem Kranz einer vulvagestaltigen „Yoni" aufragt

blauen Wolken ausmalen, die von gelben Blitzen durchzuckt werden. In einer Nische prangt das Bildnis des blauhäutigen Gottes Krishna, der seine gelb gewandete Geliebte Radha im Arm hält: Dank ihrer Energie entströmt den Wolken der ersehnte Regen.

Auf dem indischen Subkontinent finden sich an zahllosen Orten sogenannte Lingams, konisch zulaufende Säulenstümpfe in mehr oder weniger deutlicher Phallusform, die von einem steinernen Kranz umschlossen werden: der Yoni, einem Vulva-Symbol. Lingam und Yoni stehen für den Gott Shiva und seine Gemahlin. Gläubige übergießen die Kultbilder mit Milch oder Butterfett, in der Hoffnung, das Ritual möge „fruchten". In der Halbwüste von Rajasthan stellen Bauern überdimensionale Phalli nahe ihren Feldern auf, um die Fruchtbarkeit zu beschwören. Auch das gemeinsame Auftreten des Schutzgottes Mahakala – der lamaistischen Form des Hindugottes Shiva – und seiner weiblichen Entsprechung Shridevi beim Klosterfest in Hemis läßt die Herkunft aus dem uralten Kult der Heiligen Hochzeit ahnen. Die lamaistische Religion beschränkt sich jedoch nicht auf zaghafte Andeutungen: Ihre Klöster beherbergen Hunderte von Statuen, welche die liebende Umarmung männlicher Gottheiten mit ihrem weiblichen Part detailliert und lebensgroß nachbilden.

In Kulturen, die vom Ackerbau geprägt sind, findet der heilige Vollzug ohnehin drastischen Ausdruck – weil der Pflug die Scholle zerfurcht. „Die Frau ist gekommen wie ein lebendiges Stück Erde; sät in sie, Männer, den Samen!" heißt es in den hinduistischen Atharva-Veda, während der Koran verlauten läßt: „Eure Frauen sind für euch wie Äcker."

Bei den Bambara, einem Bauernvolk im Südsudan und in Mali, ist der Männerbund der „tyi wara" für die kultische Pflege des Ackerbaus zuständig. Obgleich den Bambara die muslimische Mission, französische Kolonisierung und Modernisierung der Landwirtschaft arg zugesetzt hat, wird der Anbau von Hirse und Erdnüssen noch immer von den Riten der „tyi wara" begleitet. Einst sandten die Götter – so glauben die Bambara – Trommeln zur Erde, welche mit Körnerfrüchten gefüllt waren. Trommeln ähneln dem schwangeren Bauch einer Frau. Der Klang heiliger Trommeln, geschlagen von den Mitgliedern des Bundes, läßt deshalb die Aussaat gedeihen. Der Prozession ziehen zwei Gestalten mit Antilopenfiguren voran: Wie deren Gehörn sollen auch die Saaten sprießen. Überdies gelten Antilopen als „Sonnentiere". Denn zum einen sind sie ausdauernd wie das Taggestirn; zum anderen kommen sie im hellen Licht zur Tränke, um wie die Sonne Wasser zu ziehen – während andere Tiere sich nur bei Dämmerung heranwagen. Im Wechselgesang wird die Sonne hymnisch verehrt: „Sonne, durchpflüge Himmel und Erde, unaufhaltsam ist dein Lauf. Das Tagesgestirn verändert sein Wesen nicht, mag es auch der Panther drohend anblicken." Der Prozession voran springt in geduckter Haltung ein Kobold mit Hundekopf. Das ist „tyi wara" – das „Krallentier der Arbeit". Gleich diesem Fabelwesen durchfurchen die Bambara die Erde und sorgen so für die Ernährung und den Fortbestand der Lebenden.

Fruchtbarkeitszauber beim Bauernvolk der Bambara in Afrika: Gleich dem Gehörn der Antilope sollen die Saaten sprießen

Das Wort für „Welt" ist bei vielen Angehörigen der indianischen Urbevölkerung Nordamerikas gleichbedeutend mit „Jahr". Die Yokut sagen „die Erde ist vergangen", wenn ein Jahr um ist. Der Kosmos entwickelt sich und erlischt dann am letzten Tag des Jahres. Damit hört aber der alte Zeitabschnitt nicht automatisch auf. Um neu anfangen zu können, ist es nicht damit getan, die Zeit zu „reinigen". Vielmehr muß das alte Jahr aktiv vernichtet werden. Deshalb die zahlreichen Kulte zum Jahreswechsel, bei denen mit Lärm und Getön die bösen Geister verjagt werden. Gang und gäbe ist dies bei den lärmigen Umzügen chinesischer Neujahrsfeiern ebenso wie in der abendländischen Silvesternacht. Die soll an ein Ende besonderer Art erinnern: an das Pontifikat des gleichnamigen Papstes, unter dem sich die Bekehrung Kaiser Konstantins und die Einführung des Christentums als Staatsreligion vollzog – das Ende der heidnischen Ära im Römischen Reich.

Um den Schluß des alten Jahres zu markieren, werden vielerorts Puppen verbrannt oder Sünden durch Opfer annulliert. Die Zerstörung des Linga, die beim Klosterfest in Hemis im Mittelpunkt steht, erlaubt mehrere Deutungen. Da das Böse in diese Ersatzfigur hineingebannt wird, könnte es sich um die Wieder-Holung einer Weltenschöpfung handeln, bei der ein Ungeheuer besiegt und zerstückelt werden mußte. Da das Linga aber von den Tänzern verzehrt wird, könnte auch die bei zahlreichen Pflanzerkulturen verbreitete Vorstellung eine Rolle spielen, Nutzpflanzen entwüchsen dem Körper eines getöteten übernatürlichen Wesens. Dieser Gedanke drängt sich insbesondere bei Pflanzen auf, die sich über Stecklinge, Knollen oder Keimlinge vermehren – bei denen also etwas begraben werden muß, damit Neues sprießt.

Erst wenn ein absoluter Nullpunkt erreicht ist, kann ein neuer Kosmos makellos entstehen. Deshalb legen Menschen an Festtagen ihre beste oder gar eine neue Klei-

Im Feuer wird das alte Jahr vernichtet. Vielerorts verbrennen Menschen zum Jahreswechsel die verbrauchte Zeit symbolisch: Chinesen im malaisischen Penang; Schotten im Hochland

dung an: Um sich zugleich mit der Natur auch selbst zu erneuern. Wiedergeboren wird der Kosmos am Neujahrstag – mitsamt einer noch nicht verbrauchten Zeit. Neujahrsfeiern sollen an diese „Kosmogonie“ erinnern, sollen sie symbolisch reaktualisieren. Da kein Ding ohne eigene Zeit existieren kann, findet Schöpfung notwendigerweise „im Anbeginn“ statt. „Tempus“ und „templum“ – Zeit und Heiligtum – sind deshalb nicht nur sprachlich eng verwandt, sondern markieren die ursprünglichsten Dimensionen unseres Gesichtskreises.

Das Symbol schlechthin für die Summe aller Möglichkeiten, die in einer neuen Schöpfung stecken, ist das Wasser, dem zahlreiche Völker festlich huldigen. So soll auch das Blasen des Muschelhorns beim Tempelfest in Hemis den Urlaut des Ozeans wiedergeben – des Weltenmeeres, aus dem einst alles Leben entstand. Wasser versinnbildlicht das formlose Chaos, dem die Potenz innewohnt, frische Formen zu entwickeln. Damit ein völlig neuer Anfang gemacht werden kann, müssen allerdings zunächst alle abgenützten Formen vernichtet werden. Das geschieht durch Eintauchen – ein Grundmotiv, das den Erzählungen von der Sintflut ebenso zugrunde liegt wie den zahllosen Riten, bei denen Wasser versprenkelt wird. Beim Auflösen verbrauchter Gestalten wird das Wasser zu einem reichen Reservoir von Lebenskeimen, die dann in einem Akt der Schöpfung neu gestaltet werden können. Nicht umsonst nimmt in vielen Mythen die Welt ihren Anfang mit einer Insel inmitten endloser Fluten.

So beziehen also auch Feste ihre Dynamik häufig aus dem Sinnbild der Auflösung alter Formen und der folgenden Neugestaltung. In Thailand etwa läßt man in der Vollmondnacht des November winzige, aus Lotusblüten gebastelte Boote die Flüsse hinuntertreiben – bestückt mit brennenden Kerzen und Weihrauch. Loy Krathong heißt dieser Feiertag, an dem die Sünden von den Fluten fortgetragen werden. Beim Songkran

Im Wasser steckt die Kraft für neue Schöpfung. Vielfältig wird dem lebensspendenden Naß gehuldigt: erfrischende Späße in Thailand zu Neujahr – und an der Copacabana von Rio; Meditation vor einem Wasserfall in Japan

wiederum, dem Neujahrsfest, ist es Brauch, Freunde und Fremde mit Wasser zu übergießen. Gerade zur Feier des Jahresbeginns vereinen sich die Menschen gern wild und orgiastisch, ohne Rücksicht auf soziale Klassen oder Familienbande – in der Ausgelassenheit wird quasi das „Rohmaterial" des Menschseins gewonnen und kann frisch geordnet werden. Noch im prüden England machen die Menschen zaghaften Gebrauch von den zur Jahreswende zugestandenen erotischen Freiheiten, indem sie sich unterm Mistelzweig küssen.

Die Schranken von Kasten, Rassen und Glaubensrichtungen sind so gut wie vergessen beim Frühlingsfest Holi, das überall in Indien an einem Vollmondtag seinen begeisternden Höhepunkt erreicht. Am Abend zuvor wird das Abbild einer Dämonin verbrannt – sie stellt den Winter dar, ihr Tod bedeutet das Ende der schlechten Zeit. Alt und jung ziehen am nächsten Morgen durch die Straßen, spritzen mit Wasserfarben, werfen mit Beuteln voll roter Flüssigkeit und reiben einander mit lila Pulver ein. Niemand wird verschont, gleich ob Mann oder Frau, arm oder reich, ja es trifft selbst Hunde und Kühe, Ziegen und Esel.

In Nordindien formieren sich junge Burschen zu einem Zug in die Gärten der Tempel von Mandore. Ihre Gesichter und Kleider sind rot eingefärbt; sie stoßen Hokkeyschläger in die Luft und skandieren obszöne Verse. Einer, den sie „Rao" – König – nennen, ist mit Blüten, Blättern, Schlingpflanzen dekoriert. Er tanzt dem wilden Zug voran und wird am Ende in den Tempelteich geworfen – sichtbares Zeichen für einen Neubeginn, nachdem Regeln des Anstands, der Höflichkeit und der sozialen Konvention außer Kraft gesetzt waren.

Wenn Kulturen und Religionen einander ablösen, werden regelmäßig traditionelle Elemente übernommen – das geschah im Himalaja beim Übergang von der Bön-Religion zum Buddhismus und ist heutzutage in Schmelztiegeln wie Südamerika, der Karibik oder Indonesien noch immer augenfällig. Obwohl die christliche Mission in Mitteleuropa seit mehr als tausend Jahren dominiert, blieben auch hier vorchristliche Vorstellungen lebendig – vor allem, wenn es darum geht, den Zyklus der Natur festlich in Schwung zu halten. Der heiligen Walpurgis etwa wurde die Nacht zum 1. Mai geweiht, in der ursprünglich Trude und Druden – abgeleitet von den „Druiden", den keltischen Priestern – und allerlei Hexenvolk ihr Unwesen treiben sollen. Die Kulte zur Frühlingszeit unterwanderten selbst die auf Profanität bedachte Weltanschauung der Sozialisten – wie die Feiern zum 1. Mai belegen.

„Herausgeputzt wie ein Pfingstochse" werden besonders im Alpenraum vielerorts Rinder durch das Dorf getrieben. Ob hier vorchristliche Opferbräuche aufgegriffen wurden oder ob das Schmücken mit Laubkränzen dem Vieh die Frühlingskraft der Natur zuteil werden lassen soll, kann die Volkskunde nicht eindeutig entscheiden.

Alte Kulte unter rotem Mantel. Der sozialistische Staatsatheismus besetzte das Datum religiöser Frühlingsfeste mit eigenem Stempel: Parade zum 1. Mai auf der Karl-Marx-Allee in Ost-Berlin, Mitte der siebziger Jahre

Gleichfalls Schaden von Land und Vieh abzuwenden, wird mit dem Segen des Heiligen Leonhard am 6. November erfleht. Im Salzburgischen warf der Legende zufolge eine Stute zwei behexte Fohlen, die überall Gräser und Früchte samt Wurzeln verschlangen. In höchster Not löste der Heilige Leonhard, Sproß fränkischen Adels im 6. Jahrhundert, die Behexung und lehrte die Bauern die Pferdezucht. Seither ziehen an Sankt Leonhardi festlich gekleidete Dorfbewohner zu Pferde und mit Fuhrwerken durch Städte und Dörfer – vor allem in Süddeutschland, wo dem Patron mehr als tausend Gotteshäuser geweiht sind. Vermutlich hat die Kirche hier einen ehemals weltlichen Flurumritt zu einer sakralen Prozession umgeprägt. Am eindrücklichsten wird der Nothelfer in den prächtigen Umzügen von Bad Tölz angerufen: „Sankt Leonhard vorm Himmelstor – wir reiten dir die Pferde vor!"

Gute Ernten sind Anlaß von Festen, bei denen gegessen wird, wie „die Scheunendrescher" eben kräftig taten – im Oberhessischen und in der Pfalz unter dem Namen „Erntehahn". Ein Brauch aus dem Sauerland erklärt die Bedeutung des Hahns für die Erntehelfer. Nach dem Binden der letzten Garbe wurde der Vogel aus Ähren nachgebildet, geschmückt und auf einer Stange zum Hof getragen. Dort ließen die Schnitter verlauten: „Hier haben wir den Hahnen, / der seit Wochen früh tat mahnen, / mit immerwährendem Kikeriki. / Er ward nun von den Micheln / gefangen mit Sensen und Sicheln. / Jetzt wird er gebraten, gesotten, / verzehrt bis auf die Knotten!"

Hatte also der krakeelende Gokkel die Erntehelfer in aller Herrgottsfrühe zur Arbeit aufgescheucht, schlägt nun, mit Einfahrt des letzten geschmückten Wagens vom Feld, sein Stündchen: Signal nicht nur für das „Stoppelhahn-Essen", sondern auch für den Tanz des „Hahn im Korb", bei dem ein Bursche sich um die Gunst von Tänzerinnen bemüht, indem er gackert, kräht und herumflattert.

Ließen schon die Römer den Lichtgott Mithras als Verkörperung der unbesiegbaren Sonne in ihren Winterfesten auferstehen,

Neuer Glaube aus profaner Wurzel: Die fromme Prozession des alljährlichen Leonhardiritts im Tölzer Land hat ihren Ursprung in der höchst weltlichen Flurinspektion der Bauern am Ende des Wirtschaftsjahres. Der Heilige Leonhard wurde im 6. Jahrhundert zum Schutzpatron der Pferdezucht

übernahmen schließlich die Christen jene reich ausgeschmückte Symbolik, um alljährlich die Geburt ihres Religionsstifters zu feiern. Die romanischen Sprachen bezeichnen das Fest denn auch schlicht als „Geburtstag" – italienisch „natale", spanisch „natividad", französisch „noël". Nach Norden exportiert, verschmolz das Fest der Christgeburt mit germanischen Traditionen. Hier wurde es zu „Weihnachten" – ein Name, der an die zwölf „geweihten Nächte" erinnert, mit denen die Wintersonnenwende und die damit länger werdenden Tage auf heidnische Weise begangenen wurden.

Zweifellos – Feste und Feiern mit ihren Kulten und Ritualen, Mythen und Symbolen verleihen allen Kulturen ein typisches Gepräge. Ganze Generationen von Völkerkundlern haben versucht, hinter der verwirrenden Vielfalt der Formen und Anlässe einheitliche Prinzipien zu entdecken, die sich aus den wirtschaftlichen und sozialen Gepflogenheiten der Ge-

Die „geweihten Nächte" der heidnischen Wintersonnenwende wurden im Norden Europas allmählich zur christlichen „Weihnacht". Davon zeugt in Schweden die Verehrung der heiligen Lucia, der „Lichtträgerin", die am 13. Dezember mit Kerzenkrone erscheint. Im schottischen Edinburgh leiht der heilige Nikolaus Kinderwünschen sein Ohr. Der vegetabilische Zauber, den der „lebende Weihnachtsbaum" in London verkörpert, ist auf einer Kitschpostkarte des Jahres 1907 vollends in die Obhut des Christkindes übergegangen

sellschaften ableiten lassen. Wohnt den Feiern der Menschen überall auf der Erde eine universale Botschaft inne? Oder sind die Motive, Feste zu begehen, von Kultur zu Kultur völlig unterschiedlich? Leben die komplexe Logik und die verborgenen Wahrheiten der Mythen zumindest unterbewußt weiter? Oder werden Rituale gänzlich sinnentleert wiederholt?

Die Antworten fallen so unterschiedlich aus wie die Phänomene, die sie deuten wollen. Das Bedürfnis nach Erklärung nahm in dem Maße zu, wie im Zuge der Entdeckungsreisen immer mehr ferne Völker mit fremden Sitten bekannt wurden. Da die Europäer sich allerdings auf der obersten Stufe kultureller Entwicklung wähnten, begriffen sie die Lebensweise der Menschen in den von ihnen erschlossenen Gebieten als urtümlich und primitiv – obgleich deren Rituale oft weitaus komplexer sind als die der technologisch fortgeschrittenen sogenannten Kulturvölker. Der Gedanke, auch Kulturen entwickelten sich aus „niederen“ Formen zu „höheren“, erhielt durch die Evolutionstheorie Charles Darwins (1809–1882) besondere Impulse: In der Völkerkunde wurde der „Evolutionismus“ geboren. Dessen Modelle, vor allem von den Briten Edward Tylor (1832–1917) und James Frazer (1854–1941) entworfen, postulierten eine kulturelle Entwicklung entlang nur einer einzigen Linie, die zwangsläufig in Europa gipfelte. Bei den Religionen etwa sollte auf den anfänglichen Geisterglauben die Vielgötterei und schließlich der Monotheismus folgen, bei der Sozialordnung die sexuelle Freizügigkeit zunächst vom Mutterrecht und später vom Patriarchat abgelöst werden. Diese Sicht gilt heute als überholt, denn der menschliche Geist reagiert offenbar nicht überall und immer gleich auf die Erscheinungen der Umwelt.

Die von dem deutschen Historiker Fritz Graebner (1877–1934) begründete „Kulturkreislehre“

versuchte die verzerrte Perspektive zu korrigieren. Demnach haben sich die Zweige der Menschheit nicht auf einer einzigen Linie, sondern unabhängig voneinander in unterschiedliche Richtungen entwickelt. Erst später, im Zuge von Wanderungen, überlappten sich die Kulturen, etwa Werkzeugtechniken oder gesellschaftliche Bräuche.

Die Aufgabe der Mythen ist nach Meinung des anglo-polnischen Anthropologen Bronislaw Malinowski (1884–1942) vor allem, das Sozialgefüge zu rechtfertigen. Paradebeispiel für diese Theorie des „Funktionalismus" waren die Erzählungen, mit denen eingeborene Klans der Trobriand-Inseln vor Neuguinea ihre besonderen Wohnrechte und ihr unterschiedliches Ansehen begründen: Zu Beginn aller Zeiten erhoben sich ihre Vorfahren aus den Tiefen der Erde als Paare von Schwester und Bruder, die jeweils spezielle Fertigkeiten und Werkzeuge mitbrachten und das Land als erste in Besitz nahmen.

Eine andere Deutung wagte Mitte der fünfziger Jahre der französische Anthropologe Claude Lévi-Strauss. Gemäß seiner Schule des „Strukturalismus" dienen Mythen vor allem dazu, logische Widersprüche des Daseins zu mildern oder aufzuheben: den Gegensatz von Seele und Körper, von Rohem und Gekochtem, von Mann und Frau. Beispielsweise sieht sich der Geist des Menschen stets mit dem schroffen Dualismus von Leben und Tod konfrontiert. Mythen können hier Lösungen anstreben und den Gegensatz etwa durch einen Helden überbrücken lassen, der wie Orpheus oder Jesus in das Reich der Toten reist und zu den Lebenden zurückkehrt. So also setzen sich Mythen nicht nur mit der Welt auseinander, wie sie ist, sondern beschreiben, wie sie sein könnte.

Der aus Rumänien stammende Religionshistoriker Mircea Eliade (1907–1986) sieht in den geheimnisvollen Erzählungen aus der Frühzeit der Kulturen hingegen einen kreativen Akt des Denkens, um sich der ewigen Wiederkehr des Lebens zu versichern. Besondere Bedeutung schreibt er dabei

Geltungssucht oder soziale Umverteilung? Völkerkundler sind uneins über die Bedeutung der üppigen Festmähler unter Eingeborenen des Pazifik: ein Schmaus mit Schildkrötenfleisch auf den Karolinen-Inseln

den Festen zu, für die die Mythen eine Art Libretto liefern. Zwar ahmen die Menschen auch außerhalb von Festzeiten göttliches Tun nach, etwa indem sie säen oder ernten. Doch läuft diese Nachahmung Gefahr, allmählich immer ungenauer zu werden – bis das göttliche Modell entstellt, vielleicht sogar vergessen ist. Der Heiligkeit des Vorbilds tragen die präzisen Wiederholungen der Göttertaten während Festzeiten Rechnung – etwa alljährlich auf der polynesischen Insel Tikopia, wo in ausgefeilten Zeremonien Boote ausgebessert, Nährpflanzen angebaut und Heiligtümer instand gesetzt werden.

Die Deutungen der Völkerkundler – von denen hier lediglich einige herausgegriffen wurden – schwanken mithin zwischen der Suche nach unveränderlichen, ewigen Abläufen sowie historischer Relativierung. Keiner ihrer Ansätze ist unumstritten. Die Evolutionisten des 19. Jahrhunderts werden des Irrtums geziehen, sie hätten willkürlich Stadien der Entwicklung definitiv festgelegt und damit weitere Studien für überflüssig erklärt. Malinowski wird angekreidet, er habe den „Wilden" eurozentrisches Zweckdenken zugeschrieben. Lévi-Strauss wird formale und vordergründige Gedankenspielerei vorgeworfen, während Eliade schließlich Un-Geschichtlichkeit nachgesagt wird: Er habe gesellschaftliche Zusammenhänge nicht genügend beachtet.

Gegenwärtig richten Völkerkundler und Anthropologen ihr Augenmerk verstärkt auf die sozio-ökonomischen Bedingungen, unter denen sich kulturelle Merkmale ausprägen. Feste, bei denen Schenken und Verschwenden im Mittelpunkt stehen, stellen diesen Ansatz auf eine harte Probe.

Ein Ritual des Wegschenkens unter den Eingeborenen der Trobriand-Inseln und ihrer Nachbarn in Melanesien machte Bronislaw Malinowski mit seinem Bericht „Argonauten des westlichen Pazifik" berühmt: die zeremonielle „Kula"-Seefahrt. Diese Reise beginnt zu bestimmter Zeit in zwei entgegengesetzten Richtungen, wobei die Häuptlinge untereinander Gaben tauschen, hergestellt aus seltenen roten und weißen Muscheln, Schnecken und Perlmutt. Halsketten – die „Soulava" – werden im Uhrzeigersinn von Insel zu Insel verbracht, Armreifen – die „Mwali" – gegenläufig. Die Gaben, von denen einige aufgrund ihrer Kostbarkeit eigene Namen führen, werden so lange weitergegeben, bis sie im Ring wieder an den Ursprung zurückkehren. Die Funktion dieses Karussells des Beschenkens ist unklar, aber der Gedanke liegt nahe, daß auf diese Weise entfernte Stämme sozial miteinander vernetzt werden.

Verschenken und Verschwenden – darum dreht sich der „Potlatch" auch bei den Kwakiutl-Indianern in der kanadischen Provinz British Columbia

Bei einem ähnlichen Schenk-Ritual innerhalb einer jener Inseln scheint das Streben nach Prestige im Vordergrund zu stehen. Die Eingeborenen von Trobriand bauen Yams-Wurzeln an, wobei der Ertrag der einzelnen Familien in eigenen Yams-Häusern öffentlich ausgestellt und prämiiert wird. Besonders dicke und schöne Wurzeln erhalten Ehrenplätze. Sie werden auch verschenkt, von den Empfängern bemalt und – oft in Holz gerahmt – zur Schau gestellt.

Auf den Salomon-Inseln hat sich ein System des „big man" etabliert, das in einem Festgelage gipfelt. Von einem jungen Mann namens Atana wird berichtet, er habe durch sein Beispiel auch viele andere zu harter Plackerei anzuhalten vermocht. Schließlich konnte er ein Fest ausrichten, bei dem 250 Pfund getrockneter Fisch, 3000 Yams- und Kokosnuß-Kuchen, elf große Schüsseln mit Yams-Pudding und acht Schweine die Gäste erfreuten. Die brachten aber ebenfalls Gaben mit, so daß insgesamt 257 Personen an dem Festschmaus satt werden konnten. Dem Gastgeber blieben am Ende nur Knochen und Krumen – und öffentliches Ansehen.

Die wohl verwunderlichste Methode von Prestigestreben beschrieb der deutsch-amerikanische Geograph und Anthropologe Franz Boas (1858–1942): den „Potlatch". Diesen Brauch, dessen Name sich wohl vom Eingeborenen-Wort „patchatl" für Gabe ableitet, pflegten Indianer im Nordwesten des heutigen Kanada. Besonders bei den Kwakiutl war es üblich, daß Häuptlinge Rivalen ins

Dorf einluden, um sie mit Speisen und Geschenken zu überschütten. Alles konnte Anlaß sein für ein Potlatch: Geburt, Heirat, Tätowierung, das Aufrichten eines Grabmales. Den Gästen wurden dabei Decken, wertvolle Kupferplatten, ja selbst Sklaven übergeben. Währenddessen tobten die von Klanggeistern besessenen Medizinmänner herum und erfüllten heilige Gesänge den Ort – vor allem aber die Prahlereien des Gastgebers:
„Ich bin der große Häuptling,
der die Leute beschämt. /
Unser Häuptling macht, daß
die Leute vor Scham erröten. /
Unser Häuptling macht, daß
die Leute neidisch werden. /
Unser Häuptling macht, daß
die Leute das Gesicht verhüllen /
aus Scham über das, was er
ständig hier tut. Immer und /
immer wieder gibt er
allen Stämmen Feste."

Besonders schlagend ließ sich die eigene Überlegenheit durch Verschwendung und Zerstörung während der festlichen Zusammenkunft demonstrieren. Zuweilen wurde kostbares Fischöl ins Feuer gegossen – wobei manchmal durch überspringende Funken die aus Zedernplanken errichteten Hütten Feuer fingen –, wurden Boote zerschlagen, Kupferplatten zertrümmert, Decken verbrannt.

Je gewaltiger die Vernichtung wertvoller Güter, desto mehr zeigten sich die Teilnehmer beeindruckt. Allerdings hatte die Sache für die Rivalen einen Haken: Um nicht Schimpf und Schande zu ernten, mußten sie das Fest recht bald wiederholen und den vormaligen Gastgeber möglichst übertrumpfen! Als ein Tlinkit-Häuptling aus Prunksucht sogar Sklaven tötete, hatte sein Gast zum Ausgleich eine noch größere Anzahl eigener Leute umzubringen.

Kritiker haben eingewandt, beim Potlatch handele es sich um das Spätstadium einer Kultur von Indianern, die von weißen Siedlern bereits merklich dezimiert waren. Dadurch erst sei Überfluß entstanden: Mit dem Rückgang der Bevölkerung hätten immer weniger Anwärter für die Häuptlingspositionen zur Verfügung gestanden, weshalb schließlich mit immer mehr Mitteln um immer weniger Titel konkurriert wurde. Diese Deutung vertritt der nordamerikanische Anthropologe Marvin Harris. Für ihn spiegeln die Feste der Südsee-Insulaner und nordamerikanischen Indianer Wirtschaftssysteme wider, die ohne ausgeprägte Hierarchien auskamen. Bei den Festen sei es um Umverteilung erwirtschafteter Güter gegangen. Da, wo in einem Jahr die Ernten oder Jagdzüge gut waren, warf sich der Erfolgreiche zum Gastgeber auf. Im Wechsel gaben jeweils die, die hatten, an die Habenichtse. Die Gegenleistung für diese Form der Sozialversicherung bestand lediglich darin, die jeweiligen Gastgeber kräftig zu loben.

Umverteilen von Lebensmitteln und anderem Besitz ist an eine weitgehend stagnierende Wirtschaft gebunden. In dem Maße, wie die Ökonomie auf Wachstum setzt, ändert sich auch das soziale Gefüge, weil die Unterschiede zwischen den Klassen immer ausge-

Im Zeichen der souveränen Sonne präsentierten sich Frankreichs pompverliebte Herrscher. Ein Gobelin zeigt Heinrich IV. (1553–1610) als leierschlagenden Apollon

Im solaren Strahlenkranz gefiel sich auch Ludwig XIV. (1638–1715), der wie kein anderer den absolutistischen Machtstaat verkörperte. Szenenmalerei nach einem Ballett zu Ehren des „Sonnenkönigs"

prägter werden. Wer hier auf den obersten Stufen der Leiter steht, kann die eigene Macht über verschwenderische Feste ungleich eindrucksvoller inszenieren. Die Geschichte nicht nur der europäischen Herrscherhäuser ist voll von Versuchen, sich über das Ausrichten üppiger Festmähler und prunkvoller Umzüge als unangreifbar darzustellen – wobei die Mächtigen sich gern überlieferter Symbole bedienen.

● Im Zeichen der Sonne – Sinnbild von Unveränderlichkeit und Souveränität – präsentierten sich die absolutistischen Herrscher Frankreichs. Heinrich IV. veranstaltete Ritterspiele, bei denen er unterschiedlich kostümiert auftrat: im Strahlenkranz des Tagesgestirns; als Lorbeer, dem vom antiken Sonnengott geliebten Daphne-Strauch; als Adler, dem nach alter Überlieferung einzigen Wesen, das in die Sonne schauen kann, ohne zu blinzeln. Ludwig XIV. nannte sich „Le Roi Soleil" und ließ den Palast in Versailles über und über mit Sonnensymbolen dekorieren. Sein Urenkel Ludwig XV. wiederum überreichte, als er 1722 in Reims mit Pomp gekrönt wurde, der Kathedrale eine kostbare, mehr als 30 Kilogramm schwere Sonne aus vergoldetem Silber.

● Das Goldene Buch der Republik Venedig verzeichnet das Ritual der „sposalizio del mare", der allherbstlichen Vermählung der Stadt mit dem Meer. Der Doge der Handels- und Seemacht fuhr mit der Goldenen Barke im Geleit einer Flotte kleinerer Schiffe und Gondeln am Lido vorbei aus der Lagune hinaus in die offene Adria. Feierlich warf er dann einen schmalen Goldreif in die Fluten:

Prunk nährt politisches Prestige. Die Venezianer hatten guten Grund, alljährlich die „sposalizio del mare" zu feiern – die rituelle Vermählung mit dem Meer: Immerhin war die Lagunenstadt durch Handel und Kriege zur See für lange Zeit eine der reichsten europäischen Mächte. In der Mitte des 18. Jahrhunderts malte Canaletto das maritime Ritual

„Desponsamus te, mare, in signum veri perpetuique dominii" – Ich vermähle mich dir, o Meer, im Sinne einer wirklichen und dauernden Herrschaft!

- Die schottische Dynastie der Stuarts ließ sich mittels eines eigens entwickelten Hoftheaters verherrlichen, an dem sich besonders Karl I. in der ersten Hälfte des 17. Jahrhunderts ergötzte. Der Zeremonienmeister Inigo Jones richtete die Perspektive der Guckkastenbühne darauf aus, die königliche Macht im Spiel sichtbar werden zu lassen. Ein- bis zweimal im Jahr wurden hier zwei- bis dreitausend der edelsten und wichtigsten Persönlichkeiten des Reiches versammelt, um eine Kosmogonie zu erleben – wie der Monarch von Gottes Gnaden durch die Unterwerfung der Natur Harmonie stiftet. Das Theater präsentierte zunächst Bilder der entfesselten Natur – Stürme, Höllenfeuer, undurchdringliche Wildnis, Wüsten und Wälder. Dieses Chaos wandelte sich durch das Erscheinen des Königs allmählich zu einer geordneten Welt mit eleganten Villen und Plätzen, Häfen und gepflegten Gärten.
- Namhafte Künstler investierten ihre schöpferische Kraft, um als Höhepunkt von Festlichkeiten Feuerwerke zu gestalten – einer dem Potlatch durchaus vergleichbaren Form, auf repräsentative Weise Kapital zu verschleudern. Damit suchten sich die Bankiers, Fürsten und Stadtherren als Herrscher über Feuer und geheimnisvolle alchimistische Mächte auszuweisen. In Italien inszenierten Brunelleschi und Leonardo da Vinci die strahlende Poesie am Himmel, in deutschen Landen profilierte sich der Architekt Balthasar Neumann als Magier der Flammen; der Baumeister von Preußens Glanz und Gloria, Karl Friedrich Schinkel, entwarf ein Feuertheater für die Propyläen. So waren Feuerwerke nicht nur nützliche Übungen im Umgang mit Pulver zu Friedenszeiten. Sie zeugten zugleich mit wahrhaft explosiver Kraft vom Glanz der Herrschenden – eine soziale Magie mit Knalleffekt.

Schlemmen wie die alten Römer – so stellen sich Amerikaner im Luxushotel „Caesar's Palace" in Las Vegas ein antikes Gastmahl vor

Je verschlungener die Strukturen von sozialer und politischer Macht, von Landbau, Handel und Gewerbe, um so breiter gefächert werden nicht nur die Elemente von Festen, sondern desto mehr Anlässe bieten sich, neue ins Leben zu rufen. Wie Feste zunehmend von Vermarktung und Konsum überformt wurden, zeigt die Entwicklung in deutschen Landen vom Mittelalter bis in die Neuzeit. Das Abendland erlebte vom 10. Jahrhundert an eine „kommerzielle Revolution". Entlang der Fernhandelsstraßen entstanden bei Klöstern und Siedlungen bedeutende Umschlags- und Regionalmärkte – was vom 12. Jahrhundert an eine zunehmende Selbständigkeit der Städte nach sich zog. Die Landbevölkerung nahm oft den Kirchgang zum Anlaß, die Märkte zu besuchen. Sie blühten deshalb besonders in der Nähe von Gotteshäusern und Wallfahrtsstätten und fanden oft an den Namenstagen prominenter Heiliger statt. Die „Messe" – bis dahin lediglich der dem Abendmahl gewidmete Teil des Gottesdienstes – erfuhr zunehmend eine erweiterte Bedeutung: Die „Kirchmesse" wandelte sich zur „Kirmes". Die „Rintelner Messe" beispielsweise ist seit 1392 überliefert, die „Allerheiligenkirmes" in Soest seit 1417.

Bei solchen Feiern zu Ehren der Altäre Gottes und des Konsums kam es unvermeidlich zu „Ausschreitungen", was Martin Luther 1520 veranlaßte, in seiner Schrift „An den christlichen Adel deutscher Nation von des christlichen Standes Besserung" die Abschaffung aller Patronatsfeste zu fordern: „...sollte man die Kirchweihe ganz austilgen, seintemal sie nit anders sein dann rechte Tabern, Jahrmarkt und Spielhofe worden". Doch das Machtwort half wenig, bemerkt doch ein Chronist noch 1777: „Bey den gottesdienstlichen Festen pflegten sich gar bald allerley Krämer und Kaufleute einzufinden, welche ihre Waaren bey dem Zusammenflusse mehrerer Menschen abzusetzen suchten." Im Hamburger Dom wurde gar die Halle für den Markt freigegeben: Punsch und Grog wurde auf den Grabplatten der alten Mönche und Ritter ausgeschenkt.

Die Kirmes wurde zur Bühne für herbeireisende Schauspieler, Moritaten-Sänger, Possenreißer, Wahrsager, Zauberer, Feuerschlucker, Wunderdoktoren, welche die Schaulust und Informationsgier des Publikums befriedigten. „Panoramen" – große Gemälde, wie Teppiche um Stangen gewickelt – wurden vor den Augen der Zuschauer abgerollt und erzählten historische Ereignisse. In Wachsfigurenkabinetten und anatomischen Museen mischte sich die Vermittlung von medizinisch-biologischem Wissen mit Grusel-Shows, präsentierte man Nachbildungen von Verbrechern, siamesischen Zwillingen, Riesen, Zwergen, Haarmenschen. „Menagerien" mit Affen, Schlangen und Raubkatzen mauserten sich unter der Schaulust zu Vorläufern der zoologischen Gärten. Wachsende Raffinesse der Technik ermöglichte schließlich eine „dritte Dimension" auf dem Jahrmarkt: die Bewegung des Publikums. Ein Karussell wurde bereits 1729 auf einem Londoner Markt aufgestellt.

Feste auszurichten, wurde vom Spätmittelalter an zunehmend eine Sache der Zünfte, in denen sich Handwerker und Gewerbetreibende zusammenschlossen, und der Gilden, den Vorläufern von Feuerwehr, Bestattungsunterneh-

Paradieren zum Schützenfest – hier in Duisburg-Bruckhausen – erinnert an die lange Tradition der Bürgergilden, die einst den Stadtsoldaten wehrhaft zur Seite standen

men und Versicherungen. Brandschutzgilden unterstützten einander bei Feuersbrünsten, Totengilden – die „Leichenbruderschaften“ – kümmerten sich um Beerdigung und Hinterbliebene, während bürgerliche Schützengilden den Stadtsoldaten bei der Verteidigung zur Seite standen. Anlässe für Zunftschmäuse und Gildegelage gab es genug: den Beitritt neuer Mitglieder, Hochzeiten, Leichenbegängnisse, Jahrestage der Schutzpatrone. Überregional berühmt wurden beispielsweise der Schembartslauf der Nürnberger Metzger, der in vielen Städten übliche Metzgersprung anläßlich der jährlichen Freisprechung von Gesellen, der Münchner Schäfflertanz der Faßmacher, die Fischerstechen in Ulm, Frankfurt und Worms, der Schäferlauf in Markgröningen oder die zahlreichen gigantischen Schützenfeste vor allem in Norddeutschland. Sie alle werden heute noch gefeiert, gefördert durch ein vom Folklorismus geprägtes touristisches Interesse der ausrichtenden Kommunen.

War der Jahrmarkt ursprünglich ein Schmelztiegel für die Bereiche Religion, Handel, Information und Vergnügen, so verblaßte mit der Aufklärung zunächst der religiöse Bezug. Ökonomisch machten ihm spätestens seit dem Beginn des 19. Jahrhunderts feste Messe- und Warenhäuser Konkurrenz – wobei die Tradition des Leipziger Gewandhauses gar bis 1477 zurückreicht. Das Bedürfnis nach Information wurde zunehmend durch Zeitungen und Zeitschriften abgedeckt, schließlich durch Radio und Fernsehen. Heute ist dem Jahrmarkt nur das Vergnügen geblieben, und die Branche befriedigt das Verlangen nach Zerstreuung mit immer höher ausschlagenden Schiffsschaukeln und immer kurvenreicheren Achterbahnen.

Im deutschen Sprachraum brachte das 19. Jahrhundert überdies völlig neue Formen des Feierns hervor – namentlich Ökonomiefeste, politische und historische Feste. In seinen 1811 entstandenen Überlegungen „Wie und wann sollten Volksfeste gefeiert werden, damit sie in moralischer und ökonomischer Hinsicht zu billigen wären“ fordert der Theologe Joseph Bodent: „Wenn in Ackerbau, Viehzucht und Pflanzenbau die wahre Quelle des eigentlichen Staatsreichthumes fließt, dann haben die Volksfeste vorzüglich auch dem landwirtschaftlichen Fortschritt zu dienen. Als Termine sind Geburts- und Namenstage der Regenten geeignet. An solchen Nationaltagen ist mit Preisen und Ehrenmünzen nicht zu sparen.“

Die heutzutage größten zwei deutschen Volksfeste entstanden auf diese Weise. Die Münchner „Wies'n“ geht auf die Hochzeit des

In aller Munde: die maß-volle Bierseligkeit des Münchner Oktoberfests. Vormals Landwirtschaftsschau anläßlich einer Fürstenhochzeit, boomte „die Wies'n“ bald dank folkloristisch arrangierter Tourismusindustrie

bayerischen Kronprinzen und späteren Königs Ludwig I. mit Prinzessin Therese von Sachsen-Hildburghausen am 12. Oktober 1810 zurück, wobei auf dem später Theresienwiese genannten Areal ein Pferderennen veranstaltet wurde. Aus diesem eigentlich einmaligen Anlaß entwickelte sich das „Oktoberfest", das schon bald vom „Landwirtschaftlichen Verein" getragen wurde und Landwirtschaftsschau mit Viehmarkt und Prämiierung einschloß. Die „Cannstatter Wasen" wurde als sogenanntes „Landwirtschaftliches Hauptfest" im Jahre 1818 vom württembergischen Monarchen angeordnet: „Se. Königl. Majestät haben in der landesväterlichen Absicht, zur fortschreitenden Verbesserung der Viehzucht im Königreich zu ermuntern und denjenigen, welche in diesem wichtigen Zweige der Landwirtschaft etwas Vorzügliches leisten, einen Beweis des Allerhöchsten Wohlgefallens zu geben, für die besten Erzeugnisse der Viehzucht Preise auszusetzen geruht, deren Vertheilung in jedem Jahr am 28. September, und wenn dieser auf einen Sonntag fällt, am folgenden Montag zu Kannstadt geschieht, auf welchen Tag zugleich ein Viehmarkt abgehalten werden wird. Auch wird ein Volksfest damit in Verbindung gesetzt, und dafür gesorgt werden, daß solches durch unterhaltende Abwechslungen diesem frohen Tage entspreche ..."

Gegen den Geist des 1815 auf dem Wiener Kongreß geschaffenen konservativen Systems und die Verfolgung öffentlicher politischer

Sehnsucht nach politischer Freiheit und Einheit Deutschlands beseelte die systemkritischen Festversammlungen auf der Wartburg (1817) und der Hambacher Schloßruine (1832), die in zeitgenössischen Holzstichen festgehalten sind. Konservative Weltanschauung dagegen förderte die romantische Verklärung der Vergangenheit. Ein Lied davon wird beim Historienspektakel der „Landshuter Hochzeit 1475" gegeigt

Rede als Demagogie wandten sich systemkritische Feste. Das Reich der Kleinstaaterei wieder zu einigen – diesem Ziel dienten das Wartburgfest von 1817 und das Hambacher Fest von 1832 ebenso wie das „Deutsche Turnfest“ (1860, Coburg), das „Erste Deutsche Sängerfest“ (1861, Nürnberg) und das „Erste Deutsche Schützenfest“ (1861, Gotha).

Im Gegenzug wurden die ursprünglich progressiven Bestrebungen nach politischer Einheit des Deutschen Reiches mehr und mehr von dynastischer Selbstdarstellung überlagert: Kaisers Geburtstag, Sedansfeier und Tag der Reichsgründung putzten als Höhepunkte den Festkalender der Wilhelminischen Ära. Förderlich war der konservativen Weltanschauung der Geist der Romantik, der sich ausdrücklich gegen die Ideale der Aufklärung und der Französischen Revolution richtete. Den Hang zu einer Verklärung vergangener Zeiten spiegelt der seit 1881 in Rothenburg ob der Tauber gefeierte „Meistertrunk“ ebenso wider wie die seit 1903 veranstaltete „Landshuter Hochzeit 1475“. Damals wurde die polnische Königstochter Jadwiga dem Prinzen Georg von Bayern-Landshut angetraut, um mit dieser politischen Verbindung die Bedrohung des Abendlandes durch die Türken abzuwenden. In weiser Vorahnung kritisierte bereits der von der romantischen Bewegung enttäuschte Dichter Gottfried Keller anläßlich eines Münchner Künstlerfestes 1840 solchen rückwärtsgewandten Historismus: „Seltsame Zeiten, wo die Menschen, wenn sie sich freudig erheben wollen, das Gewand der Vergangenheit anziehen müssen. Wann wird wieder eine Zeit kommen, wo wir uns um die eigene Achse drehen und uns in eigener Gegenwart genügen?“

In dem Maße, wie sich die Völker Mitteleuropas seit dem 19. Jahrhundert zu Industriegesellschaften entwickelten, verloren die althergebrachten Zünfte und Gilden an Bedeutung; die parlamentarische Demokratie hat außerdem das Ständewesen weitgehend beseitigt. So können Trachtenfeste und Umzüge heutzutage kaum mehr sein als historische Vorführungen. Doch zugleich entstehen laufend neue Bräuche – etwa in Wirtschaftsunternehmen und Behörden, die für ihre Mitarbeiter Betriebsfeste und Ausflüge veranstalten. Wenn zudem allerorten Straßen-, Stadtteil-, Stadt- und Kulturfeste ins Leben gerufen werden, lassen ihre Formen durchaus äonenaltes Menschheitserbe erahnen – selbst wenn die Inhalte jeder Überlieferung entbehren.

Ladakh: Einkaufsbummel beim Klosterfest

Da beispielsweise Touristen ein Urlaubsziel umso attraktiver finden, je älter und mythischer die Bräuche dort erscheinen, werden die von geschäftstüchtigen Einheimischen auch schon mal erfunden. So preist der Trachtenverein des oberbayerischen Dorfes Kirchseeon seit dem Jahre 1953 einen Burschentanz in grotesken Holzmasken als „uralten Kulttanz“ an, der historisch nirgendwo belegt ist. Aber damit sind die pfiffigen Oberbayern nicht allein auf der Welt. Zum touristischen Muß auf der Insel Bali gehört das Bestaunen des „uralten“ Ketchak-Tanzes. Den hat ein Regisseur zwar erst vor wenigen Jahrzehnten ausgedacht, um einen Film über Bali aufzulokkern. Aber in ein paar Jahrhunderten wird auch diese Tradition Patina angesetzt haben.

Von zeitloser Aktualität dürfte jedenfalls Goethes Motto bleiben: „Tages Arbeit, abends Gäste! Saure Wochen, frohe Feste!“

Lus

Die tollen Tage von Fastnacht oder Karneval sind erfüllt vom Mut, den tristen Alltag zu fliehen – wie es schon kleine Kleriker im Mittelalter probten. Das freche Fest, das aus der Kirche kam, vollzieht auf rituelle Weise eine soziale Revolution: Im Rollentausch von Untertan und Obrigkeit entlädt sich befreiende Lust. Die Ordnung wird auf den Kopf gestellt. Diese närrische Umwertung hat indes Ventilfunktion: Sie festigt letztlich die alten Strukturen. Zum gleichen Ziel, der Welt zu entrücken, führen Übungen ganz ohne burlesken Frohsinn – Ekstase und Askese

uf die verkehrte Welt

Seligkeit durch Weltbejahung: Beim Carnaval do Brasil vibriert Rio de Janeiro unter den Rhythmen der Samba

Seligkeit durch Weltverneinung:
Tamilische Einwanderer auf Mauritius demonstrieren drastisch, daß der Glaube an ihren Gott Shiva – sein Symbol: der Dreizack – stärker ist als aller Schmerz

Fromme Wurzel wilden Treibens: Narrenfeste entsprangen im Mittelalter züchtiger Kurzweil fürs Kirchenvolk wie etwa dem Umzug mit dem Palmesel – heute noch lebendig in Thaur, Tirol

Zu den spirituellen Gaben der Schamanen gehört, daß sie in ritueller Ekstase Kranke zu heilen vermögen – wie diese Frau aus Tibet, die einen im Hals der Patientin sitzenden bösen Geist in sich hineinsaugt

Die Enge des irdischen Raumes erweitern – das soll der Wirbeltanz der Mewlevi, einer religiösen Bruderschaft, die zu den islamischen Derwischorden zählt und in der Türkei ansässig ist

Volkstümlicher Frohsinn prägt heute den Karneval am Rhein. Szenen wie diese aus Köln lassen kaum noch erahnen, daß die Feiern der „Verkehrten Welt" sakralen Ursprungs sind

Frischen Wind in erschlaffte soziale Routine bringen zeremonielle Clowns durch ihr erschreckendes Gebaren: „Borrados" (wörtlich „Ausgelöschte") vom Stamme der Cora-Indianer in der mexikanischen Provinz Nayarit stellen bei dieser Prozession die bösen Mächte dar

3a

Unbekümmert dürfen Kinder allemal sein. Besondere Narrenfreiheit indes wird ihnen an Namenstagen christlicher Heiliger zugestanden – wie hier beim Umzug zu St. Martin am Niederrhein

Durch Selbstzucht stauen Asketen Lebensenergie an – wie dieser Guru, der während der traditionellen „großen Zusammenkunft" hinduistischer Gläubiger im nordindischen Allahabad über das Wesen des Lebens nachsinnt

Züchtigung des eigenen
Körpers gilt manchen als Medizin
für die Seele. Aus Trauer um den Tod ihres
religiösen Führers Ayatollah Chomeini
schwingen hier iranische
Muslime die Geißel

Ungezügelter Lebensstil wird den Eidgenossen nicht gerade nachgesagt. Selbst die verkehrte Welt der drei „Tollen Tage" verläuft in geordneten Bahnen. Überall in Basel prangen Plakate, die für allerlei Plätze Trommelverbot verfügen. Den massenhaft angereisten deutschen Zaungästen wird sogleich ein Handzettel verpaßt. Der weist mit dialektloser Klarheit auf das hin, „Was man nicht tut", nämlich: „Man grölt nicht, und man schunkelt nicht; Trunkenheit vermeiden; keine Konfettis von der Straße auflesen." Außerdem seien geschminkte Gesichter, Pappnasen und Narrenkappen verpönt. Wer abends im Restaurant einer „Schnitzelbank" beizuwohnen gedenkt – einem gemäßigt kritischen Bänkelsang in urwüchsigstem Baslerdytsch –, soll „ruhig bleiben, auch wenn man nichts versteht oder es nicht lustig findet". Dieser stattlichen Liste von Ermahnungen steht wenig gegenüber, „Was man tut" – etwa: „Mit Familien und Freunden feste Treffpunkte zu bestimmten Zeiten vereinbaren; warm anziehen."

Letzteres ist eine höchst praktische Empfehlung. Denn obgleich auf den rheinabwärts eilenden Wellen die Strahlen einer makellosen Sonne flirren, kriecht mir die winterliche Kälte ziemlich unter die Haut. Zumal ich mich vor lauter Staunen kaum von der Stelle bewege. Denn heute ist Fastnachtsmittwoch, und da wälzt sich über die Rheinbrücke ein stundenlanger, fantastisch bunter Wurm aus Maskengruppen, Trommlern und Pfeifern. Säckevoll werden von den mitgeführten Wagen „Räppli" ins dichtgedrängte Spalier der Zuschauer geschleudert, bis das Pflaster unter dem farbigen Schnee aus Konfetti beinahe verschwindet.

Der Umzug wogt voran: „Dominos" ringelreihen mit „Arlequins" über die Schienen der für heute stillgelegten Trambahn, die „Glauns" mischen sich mit den „Blätzlibajass", der baslerdytschen Version von Bajazzos, in ihren fetzig bunten Kostümen. Regelmäßig tauchen im Gewimmel Scharen von „Waggis" in blauen Blusen, weißen Hosen und Holzschuhen auf – eine Parodie auf die als dumm angesehenen Bauern im benachbarten Elsaß –, mit riesigen Nasen auf entsprechend dimensionierten und von Zipfelmützen gekrönten Köpfen. Zur allgemeinen Belustigung schleudern die Verspotteten Myriaden von Mimosen und körbevoll Orangen unters Volk. Dann und wann hupft eine „Alti Dante" vorbei, eine sich vornehm gebende, steif ausstaffierte Figur mit strenger Brille und Altweiberhut, der die Klatschhaftigkeit an der spitzen Nase anzusehen ist. Maskierte schnappen sich Zuschauer am Schlafittchen und „intrigieren" – sagen einem Herrn, daß er nicht so griesgrämig dreinschauen soll, und einer Dame, daß ihre Frisur unmodern sei. Äußerst moderater Schabernack also, immerhin im vertraulichen „Du" vorgebracht, das nach dem Klamauk dem höflichen „Sie" wieder weichen wird.

„Waggis": Parodie aufs Elsaß in Basel

Dunkle Ecken der Politik leuchten die Laternen der Basler Fasnachtsvereine aus. Auf dem Münsterplatz werden die erhellenden Motive alljährlich dem kritischen Auge von Publikum und Jury präsentiert – trotz „toller Tage" aber ganz schweizerisch in Reih' und Glied

Cortège wird der krönende Umzug zum Abschluß der Fastnacht genannt – die hier freilich „Fasnacht“ heißt. Denn die Anwohner des Rheinknies haben den Tagen vor dem Beginn der Fastenzeit ebenso einen lokalen Namen verpaßt wie die Schwaben und Alemannen, die ihre „Fasnet“ feiern, die Niedersachsen, die mancherorts der „Faslam“ frönen, oder die Bayern, bei denen der „Fasching“ tobt. Allerdings tanzen die stets als eigenbrötlerisch verschrieenen Basler auch beim Datum ganz schön aus der Reihe: Ihre Fasnacht beginnt erst am Montag nach Aschermittwoch. Die Altvorderen hatten mit der Terminverschiebung das im Zuge der Reformation verhängte Verbot der Fastnachtsfeiern erfolgreich unterlaufen. Zudem wollten sie sich mit der Wahl dieses ungewöhnlichen Zeitpunkts wohl auch von den Katholiken distanzieren. Schließlich mag gesunder Kaufmannsgeist mitgewirkt haben. Denn wenn sich andernorts bereits Katerstimmung breitmacht, locken die Drummler und Pfyffer massenhaft Menschen nach Basel.

Zum Ritual der Fasnacht gehört, daß jeder gute Zuschauer an der Brust eine „Blagedde“ aus Bronze, Silber oder Gold trägt, deren Erlös dem „Comité“ zugute kommt, das wiederum über die Subventionen für die „Cliquen“ entscheidet. Diese Fasnachtsvereine arbeiten jeweils ein eigenes „Sujet“ aus, das bei den großen Umzügen am Montag und Mittwoch präsentiert wird.

Besondere Bräuche zur Basler Fasnacht: „Schnitzelbank“-Gesang, Umzug der Kinder

Zur Illustration gehören entsprechende Larven und Kostüme sowie eine riesige Laterne, die in unzähligen Arbeitsstunden aufwendig bemalt und beklebt wird. Am Montag werden die Laternen bis in die Nacht hinein auf dem Münsterplatz ausgestellt. Dabei werden gern unliebsame politische Vorgänge „an die Fasnacht gebracht“. Begleitende Zettel erläutern das Sujet. Der „Zeedel“ des Central Club Basel beispielsweise klagt, daß wohl kaum ein Weg daran vorbeiführen werde, auch in den letzten reinen Männer-Cliquen nun Frauen zuzulassen:

„Wenn kunnt der Daag
wo s aafoot z Grache /
und d Wyybli
mit is Faasnacht mache?“

Auch dem plakatierten „humoristisch-närrischen Lachthema“ des Barbara-Klub 1902 kann ich eine holprig gereimte Sorge um die Fasnacht entnehmen:

„Es war einmal und ist nicht mehr /
ein Land mit Namen DDR. /
Wenn zum Morgenstreich
die Lichter ausgehen /
nun am Straßenrand noch mehr
‚von drüben‘ stehen.“

„Dr Morgestraich – vorwärts marsch!“ Mit martialischem Befehl wird in der Nacht vom Sonntag zum Montag die Fasnacht in Bewegung gesetzt. Punkt vier Uhr erlöschen alle Lichter. In den Gassen macht sich Trommelwirbel breit und das schrille Getön der Piccoloflöten. Im vorgeschriebenen Tempo von neunzig Schritten in der Minute werden die althergebrachten Märsche vorgetragen. Die kostümierten Gruppen kommandiert ein majestätisch vermummter Tambourmajor durch die Straßen. Der Weg ist nicht vorgeschrieben. Kostümierte Gestalten, auf deren Köpfen kleine Laternen schwanken, geistern um alle Ecken – sie gehen „Gässle“, wo sie wollen.

Das skurrile Ritual der Basler Fasnacht hat seine Wurzeln tief in der Geschichte. Der Morgenstreich markierte ehemals den Antritt einer militärischen Wache. „Uff mentag nach der alten faßnacht“ erwähnt eine Chronik des Jahres 1540 eine Musterung, an die sich ein achttägiges Fest der Zünfte anschloß. Später beteiligten sich die verschiedensten Vereine, von Turnern bis zu Kaufmannsgilden, am Ausrichten des Festes. Zwar wurde das Tragen von Waffen bald verboten, weil es immer wieder zu blutigen Händeln kam. Doch wie selbstverständlich formierten sich die maskierten Teilnehmer in soldatischer Manier zu Zügen. Zur Untermalung wurde die von Trommeln und Pfeifen getragene Marschmusik der Schweizer Söldnerheere aufgegriffen. Erst um das Jahr 1876 wurden „Guggen“ erlaubt – blecherne Blasinstrumente. Die Guggenmusiken sind heute noch immer nicht gänzlich akzeptiert und dürfen erst nach dem Morgenstreich mitmischen. Doch die wahre Attraktion in den kleinen Spielmannszügen sind die oft surrealistischen Konstrukte aus Ofenrohren und Trichtern. Eine zünftige Guggenmusik muß den Vergleich mit avantgardistischem Jazz durchaus nicht scheuen.

Die Wurzeln der Fastnacht reichen gar noch tiefer. Denn „feast“ und „fast“ – das sind zwei Extrempole menschlicher Existenz. Feste und Fasten wechselten einander bereits vor 10 000 Jahren ab, als die frühen Hochkulturen des Nahen Ostens den saisonalen Wechsel zwischen zeitweiligem Überfluß und Nahrungsknappheit zelebrierten. Im Abendland regt sich das Verlangen nach leiblichen Genüssen noch einmal besonders heftig am Beginn der Fastenzeit, die von Aschermittwoch bis zur Osternacht dauert – ein Konflikt, den Pieter Bruegel d. Ä. in einem burlesken Gemälde als „Streit zwischen Fasten und Fastnacht“ illustrierte. Mittlerweile haben katholische Gläubige zwar lediglich am Aschermittwoch und an Freitagen auf das Fleisch warmblütiger Tiere zu verzichten. Manche Bischofskonferenz hat selbst dieses lasche Abstinenzgebot zu einem allgemeinen „Freitagsopfer“ umgewandelt, das sich in einem Werk der Nächstenliebe oder einer schlichten Lesung der Heiligen Schrift erschöpft. Daß es das Fasten fast nicht mehr gibt, tut der Popularität der Fastnacht jedoch keinen Abbruch. 45 Millionen Eier und 454 Tonnen Fett werden allein in der Schweiz in die Fabrikation von 34 Millionen „Fasnachtschüechli“ gebuttert. Für diese mit Puderzucker verfeinerte saisonale Leckerei muß der Teig so dünn ausgezogen werden, daß eine Zeitung hindurch gelesen werden kann – etwa die

Naht die Fastenzeit, verlangt's den Leib noch einmal heftig nach Genüssen. Pieter Bruegels burleskes Sittenbild von 1559 (Ausschnitt) fängt den uralten „Streit des Karnevals mit dem Fasten" zeitgemäß ein

„Basler", welche die Daten zu dieser Schlemmerei jedes Jahr genüßlich verbreitet.

Wenn in Basel am Mittwoch die Abenddämmerung einsetzt, lassen sich immer mehr Fasnachtsfestler auf einer der zahlreichen Treppen und Balustraden der Altstadt nieder. Die Masken werden vom Kopf gestülpt, die Instrumente an Hauswände gelehnt. Da und dort vernehme ich noch unermüdliche Zuckungen einer Trommelhand, stemmt sich ein Piccolo gegen die Müdigkeit. Das sind die ausdauernden Gässlegeher, die mittlerweile wie hypnotisiert von ihrem eigenen Rhythmus und Tirilieren sind. „Aagfrässene" nennen die Basler liebevoll diese Begeisterten.

Es waren die mittelalterlichen Narrenfeste, aus denen sich die vielfältigen Formen des heutigen Karnevals und der Fastnacht entwickelten. Als Feiern der „verkehrten Welt", der auf den Kopf gestellten Hierarchien, blühten sie ursprünglich in kirchlichen Kreisen auf. Sie waren Zeiten des Auf- und Ausbruchs, in denen nicht selten auch ein „revolutionäres" Potential lag. Denn während dieser Perioden schöpferischer Utopie durften gerade die Armen und Schwachen, die ganz unten auf der sozialen Stufenleiter standen, die Reichen und Mächtigen in Frage stellen.

Die Narrenfeste wurden in der mauerumschlossenen Enge der Kollegiatkirchen ausgeheckt, dort, wo „kleine Kleriker" in Gruppen zusammenlebten: einfache Brüder, die Handwerk und Landwirtschaft nachgingen, Priester und solche, die es werden sollten. Verständlicherweise sehnten sich die Gottesdiener nach Abwechslung, denn ihr Alltag war strikt vorgegeben durch Stundengebete und lange Register von Seelenmessen, die in Klöstern und Kirchen für ehemalige Wohltäter gelesen werden mußten. Stunde um Stunde galt es im Chor auszuharren. Kein Wunder also, daß die Gottesdienste allmählich grob vereinfacht wurden, nur um mit den Litaneien schneller fertigzuwerden, und daß während der Zeremonien kräftig geschwatzt und getratscht wurde. Die Kleriker verschafften sich Ablenkung, indem sie nicht nur die liturgischen Bücher, sondern auch die Chorpulte, das Gestühl, die Lettner, Kanzeln und Orgelgehäuse mit allerlei Zierat dekorieren ließen: Fabelwesen, närrischen Allegorien und phantastischen Bildergeschichten. Esel schlugen da die Leier, Hasen schleppten gefesselte Jäger davon, Einhörner und wilde Männer gaben sich ein Stelldichein.

Innerhalb der Klöster und Kirchen wurde das Bedürfnis der jungen Leute nach etwas Kurzweil durchaus verstanden, hatten sie doch Ämter zu versehen, die weder ihrem Alter noch ihrem geistigen Stand entsprachen. Die Älteren billigten ihnen züchtige Abwechslungen zu – beispielsweise Tänze während der österlichen Jubelzeit. Den Ort des Ostertanzes der Kleriker bezeugen in alten Kirchen oft große Labyrinthzeichnungen auf dem Fußboden: Deren Mäanderlinien verweisen auf die unabsehbaren Komplikationen im Laufe des Lebens.

Zuweilen wurde auch in öffentlichen Gottesdiensten dem Wunsch der Teilnehmer nach Zerstreuung nachgekommen. Allgemeiner Beliebtheit erfreuten sich die Mysteriendramen, schauspielerische Umsetzungen biblischer Geschichten – etwa der Gang der drei Marien zum Grab Christi oder die Ausgießung des Heiligen Geistes. Solche Darstellungen drängten sich besonders zwischen Dezember und Anfang Januar auf, weil hier eine ganze Reihe symbolträchtiger Festtage kurz aufeinander folgte. Am 6. Dezember war

Schlägt der Esel die Leier, steht die Welt auf dem Kopf: Die Schmuckleiste einer mittelalterlichen Beschreibung vom Leben Alexander des Großen nimmt das Sinnbild närrischen Treibens auf

Sakrale Labyrinthe – hier in der gotischen Kathedrale von Amiens – gaben in alten Kirchen die Figuren für den Ostertanz der Kleriker vor. Die Mäander stehen für die Irrungen und Wirrungen im menschlichen Leben

Nikolaustag, zur Erinnerung an den wohltätigen Bischof von Myra, der der Legende nach drei arme Kinder wieder zum Leben erweckte, die ein ruchloser Metzger eingepökelt hatte. Auf die Feier der Christgeburt folgte am 28. Dezember das Fest der Unschuldigen Kinder, die dem Mordeifer des Herodes zum Opfer gefallen waren, schließlich die Flucht der Heiligen Familie auf dem Esel nach Ägypten. Nach Neujahr reizte dann am 6. Januar der Zug der drei Könige aus dem Morgenland zu einem szenischen Auftritt voll orientalischer Exotik. Die fromme Einfalt naiven Bibeltheaters feiert heute noch besonders bei „jungen" katholischen Kirchen fröhliche Urständ. In Mexiko etwa hat sich der Brauch der „Posadas" entwikkelt: Junge Paare ziehen an den Tagen vor Weihnachten als Maria und Joseph auf Herbergssuche von Tür zu Tür.

Wenn an den Namenstagen beliebter Heiliger vielerorts in Deutschland Kinder geschminkt

Den Traum von der Umkehrung der Hierarchien stellt die zeitgenössische Illustration zu einem Gedicht von Hans Sachs dar: Jäger in der Gewalt von Hasen

oder maskiert in der Nachbarschaft anklopfen und gegen Aufsagen eines Verses Süßigkeiten ergattern, dann hat dies ebenfalls lange Tradition: Im Mittelalter durften die jüngsten Kleriker von Haus zu Haus „heischen“ gehen, wobei sie versprachen, die Spende für Kerzen zu verwenden. „Aber“, klagte mancher Bischof, „sie geben nur den zehnten Teil zu Ehren der Kirche ab und verschwenden alles andere bei Gelagen, Trinkereien und sonstigen Ausschweifungen.“

Kindern wird besonders zu Festzeiten allemal eine gehörige Portion Narrenfreiheit zugebilligt. Denn daß sie dem Ernst des Lebens unbekümmert begegnen, weist sie als göttliche Botschafter aus. Als sich im Mittelalter die Kette feierlicher Anlässe allmählich zu einem einzigen großen Winterfest verwob, den „Kalenden des Dezembers“, brachten die kleinen Kleriker das ausgelassene Treiben erst richtig in Schwung, indem sie sich übermütig auf jene Plätze setzten, die für die Würdenträger des Kapitels reserviert waren. Es bürgerte sich ein, den Rollentausch während der Vesper beim Magnifikat vorzunehmen, wenn der Kantor den Satz „Deposuit potentes de sede...“ anstimmte. Das war in der Tat eine Ermutigung zur Umkehr der Verhältnisse: „Er stößet die Gewaltigen vom Thron und erhebt die Niedrigen. Die Hungrigen füllt er mit Gütern und läßt die Reichen leer...“ Bald wurde einer der kindlichen Kleriker in eine Bischofstracht gesteckt, auf dem Kopf eine Mitra, die Hände in eleganten Handschuhen, dazu der Krummstab des Oberhirten – unten spitz, um die Trägen anzustacheln, im Schaft gerade, um die Schwachen

Rang und Namen nützen nichts, wenn der Tod die Hand ausstreckt: Totentanz als Sinnbild karnevalistischen Umsturzes – Replik nach zerstörten Fresken von 1440 im Friedhof der Predigerkirche zu Basel

zu stützen, und oben zur Mitte gebogen, um die Verirrten zu sammeln.

Die spielerische Umkehr von Situationen und Werten zu gewissen Zeiten ist deshalb so lebensnah, weil alle Menschen sich mit zwei grundsätzlichen Unwägbarkeiten konfrontiert sehen: mit den Wechselfällen des Zufalls, und mit der eigenen Vergänglichkeit. Wer sich in die Höhe befördert sieht, landet kurz darauf wieder ganz unten – die Fortüne ist eben unberechenbar. Der größte und gewaltigste Gleichmacher aber war – und ist – der Sensenmann. Er mäht alle hinweg, ohne auf Rang und Namen zu achten. Bilder von Totentänzen mahnten an den Mauern von Kirchen und Klöstern: Päpste und Kaiser, Könige und Fürsten, Bischöfe und Mönche, Kaufleute und Bauern, Pilger und Bettler formieren sich zu einer makabren Sarabande, von einem Skelett angeführt. Die Erinnerung an die eigene Vergänglichkeit stand auch an den Todestagen von Heiligen und Märtyrern im Vordergrund, wenn Prozessionen und Tänze veranstaltet wurden, die von den Säulengängen der Gotteshäuser zu den Friedhöfen führten. Sie prägt ebenfalls die Inthronisation jedes neuen Papstes, denn beim feierlichen Einzug in den Petersdom erschallt der Ruf: „Sic transit gloria mundi!“ – So vergeht die Herrlichkeit der Welt!

Das Memento mori – „Vergiß nicht, daß Du sterblich bist!“ – bildet paradoxerweise auch den Hintergrund der antiken, besonders in Rom gepflegten Triumphzüge. Wenn die Truppen des siegreichen Feldherren durch den Triumphbogen marschierten, überschritten sie die Linie zwischen der unsicheren Außenwelt und der befriedeten Sphäre der Stadt. Der Kriegsheld brachte auf dem Kapitol nicht nur Opfer dar, um sein Heer rituell von dem vergossenen Blut zu reinigen. Hinter dem durch Sieg und Erfolg erhöhten Menschen – oft in der Tracht altrömischer Könige – stand ein Sklave und rief ihm zu: „Gedenke, daß du ein Mensch bist!“ Seine Soldaten sangen sogar Spottlieder, um den Generalissimus vor Hochmut zu bewahren und auf das rechte Maß zurechtzustutzen.

Die mittelalterlichen Narrenfeste bewahrten mancherlei Reminiszenz der römischen Antike – namentlich der Saturnalien. Über dieses Fest zu Ehren des Gottes Saturn berichtet Benjamin Hederichs „Gründliches Antiquitäten-Lexikon“ aus dem Jahr 1743: „Saturnalia waren ein Fest zu Rom. Es fiel den 17. December ein und währete anfangs nur 1 Tag, endlich aber 7 Tage. Anbey setzte fast jedermann Hüte auf, als Zeichen der Freyheit. Besonders aber wurden die Knechte als freye Leute tractirt, denen auch selbst die Herren bey deren Gelachen [Gelagen] aufwarteten. Und das zum Andenken der Zeiten unter dem Saturno, da weder Herr noch Knecht, sondern ein Mensch so gut als andere, gewesen.“ Ein antiker Kalender bildet einen Tisch mit Becher und Würfeln ab – denn Herren und Sklaven frönten während der Saturnalien gemeinsam dem Glücksspiel. „Jetzt, Haussklave“, lautet die Aufschrift, „kannst du mit dem Herrn ein Spielchen machen.“ Einer aus der unteren Schicht wurde – ebenfalls durch Würfeln – zum Narrenkönig bestimmt; seine Herrschaft stellte alle Standesunterschiede auf den Kopf. Lukian, ein Satiriker des 2. Jahrhunderts, läßt den Gott Saturn sein Fest so loben: „Und wenn dir vollends erst der Würfel so wohl will, daß du König wirst und kraft dieser Würde allein das Recht hast, daß dir keine lächerlichen Befehle gegeben werden können, du hingegen dem einen befehlen kannst, nackt zu tanzen, einem an-

Wie die kleinen Kleriker des Mittelalters heischen Kinder heute noch an hohen Tagen milde Gaben – hier „Heilige Drei Könige“ beim „Rummelpott“ zu Silvester in Norddeutschland

deren, sich die Flötenspielerin aufzupacken und dreimal im ganzen Haus herumzutragen: Dies ist doch wohl ein Beweis, daß ich auch Gaben von Wichtigkeit zu vergeben habe."

Die Saturnalien vollzogen mithin eine soziale Revolution auf rituelle Weise – für die kurze Zeit des Festes tauschten Herren und Sklaven, doch auch Männer und Frauen Gewänder und Rollen. Am Ende seiner nur wenige Tage währenden Herrschaft wurde der Saturnalienkönig hingerichtet – deutlicher Hinweis, daß er die Funktion eines Sündenbockes ausübte –, bis im 4. Jahrhundert die Opferung eines Bildnisses an die Stelle der Tötung trat. James Frazer dokumentiert in seinem Werk „The Golden Bough", daß in verschiedenen Kulturkreisen Spottkönige feierlich ernannt und alsbald exekutiert wurden – in Marseille war es ein Bettler, bei den Azteken ein Gefangener. Auf den ersten Blick scheint diese rituelle Tötung den mittelalterlichen Festen zu fehlen. In Wirklichkeit kam sie bei jeder Meßfeier vor: die Erinnerung an den Kreuzestod des zuerst umjubelten und später verhöhnten „Königs der Juden".

Auch die einst in Fürstenhäusern populären Hofnarren, die besonders bei geselligen Anlässen für Kurzweil zu sorgen hatten, erkauften sich den ihnen zugestandenen Freiraum um einen Preis: Sie durften jederzeit selber verspottet werden. Ihre Vorläufer sind ebenfalls im Altertum zu suchen. Das antike Griechenland kannte den „Parasiten", der bei den Festmahlen der Reichen mit Grimassen und Witzen sein Auskommen verdiente – denn Lachen galt als der Verdauung förderlich. Der Spaßmacher gab sich selbst dem Gelächter preis, zog aber auch über die weniger bedeutenden Gäste her. Fanden die Possen allerdings keinen Gefallen, wurde der Parasit mit einem Strick um den Hals vor die Tür geworfen.

Mittelalterliche Fürsten dürften an ihrem Hof als grotesk verrufene Personen wohl ebenfalls deshalb geduldet haben, um sie ganz nach ihrem Gusto erniedrigen zu können. Bucklige – wie der Rigoletto aus Verdis gleichnamiger Oper –, Hinkende oder geistig Behinderte wurden als Aushängeschilder und Prestigeobjekte präsentiert, galten als Maskottchen und Glücksbringer, traten als Hellseher und Poeten auf. Besonders beliebt waren zwergwüchsige Menschen, die zum Abschluß eines Gelages aus einer Torte herausspringen konnten, die in großen Papageienkäfigen herumgetragen wurden oder in der Westentasche eines Riesenwüchsigen Platz fanden.

Die Narrenkappe, unerläßliches Attribut vieler Festivitäten zur Fa-

Das Paradies „Narragonia" verhieß allen auf dieser Welt Benachteiligten Sebastian Brants Versdichtung „Das Narren Schyff". Die Titelseite der Ausgabe von 1494 (Ausschnitt) gestaltete vielleicht der junge Albrecht Dürer mit. Narren jedenfalls faszinierten den Künstler – was die Federzeichnung von seiner Hand bezeugt

schingszeit, hat eine tiefere Bedeutung, die heute beinahe aus dem Sinn entschwunden ist. Im Mittelalter wurden geistig Behinderte gemeinhin als „Narren“ bezeichnet. Sie mußten sich durch eine mit Glöckchen versehene Tracht zu erkennen geben – Narrenkittel und Narrenkappe – und konnten dann für ihre Worte und Taten nicht zur Rechenschaft gezogen werden. Allerdings galten Schwachsinnige zugleich als von Gott auserwählt: In ihren von rationalen Gedanken leer gebliebenen Köpfen wohnte göttlicher Geist. Zudem ließ sich ihr Lebenswandel als Strafe deuten. Sie sühnten nicht etwa individuelle Sünden, sondern die der Menschheit insgesamt; sie galten als mit allen erdenklichen Lastern geschlagen, vornehmlich aber mit Liebestollheit. Gebete und Bitten um Wunder konnten ihnen meist nicht helfen. Sebastian Brant schlug in seiner Verssatire „Das Narren Schyff“ aus dem Jahre 1494 gleichsam einen literarischen Ausweg vor: die massenweise Deportation. Kurs auf die fiktiven Paradiese von Narragonia und des Schlaraffenlandes durften vor allem die Armen und Benachteiligten nehmen. Sie erhielten – zumindest in der poetischen Fiktion – mühelos Zutritt zu diesen heilen Welten, als Entschädigung für das Elend, das sie auf Erden hatten erdulden müssen. Die eigentlich mit Vernunft begabten Menschen entpuppten sich hingegen als die wahren Toren.

All diese Elemente flossen in die Ausgestaltung des „Festum stultorum“ ein, wie die Narrenfeste hießen. Den volkstümlich lärmenden Umzügen durch die Gemeinde ging stets eine liturgische Parodie in der Kirche voraus, die ein zeitgenössischer Chronist folgendermaßen beschrieb: „Die Priester einer Kirche wählten einen Narrenbischof, der mit größtem Pomp in die Kirche zog und sich dort auf dem Bischofsstuhl niederließ. Hierauf begann das Hochamt, woran alle Geistlichen mit geschwärzten Gesichtern oder mit einer häßlichen oder lächerlichen Maske teilnahmen. Während des Hochamtes tanzten die als Tänzer oder als Weiber vermummten Geistlichen im Chore und sangen dort zotige Lieder. Die anderen aßen auf dem Altare Würste, spielten Karten oder würfelten vor dem messelesenden Priester, raucherten ihn mit einem Weihrauchkessel an, worin alte Lappen brannten und ließen ihn den Rauch einatmen.“ Später wurde der Schauplatz ins Freie verlegt. „Die Teilnehmer, die sich auf Karren voll mit Unrat setzten, belustigten sich damit, daß sie den umstehenden Pöbel mit Kot bewarfen. Die wüstesten weltlichen Leute mischten sich unter die Geistlichkeit, und unter der Verkleidung als Mönche oder Nonnen machten sie geile Gebärden und nahmen alle Stellungen geilster Lust an. Bei diesen Vorgängen sang man stets zotige und gottlose Lieder.“

Das unzüchtige Treiben steigerte sich bald zu den „Eselsfesten“, wo das brave Tragtier der Heiligen Familie die Hauptrolle spielte. Sobald der Esel feierlich eingekleidet war, erscholl vom Chorpult des Kantors die „Esels-Prosa“, mit der dessen Tugenden

Nicht immer gelang es den Hofnarren, gute Miene auch zu bösem Spiel zu machen – hier der bucklige Will Somers im Dienste des als grausam verrufenen Königs Heinrich VIII. von England aus einem Manuskript um 1540

gepriesen wurden. Unter Nachahmung seines blechernen Geschreies wurde das Grautier später über den Kirchhof hinaus in die Straßen geführt. Bald war der religiöse Bezug vollends vergessen, und es regierte allein burlesker, volkstümlicher Frohsinn, der sich in wilder Zecherei und Tollerei entlud.

Die kirchlichen Autoritäten hatten freilich ganz andere Vorstellungen, wie die Kultstätten zu verehren seien und wie ein Kleriker sich zu gebärden habe. Entsprechend verhängten sie Dekrete und Strafen für ihre geistlichen Schäflein und versuchten die Narrenfeste abzuschaffen. Dem Volk gefiel das jedoch ganz und gar nicht. Was in der Kirche nicht mehr erlaubt war, zelebrierten die Laien deshalb unverdrossen außerhalb der ehrwürdigen Gemäuer. So begann die Profanisierung der Feste. Alsbald organisierten die ersten „närrischen Gesellschaften" den Ablauf, indem ihre Mitglieder in das traditionelle Kleid der Toren und Tölpel schlüpften. An die Erhöhung der Chorknaben anknüpfend, wählten sie für die Tollen Tage einen König oder eine Königin, manchmal auch einen Abt oder Bischof. Das Oberhaupt umgab sich – wie es auch heute noch Brauch ist – mit einem Hofstaat: Oberstallmeister, Ratgeber, Würdenträger, Zeremonienmeister. Die Gesellschaften rekrutierten zudem, gleichsam als Parodie auf die Bürgermilizen, ihre eigene Infanterie, die in der Garde und den schneidigen „Funkenmariechen" des rheinischen Karnevals fortlebt.

Bürgermiliz im Röckchen: Das Funkenmariechen zählt zum parodistischen Hofstaat der Kölner Narren beim Karneval

Die Feiernden gefallen sich in ihrer Rolle als närrische Opposition gegen die Obrigkeit, und sie erdreisten sich, selbst Justiz zu üben. Regelrechte Narrengerichte werden eingesetzt; Amtsmißbräuche werden getadelt, Heuchler entlarvt und dem Spott preisgegeben, Würdenträger kritisiert – stets verschanzt in der Vermummung, stets im Schutze des Mummenschanzes. Die Fastnachtsspiele des Hans Sachs kommen in Mode, und die respektlosen Schwänke eines Till Eulenspiegel werden populär. Strafen werden verhängt gegen jene Griesgrame, die nicht mitfeiern wollen: Sie werden zum Trinken genötigt oder müssen eine Spende in die Vergnügungskasse abführen. Das „Narrenschiff" des Sebastian Brant wird bildlich umgesetzt – die selbsternannten Toren lassen sich auf einem rollenden Schiff durch die Straßen ziehen. Nicht selten wird der prächtigste Wagen am letzten Tag des Festes in Brand gesetzt. Fackelschwingend stürmen Tänzer an Bord, um ihrer Zerstörungswut freien Lauf zu lassen und damit die Unvernunft symbolisch zu vernichten.

Konflikte mit der Obrigkeit sind vorprogrammiert. Allerdings zensieren und kontrollieren die Mächtigen mit Vorsicht, um das Volk nicht gegen sich aufzubringen. „Die Regierenden", stellt der französische Historiker Jaques Heers fest, einer der profundesten Kenner des Narrenwesens, „sind gerne bereit, das derbe Gespött hinzunehmen, das die Würde der Herrschenden ein paar Stunden lang untergräbt und ihre Manieren ebenso ins Lächerliche zieht wie ihren sozialen Stand: ein finsterer Tag, gewiß, ein paar ärgerliche Momente; aber im Grunde sind derart grobe Farcen nicht wirklich bedrohlich, weit weniger jedenfalls

Karneval hat viele Facetten: Gaukelei mit Gondeln in Venedig; Begegnung von Himmel und Hölle im andalusischen Cadiz; Mummenschanz bei der schwäbisch-alemannischen „Fasnet"

als ein schleichendes Feuer, das unter der Asche glimmt." Daß von der „Bütt" keine wirkliche Gefahr ausgeht und erst recht nicht von der Rathausstürmung am Rosenmontag mit anschließender Auslieferung des Schlüssels, wissen auch Politiker unserer Tage genau. Da lassen sich sogar Minister an Weiberfastnacht von ihren Putzfrauen ohne Gegenwehr den Schlips abschneiden. Schon vom 16. Jahrhundert an versuchten die Herrschenden mancherorts, das volkstümliche Fest zur eigenen Show umzufunktionieren. Erlesene Schauspiele der Macht wurden besonders in Venedig inszeniert und im Florenz der Medici. Waren die Tänzer auf der Straße ehedem von Aufbegehren getragen, wurden sie nun gezähmt vor die eitlen Prunkwagen der Adligen gespannt.

Das freche Fest, das aus der Kirche kam, verlor schließlich immer mehr an Profil, verflachte zu wohldurchdachter und organisierter Zerstreuung. Die Tollen Tage der Vorfastenzeit werden mit modischen Sehenswürdigkeiten angereichert, die den Geschmack auch des breiten Bürgertums treffen.

Der anarchische Geist mittelalterlicher Klerikerfeste weht heute weltweit und immer wilder: „Mardi Gras" in New Orleans; Kostümierte im toskanischen Viareggio; drei Schnappschüsse vom unübertroffenen Carnaval do Brasil in Rio de Janeiro

Das feudale Leben wird brav nachgespielt, die dekadente Kultur der Höfe spiegelt sich in den Verkleidungen. Was Fürsten und Kurtisanen im Müßiggang treiben, wird auf der Straße vorgeführt: Gelage und Ritterspiele. Als am Ende des 15. Jahrhunderts die Türken bis in die Mitte Europas vorstoßen, werden die Umzüge „orientalisiert". Später dann, mit dem Aufblühen der Handelswege in den Fernen Osten, kommen „Indianer" in Mode und die Farbenpracht der Malabar- und Koromandelküste. Der kritische Karneval verblaßt zum kuriosen Kostümfest.

Fernab seines Ursprungs wurde diesem schlaffen Treiben vom Ende des 19. Jahrhunderts an neues Leben eingehaucht. Dafür stehen die mittlerweile international berühmt gewordenen aufwendigen Feiern in Viareggio, Venedig oder Nizza und in Übersee der „Mardi Gras" von New Orleans. Der anarchische Geist der Narrenfeste lebt besonders in Rio de Janeiro weiter, wo während fünf Tagen im Februar oder März der Samba die Straßen vibrieren läßt. Denn es sind vor allem die Armen und Analphabeten aus den Elendsquartieren der brasilianischen Metropole, die im Taumel der Paraden für kurze Zeit Trost finden. Der Carnaval do Brasil schafft es, die extremen Gegensätze zwischen Arm und Reich, zwischen den verschiedensten Rassen rauschhaft zu verklammern. Da die Kontraste zunehmend schärfer werden, ist es sicherlich kein Zufall, daß bei diesem Fest der Träume in jüngerer Zeit die Körper immer nackter werden – denn nackt sind sich die Menschen am ähnlichsten.

Bei all diesem festlichen Schwelgen erinnert der Sinn des Wortes Karneval nicht unbedingt an die letzten Tage vor der Fastenzeit, wenn es galt, dem Verzehr von Fleisch zu entsagen (und im übertragenen Sinne auch anderen fleischlichen Genüssen): „Carne vale!“ – Fleisch ade! Möglicherweise läßt sich der Begriff auch auf „carrus navalis“ zurückführen, den „Schiffskarren“, der im Frühjahr zur Wiedereröffnung der Wasserwege im Festumzug mitgeführt wurde und dem auch das „Narrenschiff“ ähnelt.

Festlicher Übermut kann befreiende Erfahrungen schenken, kann dazu ermuntern, Verbote voller Lust zu übertreten, kann die Ahnung einer besseren Welt vermitteln, die Schranken des Alltags rauschhaft aufheben. Diese gern zitierte Anti-Struktur von Festen markiert aber nur die eine Seite der Medaille. Denn obgleich traditionelle Ordnungen auf den Kopf gestellt werden, bleibt die verkehrte Welt auf bestimmte Zeiten beschränkt, hat die Utopie ihr Zuhause im lediglich Zeitweiligen. Aus leicht versetztem Blickwinkel betrachtet, kann Narrenfesten zudem die gerade umgekehrte Funktion zuerkannt werden: daß sie die überlieferten Werte und Normen stärken, daß Narren die soziale Hierarchie kurzfristig umstürzen, damit sie hinterher umso fester auf dem Boden steht.

Augenfällig wird dies bei den sogenannten zeremoniellen Clowns, von deren Auftritten bei festlichen Geselligkeiten Völkerkundler vor allem aus den Stammesgesellschaften Afrikas und Amerikas berichten. Allerdings benahmen sich diese Clowns in den Augen der oft von viktorianischer Moral geprägten Wissenschaftler dermaßen anstößig, daß ihre hemmungslosen Späße gerne in Fußnoten verbannt wurden. So entsetzte sich der englische Forschungsreisende Geoffrey Gorer, die „Art der Unterhaltung“, die er auf einer Reise durch Westafrika erlebte, „läßt sich ganz unmöglich beschreiben“. Das Gebaren der Clowns erinnerte ihn an ein Gemälde von Bruegel – „halb erotisch, halb ekstatisch und ganz verrückt“. Die Tänzer waren bis auf Halsbänder und einen mit Hörnern und Muscheln verzierten Kopfschmuck fast durchweg splitternackt. Einer der Männer vollführte die „erstaunlichsten Dinge“ mit seinem Geschlechtsteil, das „von außerordentlicher Größe und Beweglichkeit“ war: Er schleuderte es rhythmisch hin und her. Ein Jüngling tanzte sich in Trance und stach sich dabei mit Federn und Dornen in die Arme. Wieder ein anderer aß Erde und erbrach sie, nur um das Erbrochene dann erneut zu schlucken.

In nordamerikanischen Stammesgesellschaften sind zeremonielle Clowns vereinzelt bis in unsere Tage anzutreffen. Mit Possen Abscheu zu erregen, darum bemühen sich etwa junge Krieger der Cheyenne, die englisch als „Contraries“ tituliert werden. Diese „Widerborstigen“ sondern sich im Lager ab und machen grundsätzlich alles verkehrt – auch, indem sie statt Frauen andere Männer lieben.

Bei den Pueblo-Indianern – zu denen die Zuni und Hopi des Co-

Zeremonielle Clowns sind nicht zimperlich: Nackte Provokation gehört bei den Cora-Indianern in den Nayarit-Bergen Mexikos dazu

lorado-Plateaus zählen – geben sich die letzten zeremoniellen Clowns gelegentlich noch heute erotischen Exzessen hin oder provozieren Ekel, indem sie Fetzen schmutziger Felle verschlingen, lebenden Mäusen die Köpfe abbeißen oder schmatzend in großen Zügen Urin trinken. Sie kleiden sich grotesk, gelten als der Schwarzen Magie fähig und haben ihre Trommeln mit den Flügeln schwarzer Schmetterlinge gefüllt, die angeblich junge Mädchen „verrückt" machen können.

Maskiert tauchen solche Clowns zuweilen bei den Fastenprozessionen der katholischen Einwanderer auf. Sie foppen einander, stolpern absichtlich über Hunde, wälzen sich im Staub, beten parodistisch eine Puppe an und tun, als ob sie die Exkremente von Pferden und Eseln verzehren wollten. Über alles und jeden führen sie Spottreden wie aus der Bütt: über den Medizinmann des Nachbarstammes, über mexikanische Stierkämpfer, amerikanische Touristen, die Vorliebe der Jungen für fast-food, die Missionare, die kulturelle Entfremdung, die Raumfahrt.

In Süd-Sonara, einem von den Spaniern christianisierten Landstrich im Norden Mexikos, werden die Osterzeremonien von maskierten Clowns, den Capakobam, mitgestaltet. Während sie in der Kirche ein Passionsspiel aufführen, verstoßen sie durch schamlose Imitation von Geschlechtsakten und körperlichen Gebrechen gegen strengste Tabus. Dabei tragen sie hölzerne Messer und Schwerter mit, bemalte Trommeln, auf denen Bäume, Sterne und Pin-up-Girls abgebildet sind, dazu Violinen, Bälle oder hölzerne Phalli. Gründlich falsch wäre allerdings die Deutung, daß es diesen zeremoniellen Clowns nur darum gehe, bestehende Normen lächerlich zu machen. Ganz im Gegenteil. Die Capakobam überwachen den Kirchenbesuch und sorgen dafür, daß niemand einschläft während der Nachtwache am Karfreitag, die an die einsamen Stunden des Herrn Jesus im Garten Gethsemane gemahnen soll, als ihm Gottvater seinen bevorstehenden Tod offenbarte. Die Dorfbewohner empfinden das Auftreten der Clowns zwar durchaus als rüde und unanständig. Doch sind sie der Meinung, die Capakobam beichteten stellvertretend für alle und nähmen deren Schuld auf sich.

Solcherlei Ausschweifungen können zudem aus einer Perspek-

Spaßmacher bei den Pueblo in Neu-Mexiko und den Mayo im mexikanischen Sonora demonstrieren, wie sich frische Impulse entfalten, wenn man Althergebrachtes in Frage stellt. Die christianisierten Ureinwohner treten unter den Masken von „Pharisäern" oder „Juden" auf, um sich am Schluß des Spektakels abermals taufen zu lassen

tive verstanden werden, die der niederländische Religionswissenschaftler Gerardus van der Leeuw (1890–1950) eröffnete. Er erkannte, daß religiöse Menschen in der Macht des Übernatürlichen eine Lebenskraft sehen, die er mit dem melanesischen Wort „Mana“ belegte. Diese vitale Kraft offenbart sich in der Natur, in den Lebewesen, im gesamten Gefüge des Kosmos. Damit Mana in die Gemeinschaft der Gläubigen einströmen kann, müssen Kulte gepflegt werden. Rituale und Zeremonien fungieren nämlich gewissermaßen als Gefäße für die übernatürliche Kraft. Allerdings besteht die Gefahr, daß das in Traditionen aufbewahrte Mana allmählich an Kraft verliert, weil das kultische Brauchtum zur Routine erstarrt. Das führt zu einem merkwürdigen Dilemma: Um lebendig zu bleiben, ist das Mana einerseits auf die Riten und Zeremonien angewiesen, andererseits neigen aber Traditionen dazu, das Mana seiner ursprünglichen Kraft zu berauben.

Daraus folgert: Reibungsverluste durch permanent wiederholte Kultelemente können nur verringert werden, wenn das Ritual selbst in Frage gestellt wird – ohne allerdings das traditionelle Schema dabei aufzugeben. Einerseits kann dies durch Austeilen von Geschenken geschehen, denn Gaben versinnbildlichen das Mana der Schenkenden. Der Austausch von Gaben läßt einen ständigen Strom von Mana durch die Gesellschaft fließen. Der Vergleich mit dem jährlichen Umsatz der Geschäftsleute zur Weihnachtszeit wirkt hier nicht einmal bemüht. Denn läßt sich an den Gaben unter dem Tannenbaum nicht recht genau ablesen, wieviel schnöder Mammon übers Jahr durch unsere Taschen floß?

Neues Leben in die erschlaffte Routine der Gesellschaft zu pumpen – genau das bewirkt andererseits das rauhe Spiel der zeremoniellen Clowns. Die starre Struktur wird zwar ordentlich geschüttelt, wenn die Zügel der Moral locker schleifen. Das von den Unbotmäßigen aufgeführte magische Drama entfesselt aber zugleich frische Kräfte des Mana. Denn das von den Clowns angerichtete Tohuwabohu legt den Rohstoff bloß, aus dem die Götter den wohlgeordneten Kosmos schufen. Zugleich leben die Anarcho-Narren vor, was geschieht, wenn der Tradition der Gehorsam verweigert wird: Dann wird der Mensch zu einem animalischen Monstrum, das sogar Exkremente verschlingt. Die Capakobam, die Messeschänder in Süd-Sonara, mobilisieren also einerseits die schöpferischen Urkräfte, warnen aber andererseits zugleich davor, in das ungestaltete Chaos zurückzufallen. Indem sie zeitweilig gegen die Ordnung rebellieren, verteidigen sie die Tradition, weil sie ihr frischen Wind einhauchen. Während die Clowns die Grenzen der Ordnung überschreiten, machen sie sie sichtbar – sie demonstrieren, was ein Mitglied ihrer sozialen Ordnung eben nicht tut. Schließlich wahrt ihr Verhalten auch in aller Abweichung die zeremoniellen Formen – die Anarchie ist institutionalisiert.

Sehnsucht nach dem Seelenflug: Ein Schamane vom Bergvolk der Hunza im nördlichen Kaschmir tanzt sich in Trance

Wenngleich Clowns bei ihren Auftritten mit überkommenen Werten lediglich spielen, ohne sie ernsthaft in Frage zu stellen, spiegelt ihr närrischer Mut doch eine tiefe Sehnsucht des Menschen wider – die Grenzen des Alltäglichen zu durchbrechen und über sich selber hinauszuwachsen. Gerade Feste können dieses Urbedürfnis erfüllen, weil sie oft die eigene Identität aufheben und Schichten des Unterbewußtseins freilegen, die normalerweise unzugänglich sind. Im Extrem werden die feierlich Ver-rückten zu vollständig Entrückten. Das Transzendieren, das Überschreiten des Selbst, kann auf zwei Wegen geschehen. Entweder durch Enthusiasmus, der aus einer Besessenheit erwächst: Der Körper wird be-geistert, indem ein Dämon hineinfährt oder ein Gott Besitz von ihm nimmt. Oder durch Ekstase, die als Aus-sich-Heraustreten erfahren wird: Dann entschwindet die Seele aus dem Körper. So entsteht eine Distanz zur alltäglichen Umwelt, Normen und Konventionen können leichter gebrochen werden. Die Umgebung zerfließt zu einem „Überall und Nirgends“ – zu einem Traumort –, die Zeit verwandelt sich zu einem „Immer und Nie“ – zu einer Traumzeit.

Solche Entrückung steht bei zahlreichen Stämmen des nördlichen Eurasiens und Amerikas traditionell im Dienst der Gemeinschaft. Da versetzen sich dann Schamanen in rituelle Ekstase – die von leichter Trance bis zu heftigem Starrkrampf der Muskeln mit Schaum vor dem Mund reicht –, um Kranke zu heilen, Seelen ins Totenreich zu geleiten, Opfer darzubringen, böse Geister abzuwehren, das Wetter zu „machen" oder den Aufenthalt von Jagdwild zu prophezeien.

Bei Einbruch der Dämmerung ruft der Vogelschrei des Schamanen zur Versammlung im Zelt. Dort wird ein Feuer entzündet und ein Gehilfe kleidet ihn ein für die Séance. Zuweilen treten männliche Schamanen in Frauengewändern auf, während weibliche sich wie Männer kleiden – ein Transvestitismus, der signalisiert, daß die üblichen Maßstäbe gesprengt sind. Eine Trommel dient als symbolisches Transportmittel für die Jenseitsreise – bespannt mit dem Fell eines schnellen Tieres, etwa einem Ren, einem Pferd oder einem Steinbock. Der Trommelschlegel versinnbildlicht die Peitsche, die Trommelrundung die Öffnung ins Jenseits. Der hämmernde Rhythmus steigert sich, bis der Schamane vor den Augen seines Publikums in Trance verfällt. Dann verläßt seine Seele den Körper und fliegt aus der Mittelwelt der Menschen hinab in die unteren Sphären oder hinauf ins Himmelreich.

Das kreative Spiel mit überkommenen Werten birgt indes Gefahren und ist dem Öffnen der mit allen Übeln gefüllten Büchse der Pandora vergleichbar. Deshalb tun Schamanen, zeremonielle Clowns und Narren gut daran, unerkannt zu bleiben – sie verkleiden sich, verbergen Gesicht oder den ganzen Körper hinter Masken aus Leder, Metall, Holz oder Pappmaché. Masken haben gleich mehrere Funktionen. Der Sehschlitz schneidet aus der Umgebung einen gewissen Sektor heraus und fördert die Konzentration. Zugleich sondert die Maske vom Diesseits ab und verbirgt ihren Träger vor den Blicken der Feinde – wobei es manchmal schon genügt, das Gesicht zur Tarnung einzufärben. Wo die Maske eine konkrete Form annimmt, wird durch sie ein bestimmter Geist verkörpert und angelockt; Vogelmasken etwa dienen dazu, der irdischen Schwerkraft zu entfliehen.

Die Erdanziehung zu überwinden – die sogenannte Levitation zu erreichen –, das ist nicht selten auch erklärtes Ziel ritueller Tänze. Ist die Erregung kräftig genug angeheizt, können ganze Menschenmassen das Gefühl entwickeln, gemeinsam „abzuheben". Die verwandelnde Kraft, die vom Tanzen ausgeht, erklärt sich aus dieser befreienden Wirkung, die den engen irdischen Raum rhythmisch erweitert. Die Mevlevi, eine besondere Bruderschaft unter den islamischen Derwischorden, pflegen einen solchen rituellen Reigen regelmäßig. Über ihrem Tanzgewand tragen sie einen schwarzen Mantel aus „suf" – Wolle –, wonach jene Mystiker auch die Bezeichnung Sufis erhielten. Sobald der Tanz der Mevlevi beginnt, werfen sie den schwarzen Umhang ab, der das dunkle Erdenleben versinnbildlicht. Ein leuchtend weißes Gewand kommt zum Vorschein, dessen Rocksaum versteift und be-

Als Symbol für den Traum der Menschheit, die irdische Schwerkraft zu überwinden, steht das Vogelkostüm beim Fest zu Ehren des Kondors in Bolivien

schwert ist, um bei Drehbewegungen weit zu schwingen. Weiß – das ist die Farbe der sonnendurchfluteten Ewigkeit. Die Derwische kreisen um die eigene Achse und schließen sich zu stetig wachsenden Zirkeln zusammen. Eine Hand wenden sie gen Himmel, um von dort Gnade zu empfangen, die andere zur Erde, um das Geschenk weiterzugeben. Wenn die Derwische schließlich im Wirbeltanz ihr Hemd zerreißen, gleichen sie – so sieht es die Bilderwelt persischer Poesie – der Rose, die sehnsuchtsvoll ihre Knospe sprengt.

Das Negativ der Ekstase sind die mehr oder minder strengen Formen der Askese, die im Grunde jedoch gleichfalls intensives sinnliches Empfinden fördern – nur eben durch Selbstzucht – und Anlaß zahlloser feierlicher Rituale sind. Wie das Christentum fordern viele Religionen von ihren Gläubigen zumindest zeitweilig den Verzicht auf irdische Genüsse. Muslime beispielsweise müssen sich im Fastenmonat Ramadan von Sonnenaufgang bis Sonnenuntergang des Essens, Trinkens, Rauchens und jeder sexuellen Betätigung enthalten – eine Abstinenz, die nach Einbruch der Dämmerung mit umso ausgiebigeren Gelagen festlich kompensiert wird. Der Ramadan soll helfen, Selbstdisziplin zu entfalten und das Triebverlangen zu kontrollieren. Denn der Mensch, lehrt der Islam, sollte im Unterschied zum Tier fähig sein, frei über die Befriedigung seiner Bedürfnisse zu entscheiden.

Zum Zeichen sexueller Enthaltsamkeit – die im Grunde dazu dient, magische Energie anzusammeln – ahmen Schamanen und Priester nicht selten die Unfrucht-

Die Macht des Glaubens triumphiert über das schwache Fleisch: Sie enthebt den Fakir auf Sri Lanka in seiner Marterschaukel ebenso der körperlichen Pein wie seinen lebendig begrabenen Kollegen bei Bombay. Adepten beim hinduistischen Thaipusam-Fest nahe Kuala Lumpur in Malaysia streben ihnen nach

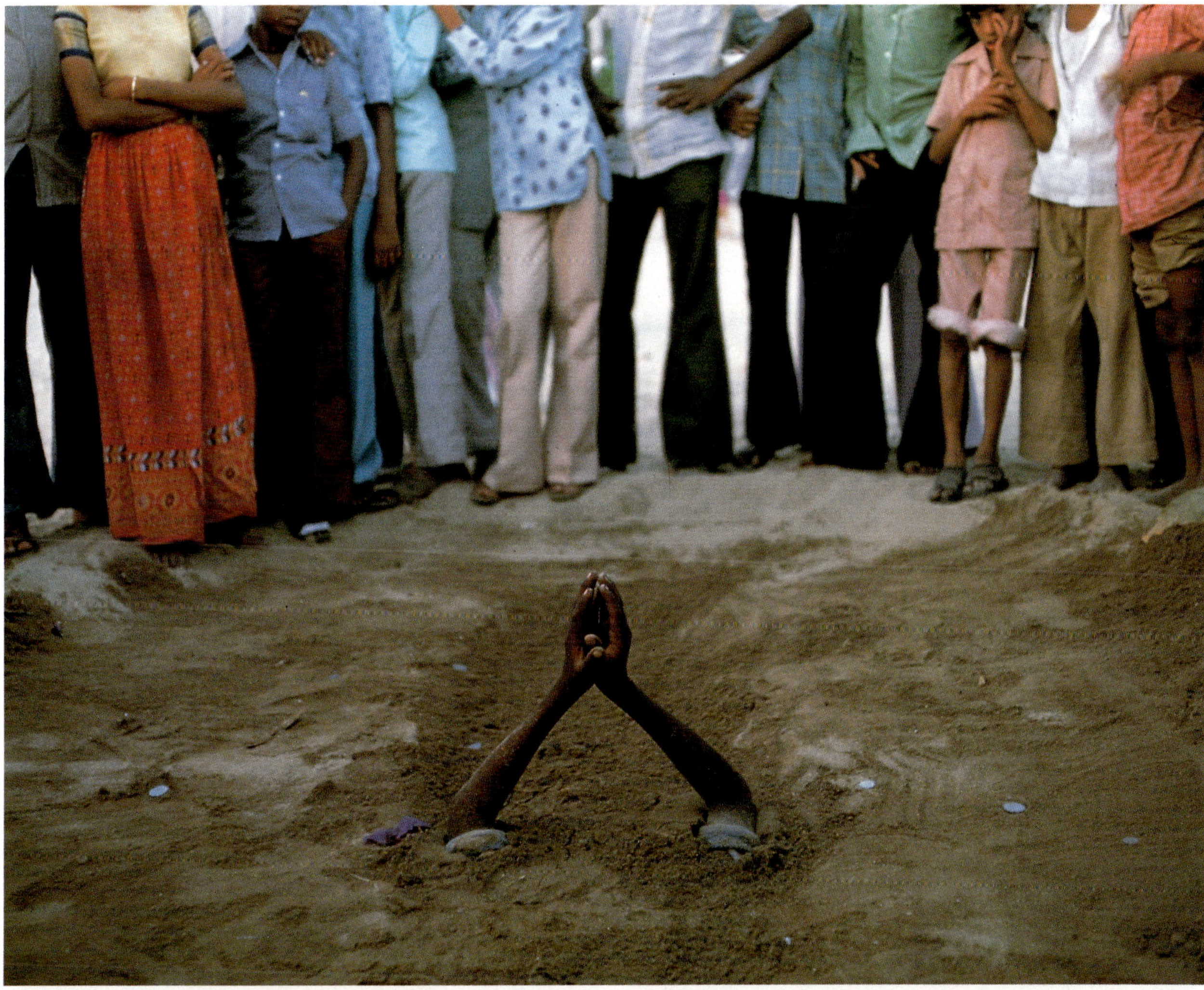

barkeit alter Männer nach, deren Haar ausgefallen ist, und lassen sich deshalb scheren. In der katholischen Kirche nimmt die Größe dieser Tonsur mit dem Rang des Klerikers zu: Bei einem Priester außerhalb des Klosters ist sie nur so groß wie ein Fünfmarkstück, während beim Papst lediglich ein kärglicher Haarkranz stehenbleibt.

Um die ordinären Triebe abzutöten, kann die Selbstzucht bis zur Marter gesteigert werden. Im nordindischen Rajasthan etwa pilgern Gläubige jeden Frühling mühselig mehrere hundert Kilometer durch die Wüste zum Heiligtum des Lokalgottes Baba Ramdeo in Pokaran. In der Prozession ziehen Fakire mit, die einen Arm bereits seit Jahren permanent in die Höhe halten, so daß die Muskeln völlig verdorrt sind. Viele Asketen sind für Schmerzen unempfindlich geworden; sie durchbohren zur Selbstkasteiung ihre Wangen oder gar die Zunge oder laufen barfuß über glühende Kohlen – Prozeduren, die sie wunderbarerweise unbeschadet überstehen. Manche Pilger sind Jahre unterwegs, da sie den langen Weg nicht nur rückwärts gehen, sondern, nach fünf „Rückschritten" auf das Heiligtum zu, sich stets wieder vier Schritte von ihm entfernen.

Abgemildert findet sich diese Form der Devotion bei der Springprozession im luxemburgischen Echternach, dem Höhepunkt der jährlichen Wallfahrt zum Grab des Heiligen Willibrord. Musikanten spielen auf, wenn am Pfingstdienstag Pilger und Kleriker die heiligen Gebeine in einem schwerfälligen Dreisprung umtanzen: nach links, nach rechts, nach vorn. Ursprünglich sollte die Prozession den

Auf dem Bauche sollst du kriechen. Je beschwerlicher die Wallfahrt, desto größer die Aussicht auf göttliche Gnade: Tibetische Pilger robben gen Lhasa

Veitstanz abwehren, eine Nervenkrankheit, die im 14. Jahrhundert an der Mosel grassierte, doch heute gilt die Wallfahrt als Bußübung.

Die frommen Hüpfer von Echternach nehmen sich allerdings harmlos aus gegen die sogenannten Flagellanten: Schwärmerische Nachahmung der Leiden Christi trieb im Mittelalter Tausende von Menschen auf die Straßen, wo sie sich selber bis aufs Blut geißelten. Bevor das Konzil von Konstanz im Jahre 1417 dieses Treiben verbot, peitschten sich gar Könige eigenhändig aus – im Rahmen prachtvoller Prozession und berauscht von dem Gedanken, die Sünden der Welt auf ihre Schultern zu nehmen.

Besonders sinnenfeindlich gibt sich der Buddhismus, der in der Gier nach Leben die Wurzel allen Übels sieht. Sie verdammt die Menschen zu Reinkarnation in immer neuen Körpern und blockiert den Eingang ins erlösende Nirvana. Gerade aus dem Buddhismus entwickelte sich allerdings eine Lehre, die den Gegensatz zwischen genießerischer Ekstase und abtötender Askese als Scheinproblem zu entlarven sucht: der Kult des Tantra. Wenn ein Mensch sich bestimmter Genüsse enthält – so lautet der Grundgedanke –, erkennt er damit deren erlösungshemmende Macht überhaupt erst an. Der Tantriker jedoch geht durch das „Reich der größten Gefahren“ mitten hindurch. Dabei lautet das Motto: „Wenn jemand zu Boden fällt, dann muß er mit Hilfe des Bodens wieder aufstehen.“ Yoga (die züchtige An-Jochung des Bewußtseins an das Übersinnliche) und Bhoga (die genießerische Lebensfreude) fallen zusammen. Dharma (das Einhalten religiöser und sittlicher Gesetze) und Kama (die mit dem Kama-Sutra auch im Westen berühmt gewordene Erfüllung sinnlicher Begierden) sind eines. Überbrückbar wird damit sogar der ursprüngliche Gegensatz zwischen Samsara – dem Kreislauf der Wiedergeburten – und Nirvana – dem Aufgehen in der Alleinheit.

Die Teilnehmer an Tantra-Kulten – die auch im Hinduismus und Jainismus zelebriert werden – feiern Orgien, um die tabuisierten Mächte mit den erlaubten zu versöhnen. Beispielsweise werden die „fünf verbotenen Dinge“ genossen, die sogenannten fünf M's: Wein (madya), Fleisch (mamsa), Fisch (matsya), gedörrtes Korn (mudra) und Geschlechtsverkehr (maithuna). Die ersten vier M's gelten als Aphrodisiaka und führen deshalb logisch zum fünften M – dem Liebesakt –, bei dem allerdings der Samenerguß vermieden wird. So nämlich ist es möglich, der Lust zu huldigen, ohne zugleich das Rad der Wiedergeburt durch Zeugung einer neuen Kreatur anzutreiben.

In Nordindien begründete der Brahmane Vallabha aus Varanasi Anfang des 16. Jahrhunderts eine Glaubensrichtung, deren zentrales Kredo die weltzugewandte Wonne ist. Ihr Gott ist der heitere und zu ausgelassenem Liebesspiel aufgelegte Krishna. Da die Welt für seine Jünger kein Trugbild ist, sondern Ausdruck göttlichen Wohlgefallens an der Schöpfung, bezeichnen sie ihr Kultgebäude in dem rajasthanischen Städtchen Nathdwara nicht als Tempel, sondern als Haveli, einen fürstlichen Palast. Unzählige indische Darstellungen zeigen den Rundtanz des flötespielenden und verführerisch herausgeputzten Krishna mit den jungen Kuhhirtinnen, den Gopis. Krishnas Werbung zieht sie unausweichlich in Bann. Er wird als „schöner Gott“ gepriesen, weil äußerliche Vollkommenheit das beste irdische Sinnbild abgibt für die himmlische Herrlichkeit. Das Flötenspiel des Verführers läßt die Gopis alle sozialen Regeln übertreten und sogar ihre Ehemänner vergessen. Heimlich stehlen sie sich herbei, um sich Krishna hinzugeben. Sie berauschen sich am Reigen-

Frommes Hindernis: In Luxemburg findet die Echternacher Springprozession zum Grab des Heiligen Willibrord alljährlich am Dienstag nach Pfingsten statt

tanz, die Zipfel ihrer Röcke schwingen immer weiter und höher. Jede einzelne von ihnen wähnt sich auf dem Gipfel der Ekstase mit dem jungen Gott körperlich vereint. Freilich haben Theologen sich bemüht, dieses orgiastische Treiben umzudeuten: Die werbende Flöte versinnbildliche die Kraft, mit der Gott die Seelen anziehe, und Krishna im Zentrum des Rundtanzes stehe für den Ursprung des Lebens.

Sowohl das ekstatische Schwelgen als auch die asketische Zucht zielen also darauf ab, sich von irdischen Zwängen zu befreien. Wer Orgien feiert, beweist, daß an nichts Mangel herrscht, daß alles im Überfluß verschwendet werden kann; wer leiblichen Genüssen entsagt, demonstriert gleichfalls innere Unabhängigkeit.

Auf vollkommene Weise wird die Coincidentia oppositorum – der Zusammenfall der Gegensätze – von dem im Hinduismus hochverehrten Gott Shiva verkörpert. Einerseits gilt er als Erz-Asket, der in Fetzen gehüllt mit einer Bettlerschale umherzieht. In Indien eifern zahlreiche Yogis seinem Beispiel nach, schlagen ihr Lager mit Vorliebe bei den Verbrennungsstätten der Toten auf und beschmieren ihre Haut mit Asche, um sich beständig an die Vergänglichkeit allen Seins zu erinnern. Ihr Haar ist verfilzt und verknotet, zum Zeichen, daß sie über die weltliche Ordnung erhaben sind. Auf ihrem Tantrikerstab ringelt sich eine Schlange, die für den Fluß des Lebens steht, bis zum Totenkopf an der Spitze empor – Zeichen des ewigen Kreislaufs von Werden und Vergehen.

Andererseits aber gilt Shiva auch als der große Ekstatiker. Die Vereinigung dieser entgegengesetzten Pole wird im klassischen indischen Tanz oft aufgegriffen und ist Motiv prächtiger Bronzestatuen des 10. und 12. Jahrhunderts, die Shiva als vierarmigen Nata-Raja zeigen, als „König der Tänzer". Seine oberen Hände ver-

Hinduistische Wanderasketen streben die Befreiung von irdischen Zwängen auf ihre Weise an. Hier hat ein Sadhu sein Lager im indischen Girnar aufgeschlagen – der Stadt der heiligen Schlange, die den Kreislauf von Werden und Vergehen symbolisiert

Ekstatischer Tanz eines Erz-Asketen: Im hinduistischen Gott Shiva vereinigen sich gleichermaßen orgiastisches Schwelgen und Weltentsagung – denn beides macht erhaben. Südindische Bronze aus dem 10. Jahrhundert

sinnbildlichen das dynamische Gleichgewicht zwischen Entstehung und Zerstörung der Welt. Die obere rechte Hand hält eine kleine Trommel – Hinweis auf den Ton und damit die durch Reden weitergegebene Offenbarung. Töne gelten zudem als Ausdrucksform des Äthers, aus dem sich die Schöpfung erst entfaltete und der alle Elemente durchdringt. Aus der oberen linken Hand züngelt eine Flamme – Andeutung kommenden Untergangs. Die untere rechte Handfläche hat Shiva zum Zeichen des „Fürchte-Dich-Nicht" nach außen gekehrt, die andere linke Hand verweist auf den angehobenen linken Fuß, der für die Gläubigen Zuflucht bedeutet. Mit seinem Standbein drückt die Gottheit einen Kobold nieder – den Dämon der Vergeßlichkeit, der die Menschen unempfänglich macht für die göttliche Weisheit. Lange Locken flattern um Shivas Schultern; seinen Haarknoten hat er gelöst, und die sonst in strenger körperlicher Zucht angestaute Energie strömt frei in seinen hemmungsloser werdenden Tanz.

Shiva stampft mit den Fersen den Takt, den kosmischen Rhythmus zwischen Stirb und Werde. Die Ekstase des meisterlichen Asketen wird rasender und wilder, bis Feuer den Leib der Schöpfung vollends verzehrt hat. Die gigantische Glut wird nun der Ozean der Leere löschen. Aus fruchtbarer Asche aber kann neues Leben entstehen.

Basler Fasnacht: Zu Fuß durch den Segen

Im

der Arena und auf den Rängen sind alle dem Alltag enthoben. Lächeln und Lachen, Musik und Tanz gehören dazu. Sie erbauen die Seele aus dem sehnlichen Wunsch, es den Göttern einmal gleichzutun. Hier, sagen Gelehrte, liege wirklich der Ursprung aller Kultur. Selbst der kommerzialisierte Sport und die Freizeit-Industrie des 20. Jahrhunderts lassen immer noch Elemente ihrer sakralen Herkunft erkennen

iel erwacht die Kultur

Nur in sorgenfreiem Umfeld kann sich Lust am Spiel entfalten: Kindlicher Spaß in einem futuristischen Haus in Florida

E.T.
PAL

Kein Fest ohne freundliche Begrüßung: Ein Yanomami-Indianer bietet Gästen aus dem Nachbardorf im Regenwald Brasiliens eine Schale Yucca-Suppe dar

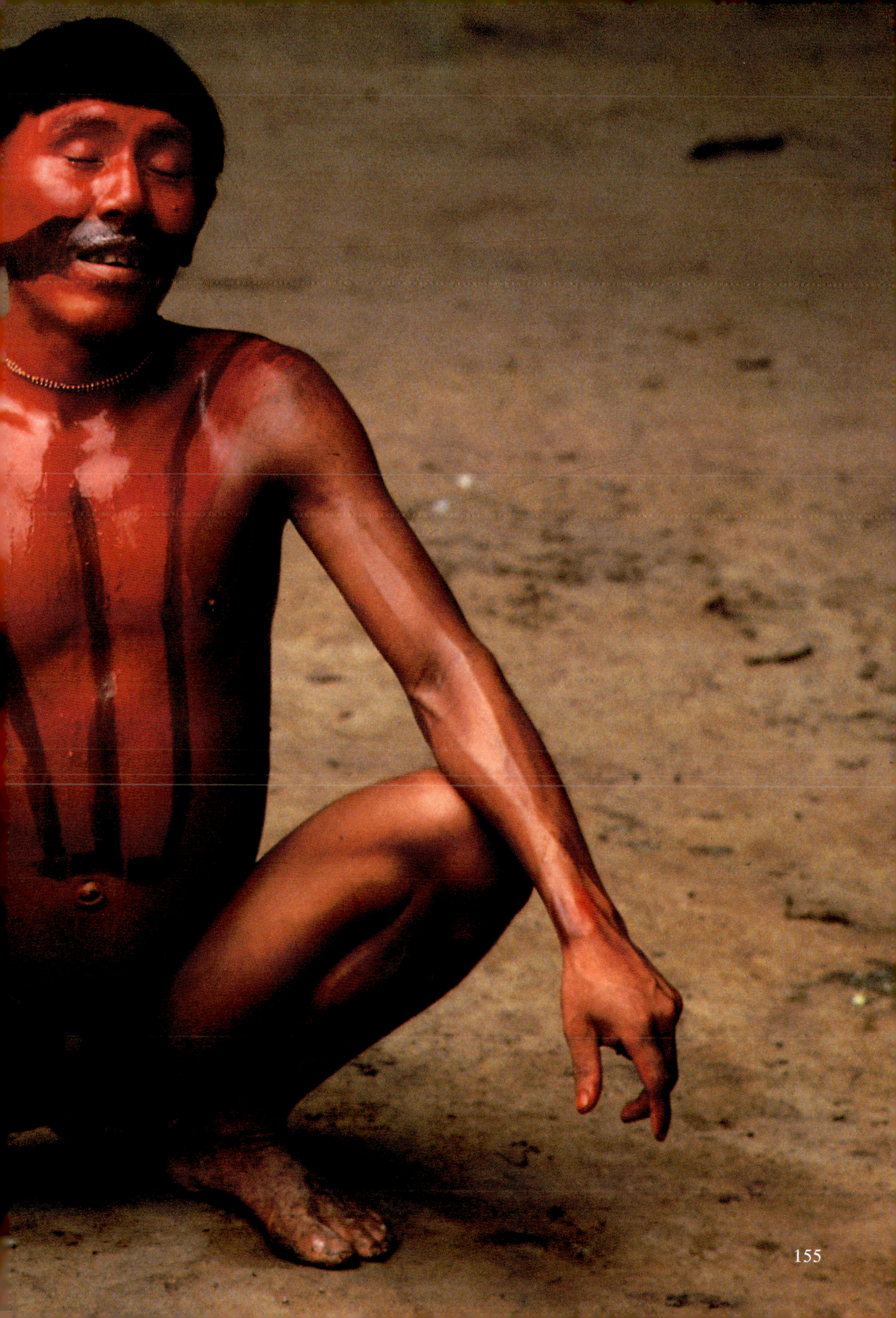

Große Sportveranstaltungen werden gern genutzt, um auch politisches Prestige zu fördern. Beim größten „Fest der Völker", den Olympischen Spielen, präsentierten surrealistische Kreaturen im Winter 1992 bei Albertville voller Stolz die Farben Savoyens

Festliche Kleidung muß nicht zweckmäßig sein, sondern soll vor allem schmücken – denn so zeigt man sich über die Alltagssorgen erhoben: Schmucknetze bei einem Stammestreffen am Mount Hagen im Hochland von Neuguinea

Sehen und Gesehen werden –
nicht zuletzt darauf kommt es bei
großen gesellschaftlichen Ereignissen an:
Debütantinnen auf dem Wiener
Opernball 1992

Im freien Spiel der
Fantasie verschieben sich die
Grenzen der Realität: Im rumänischen
Moldavien schlüpfen Männer
an Neujahr in das Fell von Bären,
um drei Tage lang bis zur Erschöpfung
Schabernack zu treiben

UCS

Beim Sport kann der Spaß rasch enden, die spielerische Note leicht verlorengehen. Dann bleibt nur der ernste Wettstreit rivalisierender Gruppen: Fußballfans im Stadion des AC Roma

Das Faustrecht früher Pioniere lebt im American Football fort: Schlachtszene aus „Militärakademie West Point gegen Universität Rutgers", November 1990

Keiner darf aus der Reihe tanzen, wenn die Tutsi in Ruanda beim traditionellen Kriegstanz vorwärtsstürmen. Die Einigkeit des Stammes demonstrieren ausgesuchte „Intoré" – die „Besten"

Gleich Göttern mit dem Schicksal spielen – davon träumen Menschen allzugern. Symbolisch steht dafür die Artistik des Jonglierens, die Kinder hier zum Vergnügen in Las Vegas erlernen

Turmhoch überragt die imposante Ruine das Rund des Theaters – dezent beleuchtet wie die Requisite eines Bühnenbildners. Nur ganze vier Arkaden der dreistöckigen Außenmauer trotzten den Erdbeben, vor Jahrhunderten schon. Doch die 72 Mauerbögen des zweistöckigen Innenrings sichern der Arena von Verona noch immer gigantische Dimensionen: 138 Meter lang, 109 Meter breit bei einem Umfang von fast einem halben Kilometer.

Der monumentale Bau wurde um 50 n. Chr. errichtet, um ein eigentümliches Bedürfnis der Menschen zu befriedigen: die Lust am Schauspiel. Gladiatorenkämpfe und Tierhatzen lockten die Massen in römischer Zeit, Ritterspiele sorgten in der Renaissance für Zerstreuung. Seit 1913 entwickelten sich schließlich die „Stagione lirica all'Arena" – die sommerlichen Aufführungen von Oper und Ballett – zu einem wesentlichen Wirtschaftsfaktor für Verona; ihretwegen reisen Zuschauer aus der ganzen Welt in die Stadt an der Etsch.

Heute sind die 22 000 Karten mal wieder ausverkauft. Im Inneren der steinernen Ellipse erwarten gepolsterte und numerierte Sessel das zahlungskräftige Publikum des Parketts. Der Ansturm auf die billigen Plätze irgendwo in den seitlichen Kurven setzt anderthalb Stunden vor Beginn der Vorstellung ein. Aus Aufgängen von der Piazza Brà ergießt sich ein konstanter Zuschauerstrom über die Stufenreihen. Bei fliegenden Händlern finden Kissen aus Schaumgummi reißenden Absatz, denn erfahrungsgemäß sind Steine hart und Opern lang. Zerfledderte Heftchen in den Händen einheimischer Opernfreunde deuten an, daß viele dem „Rigoletto" nicht zum erstenmal entgegenfiebern.

Das Stück ist äußerst populär. Giuseppe Verdi rankte seine Komposition um die tragische Geschichte eines Hofnarren im Dienste des Herzogs von Mantua. Rigoletto fädelt für seinen leichtlebigen Herrn mancherlei Liebschaft ein – auch mit der Tochter des Grafen von Monterone, der den Narren daraufhin verflucht. Der traurige Held verfängt sich schließlich im Netz der eigenen Intrige: Ungewollt spielt er selbst seine innig geliebte Tochter dem schurkenhaften Herzog in die Hände.

Was ist es, das die Menschen seit alters her antreibt, zu solchem Schauspiel in festlichem Rahmen zusammenzuströmen? Kulturphilosophen und Verhaltensforscher versuchen seit geraumer Zeit, die historischen und biologischen Wurzeln des Spiels freizulegen. Dabei wurde deutlich, wie innig Spiel und Fest verwoben sind – was der Begriff „Festspiel" tiefgründig umschreibt. Denn im krassen Gegensatz zur Arbeit des Alltags erfüllen weder das Spiel noch das Fest einen unmittelbaren Zweck, sondern drücken vor allem Freude und Wohlbehagen aus – wie die Begleiterscheinungen von Lächeln und Lachen, Musizieren und Tanzen bezeugen. Deshalb auch ist das Getümmel der Menschen vor der Arena keineswegs „not-gedrungen" – weil man an Spielen freiwillig teilnimmt.

Einstimmung auf das Opernfest in Verona

Die Zweckfreiheit äußert sich bereits in der ästhetischen Selbstdarstellung, die zu jedem festlichen Aufzug gehört. In der Arena zeichnet elegante Garderobe vor allem jene Herrschaften aus, die auf die Polstersessel der ersten Reihen zuschreiten, um dort – im wahrsten Sinne des Wortes – ihren Rang einzunehmen. Kleidung, Körperbemalung und Schmuck sind seit eh und je Gradmesser für persönliches Ansehen und soziale Stellung. Denn aus dem Aufwand an Zeit und Geschick, der zur Fertigung nötig war, kann auf den Wohlstand ihrer Träger geschlossen werden. Aus diesem Grunde müssen, ja dürfen teure Roben nicht zweckdienlich sein: Wer sich in einer funktional nutzlosen Schleppe präsentieren kann, ist gewiß der Sorgen des gemeinen Volks enthoben.

Nicht nur Teilnehmer von Festlichkeiten in „hochkultivierten" Ländern nutzen die Dienste besonderen Kunsthandwerks, wenn sie sich in Schale werfen wollen. Das tun etwa auch die Eipo, ein Volksstamm auf Neuguinea, die ihr Geschick im Knüpfen praktischer Tragnetze zur Herstellung sorgfältig gearbeiteter Schmucknetze gesteigert haben. Fein verschlungene Maschen, eingeflochtener Orchideenbast und Färben steigern die Wirkung. Ursprünglich rein zweckmäßige Gebrauchsgegenstände mutieren somit zu reinen Schmuckstücken, die bei Tanzfesten als Dekor auf dem Rücken getragen werden. Nicht zuletzt darauf kommt es beim Festspiel an: sehen und gesehen werden.

Im Glast des Augustabends verschwindet die Sonnenscheibe am

**Ruinen antiker Mauerbögen
über den steinernen Ellipsen der Ränge
geben der Spielstätte von Verona das
besondere Flair der Ehrwürdigkeit**

Horizont von Verona hinter den ockerfarbenen Ziegeldächern zwischen Kirchen und Kastell: Theaterdimmer über der Arena. Eine Viertelstunde vor Beginn der Oper gibt sich der Dirigent die Ehre, das Publikum launig zu begrüßen. Seine kurze Ansprache folgt einer verbalen Choreographie, die gute Festredner intuitiv beherrschen: ein Wechsel zwischen Imponiergehabe und Beschwichtigung. Selbstbewußt schickt der Maestro die Bemerkung voraus, er sei ein vielbeschäftigter Mann und nur dank der Überredungskünste der Festspielleitung dem Ruf nach Verona gefolgt. Nun aber empfinde er es als besondere Auszeichnung, einem solch' erlauchten Publikum seine Künste darbieten zu dürfen. Schließlich zitiert er eine Passage aus dem Libretto der Oper – nicht allein auf Italienisch, sondern als Hommage an die zahlreichen zahlenden Besucher von nördlich der Alpen auch in Deutsch. Er hoffe, daß sich das von ihm geschätzte Motto auch heute erfüllen möge: „Diese Klänge, diese Tänze / laden uns zur Freude ein! / So entzückend, so berauschend / kann's im Paradies nicht sein."

Die mehr oder weniger unbewußte, jedenfalls geschickte Verbindung zwischen dominantem Gebaren und freundlichen Appellen hat der deutsch-österreichische Verhaltensforscher Irenäus Eibl-Eibesfeldt weltweit bei Grußritualen beobachtet. So tanzen Krieger der südamerikanischen Yanomami-Indianer zur Begrüßung im Dorf ihrer Gastgeber – wobei sie ihre Speere rhythmisch schwingen und dabei auch auf die Einladenden zielen. Das Imponieren geht aber in Beschwichtigung über, denn mit den Kriegern tanzen oft kleine Jungen oder Mädchen, die grüne Palmwedel schwenken.

Ähnlich geht es in westlichen Ländern sogar beim Empfang eines Staatsgastes zu. Dann verweisen „blinde Schüsse" – der Salut – auf die eigene militärische Macht des Gastlandes, doch wird dem Besucher sogleich ein Blumenstrauß überreicht. Bei zahlreichen Umzügen, etwa anläßlich von Schützenfesten, schreiten den martialisch uniformierten Waffenträgern arglose Kinder und „Ehrenjungfrauen" voran. Den zu einer Feier geladenen Gästen wiederum steht es gut an, ein Geschenk zu überbringen, das den eigenen sozialen Status widerspiegelt, die Gastgeber jedoch nicht

Grußrituale zwischen Imponieren und Beschwichtigen: Im Urwald Brasiliens raspeln Yanomami-Indianer Yucca für ein festliches Mahl. Die Gäste aus der Nachbarschaft werden mit rituellem Waffenschwingen empfangen und dann beruhigend umarmt

durch Überheblichkeit beschämt – ein Konflikt, der durch die abwertende Floskel „... nur eine Kleinigkeit" gemildert wird. Eibl-Eibesfeldt glaubt das doppelte Muster selbst noch beim Händeschütteln zu erkennen: Das Drükken demonstriere eigene Kraft, während das Gegenüber zugleich durch Lächeln beruhigt werde.

Lächeln scheint in der Tat Öl im Getriebe der Geselligkeit zu sein – wichtig vor allem, wenn einander fremde Menschen auf engem Raum zusammenkommen. So lassen Gäste von Parties und Empfängen, den Begrüßungscocktail in der Hand, gern ihre Augen schweifen und lächeln kurz, sobald sich ihr Blick mit dem eines anderen kreuzt. Nach vergleichenden Studien des niederländischen Verhaltensforschers Jan van Hooff ist der Ursprung des Lächelns uralter Bestandteil im Sozialverhalten von Säugetieren. Insektenfresser – Ahnen der Primaten – ziehen die Mundwinkel zurück, wenn sie in etwas beißen, das übel schmeckt oder riecht. Unerwünschte Nahrung wird so abgewiesen. Dieses „stille Zähne-Zeigen" kann bei Halbaffen bereits allein durch den Geruch eines ranghöheren aggressiven Artgenossen ausgelöst werden. Allmählich verwandelte sich das „Furchtgrinsen" dann zu einem vorsorglichen und beschwichtigenden Grüßen. Das läßt sich nicht nur unter Affen beobachten, sondern auch in der nichtsprachlichen Kommunikation unter Menschen: Sie lächeln einander an.

Lächeln ist Öl im Getriebe der Geselligkeit: Pausenplausch in der Oper von San Franzisko

Lockert sich die Gesellschaft, kommen die Gäste lächelnd und durch Smalltalk einander näher, so sind hier und da erste Lacher zu hören. Verhaltensbiologen leiten das Lachen aus einem anderen tierlichen Gesichtsausdruck ab – dem „Spielgesicht", fachlich „entspanntes Mund-offen-Gesicht" genannt. Wenn junge Hunde, Affen oder auch Menschen miteinander balgen, öffnen die Kontrahenten oft drohend den Mund, als wollten sie beißen. Die oberen Schneidezähne bleiben dabei zunächst bedeckt, und rhythmisches, sanftes Keuchen ist zu hören. Erst bei heftigerem Balgspiel wird die obere Zahnreihe entblößt und das Keuchen vernehmlicher: Das Spielgesicht steigert sich zum Lachen. Allein beim Menschen allerdings, der über eine variantenreiche Lautsprache verfügt, artet das Lachen zu regelrechtem Gelächter aus.

Lachen wird gern als Musik beschrieben, da es hauptsächlich aus stimmhaften Vokalen besteht – „Ha ha, ho ho, hi hi ..." – was das Wort „amüsieren" subtil aufgreift. Daß gerade humoristische Einlagen Festen oft ihren Reiz verleihen, kommt nicht von ungefähr. Spaßmacher und Lacher schaukeln einander nach dem Prinzip der Gegenseitigkeit auf: Wer andere belustigt, der wird durch Lachen ermuntert, so fortzufahren. Witze und komische Darbietungen konfrontieren das Publikum mit erfundenen Situationen. Um lachen zu können, muß die Verzerrung der Realität durchschaut werden. Humor ist mithin ein Spielen mit den Sinninhalten der Sprache: „Aufgeregt kommt der junge Komponist zum Theaterdirektor: ‚Sagen Sie mal, haben Sie eigentlich was gegen mich?' ‚Unsinn! Wie kommen Sie denn darauf?' ‚Na, immer wenn das Theater leer ist, spielen Sie eine meiner Opern.'"

Das Rütteln an festgefügten Normen, das Witzen eigen ist, verbindet den Humor mit dem Spiel, das ja gleichfalls Elemente der Realität auf überraschend neue Weise kombiniert. Das demonstriert beispielsweise, noch vor Beginn der Oper in Verona, einer der fliegenden Händler, der sich schwitzend mit einer Getränkekiste auf dem Buckel durch die Reihen der Zuschauer kämpft. Dabei schmettert er mit beachtlicher Stimme Verdis bekannteste Melodie in die Arena – das „O wie so trügerisch". Doch während er mit dem Flaschenöffner den Takt schlägt, wirbt der Wortlaut der Arie für „aranciata, limonata, birra e seltz". Das Publikum quittiert den freien Lauf der Phantasie mit anhaltendem Beifall.

Und in Verona gilt wie überall, wo Menschen zu festlichem Spiel zusammenkommen: Wer den Ernst des Alltags hinter sich lassen will, muß bereit sein, die Welt mit anderen Augen zu sehen. So etwa ist Stefano Velotti, der gleich auftreten soll, nicht mehr ein Künstler aus Mailand, sondern Hofnarr bei einem italienischen Fürsten im 16. Jahrhundert. Für diese veränderte Perspektive prägte der amerikanische Anthropologe Gregory Bateson (1904–1980) den Begriff der „Meta-Kommunikation": Personen und Handlungen werden „eingerahmt", um sie als Teil einer neuen Sphäre auszuweisen. Das kann auf einfachste Art durch Aufsetzen eines „Spielgesichts" und durch Lachen geschehen, aber auch durch Ausrufe wie „Der Tanz ist eröffnet!", das Hochziehen eines Vorhangs oder das Überstülpen einer Pappnase. In der Arena von Verona wird die Realität gleich auf mehrere Arten ausgeblendet: In immer kürzerem Abstand kündet ein gewaltiger Gong den näherrückenden Beginn der Vorstellung an; die Beleuchtung erlischt über dem Auditorium, ein Scheinwerfer nimmt den Dirigenten ins Visier, als der den Taktstock ergreift.

Mit Andante sostenuto hebt das Präludium an: Vierunddreißig Takte in düsterem c-Moll. Auf dunklem, von Fagotten und Pauken ausgebreiteten Klangteppich malen Trompete und Posaune eine dämonische Stimmung in die Sommernacht. Jeder im Publikum versteht die Sprache der Musik, auch ohne Worte kann sie Gefühle verdeutlichen. Es gibt Rhythmen, die beruhigen – etwa wenn ein Wiegenlied den stetigen Atemrhythmus des Einschlafens nachzeichnet. Andere Takte erregen – ein Marsch beispielsweise, ein Kampflied oder eine Polka. Selbst wenn Kulturepochen und geographische Regionen jeweils eigene Nuancen kreieren, bleibt die grundlegende Botschaft der Musik universal verständlich – ob sie instrumental vorgetragen wird oder durch Gesang. Die andauernde Wiederholung von Rhythmus oder Melodie kann Zuhörer gar in Trance versetzen. Soll ein Fest gelingen, gehört Musik ganz einfach dazu. Denn ihre Magie vermag – über sprachliche und soziale Barrieren hinweg – die Herzen der Menschen zu verbinden.

Die Geschichte von Rigoletto beginnt. Ein Allegro con brio in hellem As-Dur bahnt den Ereignissen den Weg. Zu Ballettmusik und den Klängen eines höfischen Menuetts öffnet sich auf der Bühne ein prächtiger, glänzend erleuchteter Saal im Palast. Der Herzog von Mantua, inmitten eitlen Getümmels, bekundet sein Vergnügen „an Festen und Tänzen, an Wein und an Spiel". Seine zahlreich umherspazierenden Gäste genießen das Gelage sichtlich. Hier und da formiert sich ein Grüppchen zum Tanz. Dabei bewegen sich die Herren mit geschwollener Brust übers Parkett, die Damen scheu und kokett. Daß Männer ihre Kräfte zur Schau stellen, während Frauen zugleich Zuwendung und Abkehr si-

gnalisieren, gehört zum Muster zahlreicher Tanzformen – ob man sich nun zu Sarabande, Walzer oder Flamenco dreht. Der Paartanz kann seine Herkunft aus der Balz eben selten verleugnen. Die Partner vermögen dabei abzuschätzen, wie sie miteinander harmonisieren – was sich etwa an der Leichtigkeit ablesen läßt, mit der Bewegungen synchronisiert werden.

Ein extremes Beispiel dazu liefern die Medlpa, ein Volksstamm auf Neuguinea. Bei ihnen werden sogar Ehen durch Tanzen arrangiert. Die Eltern heiratsfähiger Töchter laden zahlreiche junge Männer ein. Nachdem mögliche Paare ausgewählt wurden, sitzen die bemalt und geschmückt beieinander und beginnen zu singen. Bald wiegen die Partner den Kopf, reiben zweimal Stirn und Nase aneinander, verbeugen sich kurz, reiben sich erneut zweimal, verbeugen sich wieder. Der Rhythmus ihrer Bewegungen ist nicht vorgegeben; erst im Verlauf des Werbetanzes versuchen die Partner sich zu einigen – was umso leichter geht, je besser die beiden zueinander passen.

Tanz als Balz: Das Werbeverhalten wird im Solo des spanischen Flamenco ebenso sichtbar wie beim Paarvergnügen auf dem Parkett des britischen Offizierskasinos in Wetter an der Ruhr

Abend in Verona. Das Fest auf den Brettern, die die Welt bedeuten, rauscht dahin. Um den gesungenen Text im Libretto verfolgen zu können, entzünden Tausende auf den Rängen kleine Kerzen. Der Herzog beginnt von seinen galanten Abenteuern zu schwärmen; man amüsiert sich prächtig. Beim Auftritt des buckligen Hofnarren wechseln im Orchester bizarre Passagen mit weichen Melodien – Anspielung auf den zwiespältigen Charakter der traurigen Titelfigur, die einerseits zynischer Kuppler, andererseits besorgter Vater ist. Die Handlung nimmt ihren Lauf, als jählings der Herzog von Monterone erscheint und den Gastgeber als elenden Herzensbrecher anklagt. Vom Hofnarren verhöhnt und gedemütigt, schleudert er schließlich seinen Fluch gegen Rigoletto. Plötzlich ist das heitere Geschehen des Singspiels gestört – eine Konsequenz, die abermals verborgene biologische Prinzipien offenbart. Spielverhalten kann sich nämlich nur in einem „entspannten Feld" entfalten. Gefahr im Verzug bringt es zum Erlöschen: Unter der Sonne herumtanzende Mäuschen huschen schlagartig in ihre Löcher, sobald die Katze erscheint. Nahrungsmangel unterbindet das Spielverhalten ebenfalls: Junge Affen hören auf mit ihren Balgereien, sobald Hunger sich einstellt. Aus diesem Grunde ist der Gegenpol des Spiels nicht der Ernst. Denn wer wollte bestreiten, daß Kinder, die „Himmel und Hölle" hüpfen, nicht ernsthaft bei der Sache seien? Vielmehr ist der eigentliche Kontrapunkt die Sorge: Spielen verträgt sich nicht mit ängstlichem Bedürfnis nach Sicherheit. Auch Gäste eines Festes sind nur solange zum Feiern aufgelegt, wie es ihnen an nichts mangelt und sie sich wohlfühlen. So verwundert es nicht, daß in der Spielhandlung des „Rigoletto" Monterones Fluch die Stimmung zum Kippen bringt.

Gegenüber wirklich lebenswichtigen Tätigkeiten haben Spiel und Kurzweil, haben Festlichkeiten untergeordnete Bedeutung. Gefeiert werden kann erst, nachdem eine Behausung geschaffen, der Acker bestellt, die Ernte eingebracht ist. Erst wenn Not und Gefahr gebannt sind, wenn alles Not-Wendige getan ist, kann die Stunde des Spielens kommen. Der niederländische Kulturhistoriker Johan Huizinga (1872–1945) hält das Spiel nicht allein für den Antrieb von Musik, Tanz, Dichtung, Philosophie und Kunst, sondern für den Ursprung der Kultur schlechthin. In seiner grundlegenden Abhandlung über den „Homo ludens", den spielenden Menschen, kehrt er die befreiende Wirkung der Illusion heraus – die sich sprachlich vom lateinischen „inlusio" ableitet und nichts anderes als „Einspielung" bedeutet. Über den schönen Schein, meint Huizinga, sind Spiel und Fest aufs engste verbunden – sie tragen ihr Ziel und ihre Erfüllung in sich selber. Auch ein geflügeltes Wort von Friedrich Schiller adelt die lustbetonte Tätigkeit: „Der Mensch ist nur da ganz Mensch, wo er spielt." In der Tat scheint kaum ein schärferer Kontrast denkbar als zwischen den vorprogrammierten Handgriffen eines Alltags im Großraumbüro und dem selbstvergessenen Taumel einer durchtanzten Nacht, als zwischen dem nüchternen Vorwärtsrollen eines Fließbandes und dem feierlichen Fluß einer romantischen Oper.

Das Spiel, besonders im öffentlich-festlichen Rahmen, hat dennoch im Abendland traditionell einen schlechten Leumund – vor allem aus historischen Gründen. Die frühen Nachfolger des Jesus von Nazareth distanzierten sich einst voll Abscheu von den grausamen Kampf- und Schauspielen in den römischen Arenen, bei denen ihre Glaubensgeschwister nicht selten als lebende Fackeln zur „Festbeleuchtung" das Martyrium erlitten. Zur staatstragenden Macht aufgestiegen, predigten christliche Obrigkeiten deshalb Enthaltsamkeit selbst von den harmlosen Freuden des Lebens. Der wortgewaltige Verfasser der Lehrdichtung vom „Narrenschiff", Sebastian Brant, schimpfte am Ausgang des Mittelalters: „Spiel mag gar selten sin on Sünd, / ein Spieler ist nit Gottes Fründ, / die Spieler sind des Tüfels Kind."

Klagloser Arbeitseifer zählte über Jahrhunderte zu den christlichen Kardinaltugenden. Mit der zunehmenden Industrialisierung im 19. Jahrhundert geriet spielerische Zerstreuung weiter in Verruf, war doch Zeit jetzt erst recht Geld. Der Dichter Jean Paul klagte bereits ahnungsvoll: „In nichts offenbart sich die herzlose Maschinenhaftigkeit der Neueren mehr als in der Dürre ihrer Feste." Fröhlicher Zeitvertreib verträgt sich eben schlecht mit Leistung und hartem Wettbewerb und produziert im schlimmsten Falle jenes Durcheinander, das profitorientierte Kalkulation zu vermeiden sucht. „Lieber Feste feiern als feste arbeiten" gilt als Parole von Drückebergern.

Mit dem allgemein steigenden Wohlstand des 20. Jahrhunderts entwickelte sich allerdings eine regelrechte „Freizeit-Industrie", und es änderte sich zugleich die negative Bewertung des Spiels. Sommerliche Festspiele füllen nicht nur in Verona die Säckel von Hoteliers und Gastronomen, und die künstlichen Welten von Disneyland garantieren gar ganzen Regionen Lohn und Brot. Im Grunde spielerische Aktivitäten – Tanzen, Musizieren, Schauspielern – bedeuten dann natürlich harte Arbeit für

Das Gemetzel der Gladiatoren in der Römerzeit – hier auf einem Mosaik in der Galleria Borghese zu Rom – trug dazu bei, daß Festspiele im christlichen Abendland einen schlechten Leumund bekamen

Passive Zuschauer werden zur aktiven Teilnahme animiert. Die künstliche Welt des europäischen Ablegers von Disneyland bei Paris ist ein Musterbeispiel für die Freizeit-Industrie am Ende des 20. Jahrhunderts

die Akteure, während die eigentlich passiven Zuschauer die Rolle der wahren Spielenden einnehmen.

Das uralte Bedürfnis des Menschen nach festlichem Gepränge reicht über das Spiel hinaus bis in die benachbarte Sphäre des Sports. Die Geistesverwandtschaft zwischen „Festspiel“ und „Sportfest“ hat allerdings auch Grenzen. Das Spiel nimmt sich durchaus die Freiheit, die Werte der Kultur durcheinanderzuwirbeln: Im „Rigoletto“ mimt ein in Wirklichkeit Bürgerlicher den Herzog von Mantua, verkörpert ein unbescholtener Sänger den Banditen Sparafucile und eine Frau in Männerkleidung einen Pagen. Solcher Rollentausch hat hingegen im Sport keinen Platz. Er macht zwar Anleihen beim Spiel – auch Wettkämpfe werden von vereinbarten Regeln „eingerahmt“. Die im Spiel oft außer Kraft gesetzten gesellschaftlichen Normen – speziell die strikte Trennung der Geschlechter – bleiben jedoch beim Sport gültig und werden durch Wettstreit eher verstärkt als spielerisch aufgebrochen.

Längst ist das Flair des festlichen Spiels, das die Menschen über alle Schranken vereint, beim Sport verlorengegangen. In Rio de Janeiro beispielsweise unterstützen die diversen sozialen Klassen – alteingesessene Reiche, aufstrebende Besitzbürger, die Armen, die Schwarzen, die Portugiesen – jeweils eigene Fußballklubs und zementieren so die Identität ihrer Gruppe. Ebenfalls augenfällig spiegelt in den USA der American Football die Grundwerte der Gesellschaft wider – und den Verlust der spielerisch lockernden Komponente

Demonstration lokaler Größe: Als „patriotische Aufführung“ hebt die Neonanzeige die folkloristische Einlage beim Turnier im Mädchen-Basketball hervor – alljährlicher Publikumsmagnet in Des Moines, der Hauptstadt des US-Bundesstaates Iowa

des festlichen Beisammenseins. Das Faustrecht der frühen Pioniere im „Wilden Westen" Amerikas ist beim Football in die geregelte Bahn ritualisierter Gewalt gelenkt; die Athleten tragen Rüstungen aus den Materialien des Weltraumzeitalters, die Rollen sind bis ins Kleinste spezialisiert, Trainer kommunizieren per Spitzentechnologie, mit Computern und Video werden die Strategien des Gegners analysiert. Bitterernste Konkurrenz herrscht aber nicht nur unter den harten Männern auf der Kampfbahn. Es ist der Traum unzähliger amerikanischer Mädchen, einmal „Cheerleader" zu sein, also die Schlachtrufe anzustimmen und die zackigen Paraden anzuführen, die für den Club Stimmung machen sollen. Die Chancen bei den Jungs steigen für ein Mädchen enorm, wenn es diese Position erreicht. Zweifellos: American Football verkörpert exakt den American way of life.

Genau wie musikalische Festspiele sind Sportfeste aber auch geeignet, Gefühle zu mobilisieren. Nicht nur in den USA wird dieser Umstand genutzt, um Heimatverbundenheit und Patriotismus zu schüren. Unverblümt zeigt sich das etwa in Iowa, einem eher betulichen Flächenstaat des Mittleren Westens. Das Leben bietet besonders im Winter herzlich wenig Abwechslung – fände da nicht alljährlich in der Hauptstadt Des Moines ein weithin gerühmtes Basketball-Turnier statt. Da treffen dann die „Sweet Sixteen" aufeinander – jene 16 Mädchenteams, die sich unter landesweit 500 Basketballclubs an den Gymnasien qualifizieren konnten. Ausführlich berichten Presse, Radio und Fernsehen über das Tournament, dessen Eröffnungszeremonie eindrücklich Geschichte und Werte des Staates Iowa verherrlicht. In der Halle drängen sich 15 000 Zuschauer, wenn die Spielerinnen in prächtigen Uniformen einmarschieren, Blumengestecke in der Hand, begleitet von Trainern in festlichem Aufzug. Eine Schülerband – gleichfalls herausgeputzt im förmlichen Frack – preist das kulturelle Erbe Iowas durch patriotische Lieder, die in „God bless America" gipfeln. Zur Ehrung der gesamten USA präsentieren 13 Mädchen mit Krönchen auf dem Haupt die Banner der Gründerstaaten, während der Conferencier die ersten Artikel der Verfassung deklamiert. Festliche Ergriffenheit kommt auf. Die Fahnenschwingerinnen für die Staaten des Mittleren Westens vollführen mit Federhauben und Kriegsbemalung einen Indianertanz, die des „Wilden Westens" zeigen sich mit Hüten und Holzgewehren, während die pazifische Region durch einen Hula-Hula in Baströckchen und Blumengirlanden gerühmt wird. Am lebenswertesten jedoch, verkündet der Moderator bei nunmehr stimmungsvoll gedämpfter Beleuchtung, ist es allein in einem Land: Iowa. Scheinwerfer richten sich auf die Fahne. Die Band intoniert den „Iowa Corn Song", inoffizielle Landeshymne für den „Maisstaat". Jetzt entrollt auch jede Repräsentantin der anderen 49 Staaten eine Iowa-Flagge. Mit bewegter Stimme erfleht der Conferencier schließlich Gottes Segen, und auf dem Hallenboden spreizt sich ein weiteres, riesiges Sternenbanner. Die Flaggenträgerinnen knieen nieder, und die Nationalhymne läßt alle Herzen in der Halle beben.

„Gottesfrieden" wenigstens für die Zeit des Sportfestes zu Ehren des Zeus signalisierte einst die Flamme im Hain von Olympia: Feierliches Entzünden anläßlich der Olympischen Spiele 1992

Die rührende Provinzposse von Iowa ist so einzigartig nicht. Überall auf der Welt werden sportliche Feste als Demonstration lokaler Größe zelebriert. Als willkommene Gelegenheit, nationales Prestige zu steigern, muß auch das größte „Fest der Völker" herhalten: die Olympischen Spiele der Neuzeit. Seit es sie gibt, setzen Regierungen die Athleten immer wieder auch für politische Ideale ein – ob es sich nun um die gigantische Selbstdarstellung der Nationalsozialisten im Berlin des Jahres 1936 handelt, um den Boykott Moskaus durch die USA und ihre Bundesgenossen 1980 oder die „Revanche" der sozialistischen Staaten, als sie 1984 keine Sportler nach Los Angeles entsandten.

Die Olympischen Spiele sind zum Schlachtfeld weltlicher Interessen geworden. Dabei erinnert ein zentrales Symbol an den ursprünglich kultischen Hintergrund: die „Ewige Flamme" des olympischen Feuers über den Wettkampfstätten. Fackelläufer tragen es feierlich ins Stadion, nachdem es oft um die halbe Welt transportiert worden ist. Entzündet wird die Fackel mittels eines Brennglases stets dort, wo die Idee dieses Sportfestes einstmals geboren wurde: im Hain von Olympia.

Im antiken Griechenland signalisierte das Feuer den „Gottesfrieden“ für die Dauer der Spiele, und allmählich hielten ihn die oft miteinander in Fehde liegenden Staaten auch ein. Aus ehedem lediglich regionalen Kultspielen zu Ehren des Zeus entwickelte sich so ein ungestörtes panhellenisches Fest, das alle vier Jahre begangen wurde. Schriftlich belegt sind die Spiele, seit Koroibos aus Elis im Jahre 776 v. Chr. den Stadionlauf gewann – von der mittlerweile wieder ausgegrabenen Startschwelle bis zum Ziel exakt 192,47 Meter lang. Die Athleten maßen sich zudem im Diskus- und Speerwerfen, Weitspringen und Ringen, schließlich auch im Faustkampf und hippologischen Disziplinen, dem Pferde- und Wagenrennen mit Vierergespann. Später kam noch der Waffenlauf hinzu und das Pankration, ein „Allkampf“, bei dem außer Beißen und Kratzen alles erlaubt war. Die Sieger erhielten einen Zweig vom heiligen Ölbaum beim Zeustempel – wegen seiner immergrünen Blätter und seines starken Duftes Sinnbild von Jugend und Unvergänglichkeit. Später erwarteten die Erfolgreichen in ihrer Heimat zusätzlich hohe Auszeichnungen: Steuerfreiheit auf Lebenszeit, Speisung auf Kosten der Stadt oder ein paar hundert Drachmen. Der kultische Hintergrund offenbarte sich auch darin, daß die Olympioniken spätestens seit den 16. Festspielen nackt in die Arena traten. Das kam nach hellenischem Verständnis einem Gottesdienst gleich – denn je ebenmäßiger und anmutiger ein Körper anzusehen ist, desto vollendeter spiegelt er die göttliche Idee der Schönheit wider. Erst der christliche Kaiser Theodosius setzte diesem „heidnischen Kult“ mit einem Verbot im Jahre 393 ein Ende.

Zahlreiche Sportarten, die heute lediglich oberflächlicher Unterhaltung oder aggressivem Wettkampf dienen, hatten einst sakrale Bedeutung. Das trifft besonders auf Ballspiele zu. Sie gehörten im Mittelalter mancherorts sogar zum christlichen Gottesdienst: Auf den Britischen Inseln tanzten die Geistlichen im Kreis und trieben den Ball mit Stöcken, während die Orgel aufspielte.

Die Entstehung kultischer Ballspiele liegt tief im Dunkel der Geschichte. Im Gebiet des heutigen Mexiko entdeckte ein Indianerstamm an der Golfküste bereits vor etwa 2300 Jahren, daß sich aus milchigem Baumsaft wunderbare Bälle herstellen lassen. Rasch gewann das Ballspiel im ganzen vorspanischen Mittelamerika an Popularität. Fresken, Reliefs und Tonfiguren zeugen von Spielern mit Knie- und Knöchelschützern. Baumwollwattierte Lederschürzen sollten zudem den Unterleib vor dem derben Aufprall der harten Gummikugel bewahren. Wurde der Ball zunächst mit Schlagstöcken befördert, so durfte er später – in der Variante des „Steißballspiels“ – nur mit Knie, Gesäß, Handgelenk oder Ellenbogen dirigiert werden.

Die alten Amerikaner wußten ihre Feste auf besondere Weise zu feiern. Zu Ehren ihrer Götter hielten sie sorgfältig vorbereitete Turniere ab, bei denen die Volksbelustigung durch Akrobaten, Tänze, Musik und Pantomime freilich nicht zu kurz kam. Erdwälle und

Den ewigen Kampf zwischen Licht und Finsternis spiegelten kultische Ballspiele im al Mittelamerika wider. Durch Steinringe wie den in Chichen Itzá galt es die Kautschukkug zu schlagen – eine Kunst, die auf präkolumbisc Spielstätte in Copan, Honduras, noch heute geübt wird

Mauern, oft zwischen sakralen Bauten, grenzten bis zu 60 Meter lange und etwa halb so breite Höfe ab, auf deren Rängen die Zuschauer Platz nahmen – Spielfelder, die sich in fast allen Kultzentren der Maya befanden und in Xochicalco sowie in Chichen Itzá besonders gut erhalten blieben. Steinringe ragten aus den Frontwänden heraus. Durch ihre engen Öffnungen mußte der Ball geschlagen werden – ein Spiel, in dem man den heutigen Korbball wiedererkennen kann. Die Zuschauer wetteten um Spangen und Armbänder aus Jade, Gold und Türkis, welche

Spieler gewinnen würden. Den Siegern winkten als Prämien kostbare Federn, Decken und Kleider, und sie wurden als Helden verehrt und gefeiert.

Bereits die Vorbereitungen zum Turnier hatten eine sakrale Aura. In der Nacht zuvor, berichtet der spanische Historiker Fray Diego Durán mit Schaudern, nahmen die Spieler „den Ball und legten ihn auf einen sauberen Teller und hängten den Lendenschurz und die Handschuhe, die sie zum Schutz beim Spiel benötigten, an einen Pfahl. Dann kauerten sie vor dieser Spielausrüstung nieder und schmückten alles und sprachen mit viel Andacht gewisse abergläubische Worte und Beschwörungen und baten so den Ball inständig, daß er ihnen an diesem Tage hold sein möge. Nach der Verrichtung des ruchlosen und ketzerischen Gebetes nahm man eine Handvoll Weihrauch und warf ihn in ein kleines Kohlenbecken und brachte ein Opfer vor dem Ball."

Auch alle anderen Einzelheiten verweisen auf die kultische Bedeutung des Ballsports. Das Spielfeld galt als heiliger Bezirk, die Kugel versinnbildlichte die Gestirne. Der Flug des Balls symbolisierte den Lauf von Sternen, Mond und Sonne, die nach der Vorstellung der alten Amerikaner durch Schlitze am Horizont auf- und untergingen. Die Löcher in den Steinringen imitierten diese kosmischen Öffnungen. Sieg oder Niederlage der Spieler spiegelten den ewigen Kampf zwischen Licht und Finsternis wider, bei dem einmal das Taggestirn die Oberhand behält, ein andermal das der Nacht. Ein altes Fresko an der Mauer eines solchen Sportplatzes zeigt es noch deutlicher: Da treibt ein Spieler einen merkwürdig ausgefransten Ball vor sich her, bei dem es sich offenbar um eine brennende Kugel handelt. Das immerwährende Ringen zwischen Hell und Dunkel wird noch heute demonstriert, wenn Angehörige des Stammes der Tarasken in Cuitzeo ausgetrocknete rundliche Magueywurzeln in Brand setzen: Der in die Luft geschlagene Ball hinterläßt einen Feuerschweif – in finsterer Nacht sinnfälliges Schauspiel.

Welcher Stellenwert sportlichem Wettkampf heutzutage beigemessen wird, läßt sich daran ablesen, daß nach einem Wochenende oft mehr als die Hälfte der Zeitung mit einschlägigen Nachrichten gefüllt ist. Ein seit Jahrtausenden ungebrochener Traditionsstrom zeigt sich auch darin, daß Aberglaube und Kult bei jedem Fußballfest fröhliche Urständ feiern: Um die Siegeschancen des 1. FC Köln zu erhöhen, wird schon mal ein Geißbock – das Vitalität verkörpernde Club-Maskottchen – hinter dem Tor angebunden, und Fußballstars wie Diego Maradona knieen nach erfolgreichem

Fußball als Turnier zwischen Gut und Böse: Argentiniens Starschütze Maradona bei der Anrufung Gottes

Spirituelle Kraft der Kreisfigur:
Rundtanz der Aka-Pygmäen am Kongo zur Beschwörung des Waldgeistes, dargestellt durch ein unter Palmblättern verborgenes Kind

Schuß nieder, um für die göttliche Gunst durch Küssen eines Kruzifixes zu danken.

Im alten Mexiko schmückten Flachreliefs mit Opferszenen die Ummauerungen des Spielfelds. Die Arenen unserer Tage, umrahmt von Banden mit Werbung, weisen auch hierzu Parallelen auf – Geldopfer von Sponsoren und Konsumenten halten die Spiele in Gang. Der Wettkampf zwischen zwei Mannschaften, gleich ob beim Fußball, Polo oder Hockey, hat nichts von seiner uralten Faszination eingebüßt: Wenn auch unbewußt, so fechten doch weiterhin zwei rituell gekleidete Parteien das archaische Turnier zwischen Gut und Böse aus.

Über das Bild der Bewegung und des Kreises ist das Ballspiel zudem eng mit dem Bedürfnis des Menschen verknüpft, aus besonderem Anlaß ein Fest zu machen. Starke spirituelle Kraft wird weithin dem Rundtanz zugebilligt. Um Jagdglück zu beschwören, kreisen beispielsweise Indianer in Nordbrasilien den Kaninchengeist Nakurú tanzend ein. Die Aka-Pygmäen am Kongo wiederum umtanzen ein unter Blättern verborgenes Kind, dessen reiner Geist beim Beutemachen Erfolg verheißt – Analogiezauber, die sich ebenso in unserem harmlosen Reigenspiel vom „Häschen in der Grube" abzeichnen.

Die Kreisfigur von Ball und Reigen drückt unübertrefflich eine tiefe Symbolik aus: Ohne Anfang und Ende, verkörpert sie die Ewigkeit. Unter diesem heiligen Zeichen stehen nahezu alle Feste der Völker – gilt es doch, den Alltag zu vergessen, wenigstens vorübergehend aus der Zeit auszubrechen. Das kräftige Sinnbild trägt entscheidend auch zum Zauber des Festspielplatzes von Verona bei: Die Stufen lagern in zahlreichen Ellipsen übereinander, während die gesamte Arena in den Erdkreis eingebettet ist, über dem sich schließlich das Rund des Himmels wölbt.

Fast eine Zeremonie: Ovationen in Verona

„Rigoletto" in Verona – das Beispiel vom Festspiel. Mehrmals im Verlaufe der vierstündigen Vorstellung geben Dirigent, Orchester und Sänger stürmischen Da Capo-Rufen nach, unterbrechen den Fortgang der Handlung und spielen eine Szene erneut. Die Menschen auf den Rängen gebärden sich, als seien sie Götter, die Kreaturen an Marionettenfäden dirigieren und den Fluß der Zeit aufhalten können – eine Macht, die jedes Publikum genießt.

Die Aufführung neigt sich dem Ende zu. Schließlich fällt Rigoletto unabwendbar den eigenen Ränken zum Opfer. Der Hofnarr hat gespielt und verloren – doch die Sympathie der Zuschauer gehört ihm. Denn nicht allein die Musik, der Gesang, der Ballwurf, die Tanzfigur sind schicksalhafte Partner, die es auf Festen kunstvoll zu beherrschen gilt. Der ganze Weg des Menschen zwischen Geburt und Tod bedeutet Wagnis und Risiko. In diesem begrenzten Freiraum also spielt sich, wie Goethe reimte, das Dasein ab: „Leben ist ein großes Fest, wenn's sich nicht berechnen läßt."

Ins Leben geboren

In vielen Gesellschaften gilt nicht die Geburt als das entscheidende Ereignis für einen Menschen, sondern die Reifeweihe des Jugendlichen zur endgültigen Aufnahme in die Gemeinschaft der Erwachsenen. Sie wird oft als ritueller Tod und zweite Geburt in eine neue Existenz gedeutet und mit Zeremonien voll verwickelter Symbolik markiert. Mitunter extrem harte Prüfungen gehören dazu – Mutproben, Hautritzungen, vor allem aber oft die genitale Beschneidung, die letzte Zweifel beseitigen soll, zu welchem Geschlecht ein junger Mensch gehört

um Menschen geweiht

Initiationen werden
oft als Tod und Wiedergeburt
empfunden. Kahlgeschoren, nur in Decken
gehüllt und von jungen Kriegern
umringt, zittern zwei halbwüchsige
Massai in Ostafrika ihrer
Beschneidung entgegen

Übergangsriten bereiten bei allen Völkern neue Lebensrollen vor: Festlich gekleidet treten Knaben in der chinesischen Provinz Yunnan zur Aufnahme in einen buddhistischen Mönchsorden an

Es ist geschafft! Nach vierjährigem Drill feiern die Kadetten der amerikanischen Militärakademie West Point die Aushändigung ihrer Diplome

Ein Mädchen wird zur Frau geweiht.
Vier Tage währt die Pubertätszeremonie der Apachen in Arizona. Gelber Blütenstaub verheißt Fruchtbarkeit – wie sie die Alten auch besingen: „Du wirst Mutter eines Volkes werden"

Mutproben können den sozialen Status steigern: Beim Volk der Dan an der Elfenbeinküste qualifizieren sich bereits vierjährige Mädchen für die Akrobatik beim Messertanz der Männer

Als Höhepunkt ihrer Kommunion dürfen junge Mädchen – hier aus Eichsfeld in der Rhön – erstmals das Abendmahl empfangen, also mit der Gemeinschaft der erwachsenen Gläubigen „kommunizieren“

Mangels schriftlicher Überlieferung spielen Gesang und Tanz für die australischen Ureinwohner eine besondere Rolle. Deshalb achten die Älteren bei der Initiation junger Aborigines streng darauf, daß sie den mythischen Fischtanz nach allen Regeln der Tradition zelebrieren

Alles Gute
um Ruhestand wünscht
Dir Abt. 475

Rituale erleichtern den
Übergang zwischen Lebensabschnitten –
bis ins hohe Alter hinein: Ruhestandsfeier in der
Voith-Maschinenfabrik in Heidenheim,
Baden-Württemberg

Im Schmelztiegel der Rassen und Kulturen Südamerikas vermengten sich der Yoruba-Glaube afrikanischer Sklaven, Katholizismus und indianische Kultur zur Candomblé-Religion – nicht mehr auszumachen, woher die Elemente des rituellen Schmucks an diesem Initianden in Brasilien stammen

„Männerbünde streben oft nach „Selbstveredelung". In die geheimen Zirkel und deren Rituale werden neue Mitglieder schrittweise eingeweiht. In dieser Freimaurerloge von Recklinghausen etwa schwört ein „Suchender" zwischen „Aufsehern", niemals die Geheimnisse der „Weltbruderkette" zu verraten

Vor den neuen Status
haben die Götter den Schmerz gesetzt:
Die Zeremonie des Zahnfeilens –
hier in der Fürstenfamilie von Ubud auf Bali –
macht Kinder zu Erwachsenen

Länger als ein Jahrzehnt
ziehen sich die Reifeweihen im Hochland von
Neuguinea hin, bevor in durchbohrten
Nasenwänden stolz die Rangabzeichen vollwertigen
Mannestums getragen werden dürfen

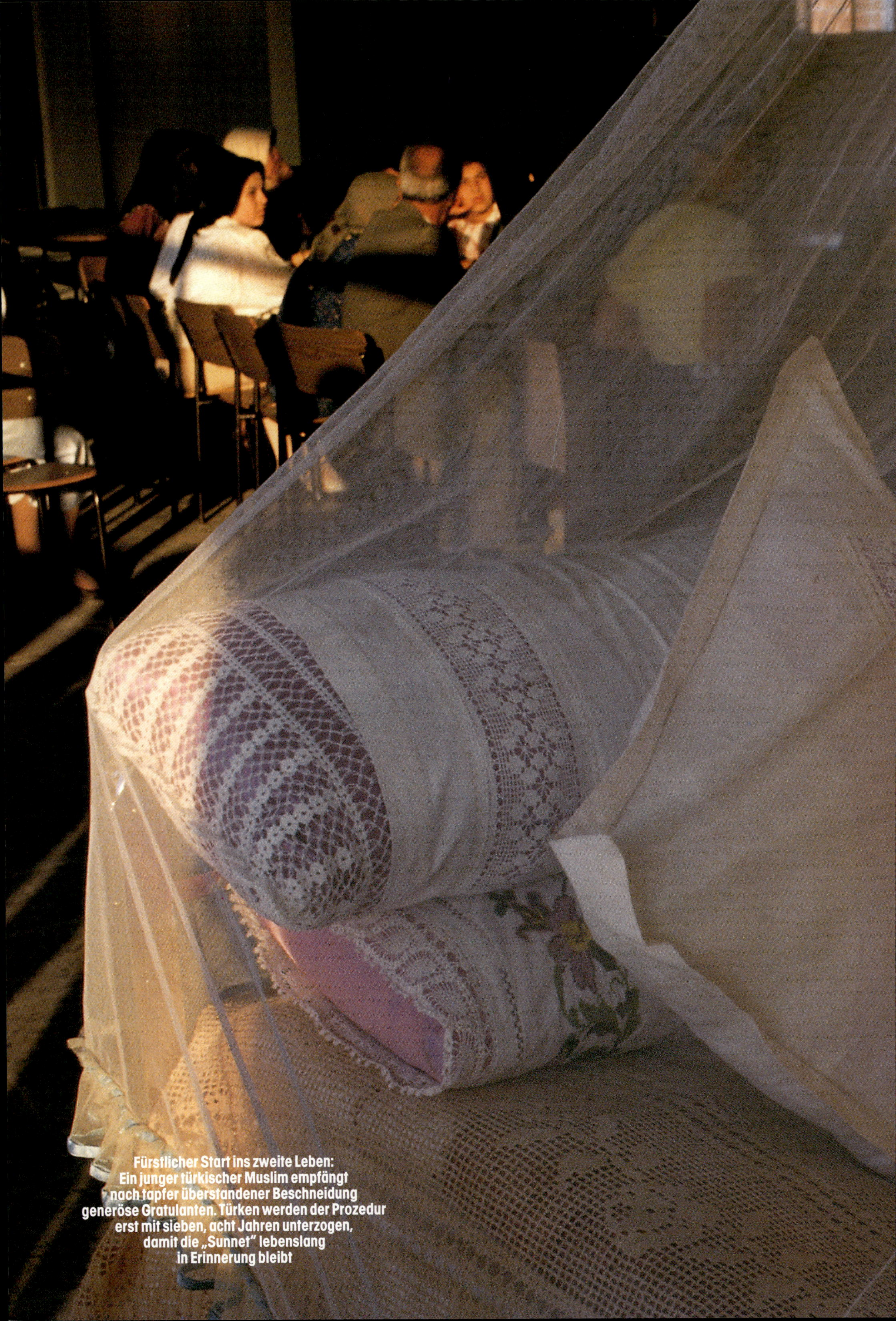

Fürstlicher Start ins zweite Leben:
Ein junger türkischer Muslim empfängt
nach tapfer überstandener Beschneidung
generöse Gratulanten. Türken werden der Prozedur
erst mit sieben, acht Jahren unterzogen,
damit die „Sunnet" lebenslang
in Erinnerung bleibt

Der Sonne entgegen: Ihr Himmelsweg möge seinen Erdenweg stets beleuchten – meint die Geste, mit der ein kleiner Schwarzfuß-Indianer emporgehoben wird. Erst mit diesem Zeremoniell erhält er seinen Namen und gilt als vollwertiger Mensch

Eine eiserne Pfeilspitze wird dem Beschneider vor das Gesicht gehalten. Ein Grüppchen unbeschnittener Knaben hat sich ein Herz gefaßt, umringt ihn in der Mitte des Dorfes. Zum Zeichen seiner Bereitschaft verstaut der Beschneider die Spitze in einem geflochtenen Behälter, in dem sich das Operationsmesser und zwei Kalebassen mit Arznei befinden. Damit ist das Signal für die Vorbereitungen zum Mukanda gegeben – einem traditionellen Ritual der in Angola beheimateten Tshokwe. Mukanda bezeichnet sowohl die Zeremonie als auch den abgeschiedenen Ort der feierlichen Handlung.

Noch im Dorf wird nun Maisbier gebraut und an Masken gebastelt. Die wichtigste zeigt auf dem Körper einer Heuschrecke das Horn der Pferde-Antilope. Sie verheißt Jagdglück und Fruchtbarkeit und verkörpert zugleich einen Ahnengeist. Die Wolken-Maske wiederum weist den Weg in das zwei bis drei Kilometer entfernte Lager im Busch. Auf halber Strecke dorthin wird ein Platz gerodet. Über einem frisch gefällten jungen Baum werden ein Hahn und danach eine Antilope geopfert – das symbolisiert den bevorstehenden Wechsel: Statt in der umhüteten Sphäre mit den Haustieren sollen die Jungen nun für eine bestimmte Zeit in der Wildnis leben.

Auf der Rodung wird die Nacht hindurch freizügig getanzt und gesungen. Die erwachsenen Männer liebkosen in aller Öffentlichkeit Busen und Geschlecht ihrer weiblichen Verwandten – Mütter, Schwestern, Cousinen, Schwägerinnen, Enkelinnen. So wird vor der anstehenden Prüfung noch einmal Ausgelassenheit demonstriert, vor der Trennung noch einmal Verbundenheit der Dorfgemeinschaft mit den Jungen.

Am nächsten Morgen wird den Knaben das Haar bis auf ein Büschel abrasiert. Sie statten dem Altar der Ahnen einen Besuch ab. Blätter, die der Wind herbeitrug, werden in einem Mörser zerstampft. Die Knaben nehmen eine Medizin ein, die sie Dorf und Mutter vergessen lassen und sie davor bewahren soll, im Lager zu sehr abzumagern.

Jetzt beginnt der Höhepunkt des Mukanda. Jeder Knabe wird von einem Paten zu der im Busch vorbereiteten Einfriedung getragen. Alle werden nun völlig kahlgeschoren, ihrer Kleider entledigt und mit gespreizten Beinen auf einen Stein gesetzt. Kushiha nimmt seinen Lauf – das „Töten".

Die Paten klemmen ihren Schützlingen ein Stück Holz zwischen die Zähne, damit sie sich vor Schmerzen nicht in die Zunge beißen. Um Unheil abzuwehren, steckt sich der Beschneider eine karminrote Feder ins Haar und schminkt seine Augenwinkel ebenso. Er nimmt das Messer aus dem Etui und entfernt mit routiniertem Schnitt die Musosha, wie die als weiblicher Teil geltende Vorhaut des Mannes heißt. Eine dünne Astgabel wird den Knaben

Beschnittener Massai: Großvater hilft ihm

Erschöpft, erleichtert und beinahe bewußtlos: Auf Laubbetten erholen sich frisch operierte Dowayo in Kamerun vom Trauma der Beschneidung

in die Hand gedrückt, damit sie ihr malträtiertes Organ hochhalten können. Die Wunde wird mit Medizin versorgt, eine Mischung aus pulverisiertem Schildkrötenpanzer mit der Asche verbrannter Penisstützen der vormalig Beschnittenen. Zwischen hölzernen Stäben wird ein Feuer entzündet, das während der einmonatigen Isolation keinesfalls verlöschen darf. Tänze, Maisbier und gemeinsame Mahlzeiten bringen die Initianden, die nun auch neue Namen erhalten haben, auf andere Gedanken. Sie lernen in der nächsten Zeit die Kunst des Gesangs und des Maskentanzes, werden in Pantomime unterrichtet, darin, wie ein Rad zu schlagen ist, und welche Listen bei der Jagd Erfolg verheißen. Manchmal läßt einer der Paten bei Einbruch der Dunkelheit ein Schwirrholz erklingen, das sich wie Löwengebrüll anhört und Frauen und Kinder abschrecken soll.

Die Vorbereitungen für das große Abschlußfest erfassen schließlich das ganze Buschlager. Die roten Fasern eines Strauches müssen weichgeklopft werden, um daraus einen Fransenrock anfertigen zu können. Aus Früchten werden Rasseln gebastelt, aus Ästen Klangstöcke und Messer. Eine Kopfbedeckung wird geflochten, in die ein Visier eingearbeitet ist, um die Beschnittenen zum Schutz vor bösen Mächten zu maskieren. Demselben Zweck dient die rote Körperbemalung. Schließlich taucht die Wolken-Maske auf, die den so lange Isolierten den Weg zurück in die Dorfgemeinschaft weisen soll. Auf der Rodung töten die Beschnittenen einen Hahn und verbergen sich dann hinter einer Sichtblende. In festlicher Tracht

Herausgeputzt mit Fellen und Antilopengehörn präsentieren sich Dowayo in ihrem Heimatdorf. Ein Krieger prüft nochmals den Status quo. Dann beginnt der Marsch ins abgelegene Beschneidungslager irgendwo in den Hügeln Kameruns

ziehen ihre Familien herbei. Die jungen Männer stimmen Gesänge an, bevor sie einzeln erscheinen und singend Pantomimen vorführen. Sie heimsen Geschenke ein und verbringen in der Nähe der Rodung eine letzte Nacht.

Am folgenden Morgen nehmen die jungen Männer ein Bad im Fluß und verbrennen ihre Kostüme. Eine weiße Hühnerfeder im Haar signalisiert, daß alles glücklich überstanden ist. Der Beschneider nimmt ihnen einen Eid ab: Nie werden sie verraten, was sich im Lager abspielte, nie das Geheimnis der Masken lüften. Ein winziger Pfeil mit Bogen wird ihnen überreicht – unverhohlenes Symbol, daß sie nun als wahre Männer ihre „Pfeile" abschießen können. Mit Maisbier trinken sie sich für den Rückweg Laune an. Ihre Familien erwarten sie schon – noch immer im Festtagsstaat. Die jungen Männer rufen ihre neuen Namen, und ihre Mütter antworten mit jubelndem Geschrei.

Das Rad des Lebens bewegt sich nicht nur bei den Tshokwe, sondern überall auf Erden, und oft mit festlichen Zäsuren. Kinder werden geboren, wachsen und werden erwachsen, gründen Familien und setzen selber Kinder in die Welt, bis sich über Altern und Sterben der Kreis schließt. In jeder Phase dieses Zyklus sehen die Menschen sich veränderten Erwartungen gegenüber – Jugendliche haben sich eben anders zu verhalten als Eheleute oder Greise. Wer von einem Lebensabschnitt in den nächsten wechseln will, muß deshalb auf einen schwierigen Übergang gefaßt sein. Hindernisse aus dem Weg zu räumen und Unsicherheiten zu beseitigen, Turbulenzen zu dämpfen und die Umstellung zu erleichtern – dazu dienen Bräuche wie das hier beispielhaft geschilderte Mukanda-Ritual, das die in Brüssel wirkende Afrikanistin Marie-Louise Bastin erforschte.

Gegenüber solch verwickelten Reifeweihen – deren Symbolik noch zu entschlüsseln sein wird – nehmen sich die mit Schwangerschaft und Geburt verknüpften Zeremonien vergleichsweise bescheiden aus. In vielen Gesellschaften wird die werdende Mutter zeitweilig von ihrer Familie getrennt. Während das Fetus heranwächst, sollen Riten die Schwangere vor Unheil schützen.

Zahlreiche Zauber beugen dabei schweren Geburten vor. Bei den Indianerstämmen Britisch-Kolumbiens beschwört ein schlüpfriges Symbol eine glatte Niederkunft: Werdende Mütter lassen von ihrem Nacken aus einen glatten Stein oder einen Aal unter ihrer Kleidung hindurch zu Boden rutschen. In Südostasien fällt Magiern in Frauenkleidung die Aufgabe zu, eine problemlose Geburt zu simulieren. In der Vorstellung vieler Völker weilen die Ungeborenen im Schoß der Mutter Erde, in Brunnen, Quellen, Weihern. Auch in unserem Kinderglauben bringt ja der Storch das neue Geschwisterchen aus dem Teich – wobei der lange Schnabel psychoanalytisch gern als Phallussymbol gedeutet wird. Zudem wiederholen noch heute Frauen bewußt den ursprünglichen Akt der Geburt des Lebens aus der Erde, indem sie zur Niederkunft die „Humi positio" einnehmen, eine Kauerstellung auf dem Boden.

Ziel jener Bräuche, die unmittelbar an die Geburt anschließen, ist allerdings in den seltensten Fällen, die junge Mutter körperlich zu schonen. Vielmehr geht es fast immer um die soziale Eingliederung von Mutter und Kind. Dabei gilt vor allem das Neugeborene als ein Fremdkörper, der der gewachsenen Gemeinschaft erst eingefügt werden muß. Die Nabelschnur zu durchschneiden und das Baby so von seiner vormaligen Umwelt loszulösen, wird zuweilen als ungenügend angesehen. Deshalb wird der Säugling in manchen Gesellschaf-

Angst läutert die Seele: Massai-Krieger schüchtern die Initianden vor der Prozedur ein

ten gar für einige Tage von seiner Mutter getrennt und einem anderen Mitglied seiner künftigen sozialen Gruppe zur Pflege anvertraut.

Ein recht ausgeklügeltes Geburtsritual pflegen streng traditionelle Familien in Japan. Bemerkt eine Frau, daß sie schwanger ist, enthält sie sich bestimmter Speisen, teils aus gesundheitlichen, teils aus übernatürlichen Gründen. Im fünften Monat legt sie einen besonderen Gürtel an, der in einem buddhistischen Kloster gefertigt und gesegnet wurde. Nach der Niederkunft muß sie ganze 33 Tage allein mit ihrer Hebamme verbringen. Durch den Blutfluß während der Geburt gilt die Wöchnerin als unrein, weshalb ihr manche Tätigkeiten im Haushalt untersagt sind und sie den Tempel nicht besuchen darf. Stattdessen beten Verwandte für das Wohl von Mutter und Kind. Um die Sonnengöttin nicht zu beleidigen, darf die Mutter nicht mit unverhülltem Kopf ins Freie gehen und es dürfen weder ihre Kleider noch die Windeln zum Trocknen in der Sonne hängen. Wasser und Lappen, mit denen die Wöchnerin gewaschen wurde, müssen vergraben werden. Diese Zeit der Isolation endet mit einer kultischen Reinigung: Über die Mutter und ihr Lager wird Salz verstreut. Salz ist im Glauben vieler Völker sowohl von exorzistischer Bedeutung – es wehrt der Fäulnis – als auch Medium des Gastrechts. Schließlich wird das Herdfeuer neu entfacht und durch ein zeremonielles Mahl die Beziehung zu Menschen und Göttern neu aufgenommen.

Wann die menschliche Existenz beginnt, definieren die Kulturen unterschiedlich. Selbst in naturwissenschaftlich so aufgeklärten Gesellschaften wie in Deutschland, Italien oder den USA ist diese Frage umstritten. Hier werden Abtreibungen oft mit der Begründung abgelehnt, menschliches Leben beginne bei der Befruchtung und sei von diesem Zeitpunkt an zu schützen. Solcher Auffassung sind auch die nordamerikanischen Cheyenne-Indianer: Eine Frau, die abgetrieben hat, wird als Mörderin bezeichnet. In anderen Kulturen hingegen gilt nicht einmal ein gesundes Neugeborenes als voller Mensch mit Recht auf Leben. Infantizid – das Töten von Säuglingen – war und ist eine weitverbreitete Praxis. Wird den kanadischen Eskimos während eines besonders harten Winters ein Kind geboren, können sie dieses aussetzen, ohne dafür verurteilt zu werden. Die indische Kaste der Rajputen wiederum schläfert häufig weibliche Neugeborene mit einem Kügelchen Opium ein, sofern noch kein männlicher Stammhalter da ist.

Im antiken Griechenland durften Eltern kränkliche oder sonst unerwünschte Kinder einfach am Straßenrand ablegen. Jeder Passant hatte das Recht, ein solches Findelkind mitzunehmen, nach Gutdünken aufzuziehen und später gar als Sklaven zu verkaufen – ein Schicksal, das Ödipus dazu verurteilte, unwissentlich die eigene Mutter zu heiraten. Bei den Eipo auf Irian Jaya, dem indonesischen Teil von Neuguinea, betrachtet die Mutter das auf dem Boden liegende Neugeborene zunächst, um dessen körperliche Verfassung abzuschätzen und sein Geschlecht zu erkennen. Wenn sie das Kind nicht annehmen will, nabelt sie es nicht ab, sondern hüllt es samt Nachgeburt in Farnblätter. Mit einer Rebe wird das Päckchen verschnürt und seinem Schicksal überlassen – also rituell in den Schoß der Mutter Erde zurückgegeben. Nur wenn eine Eipo-Frau ihr Kind vom Boden aufnimmt, stellt sie eine persönliche Beziehung zu ihm her.

Die Namensgebung bei den Hindu wird am zwölften Tag nach der Geburt zelebriert. Obgleich sie in England leben, befolgen diese Inder eine weitere heimatliche Tradition: Die Mutter gilt als unrein und ist nicht dabei

Im Qualm eines Kräuterfeuers „reinigt" eine australische Ureinwohnerin ihr neues Enkelkind: Segen von Mutter Erde und von der Mutter des Klans

Neugeborene zählen oft erst dann als vollwertige Erdenbürger, wenn sie einen Namen haben. Bei den Osage-Indianern Nordamerikas galt die Namensgebung als wichtigstes Ritual im ganzen Lebenslauf. Die Eltern warteten monatelang – bei einem kränkelnden Kind sogar bis zu einem Jahr –, bevor sie einen Nonhon-zhinga wählten, einen Repräsentanten aus dem Klan des Kindsvaters. Der rief die Vertreter der dreiundzwanzig anderen Osage-Klans zusammen. Waren alle in der Mysterienhütte der Dorfmitte versammelt, rezitierte jeder einzelne lange Gebete, um das Wohlwollen von Wa-kontah zu erflehen, des Gottes der Osage. Sodann wurde der Säugling von einem zum nächsten gereicht. Alle segneten das junge Stammesmitglied, manche besprenkelten es mit Parfum aus Wasser und Zedernharz. Das Baby erhielt jetzt, im Zentrum der Gemeinschaft, einen treffenden Namen. Zum Abschluß des Zeremoniells überreichte der Kindsvater jedem in der erlauchten Runde Geschenke. Für den kleinen Osage begann die Kindheit offiziell erst jetzt.

Viele Völker stellen den Kindern zu Beginn des Lebens Paten zur Seite. Die sollen den Eltern Hilfe und Entlastung sein. Überdies aber demonstrieren Patenschaften, daß ein Kind nicht allein der Familie gehört, sondern der ganzen kulturellen Gemeinschaft. Zahlreiche kultische Handlungen sind notwendig, um für den Lebensweg des neuen Erdenbürgers Schutz und Beistand zu erflehen.

- Die australischen Ureinwohner beschwören dies durch eine rituelle Beräucherung des Kleinen. Mutter und Großmutter entzün-

**Beim „Fest der unschuldigen Kinder"
in Nordspanien setzt ein erprobter Springer
über die Reihe der neuen Erdenbürger
in der Gemeinde. Der Sprung bedeutet Gefahr, die
sichere Landung verheißt Errettung vor allen
Fährnissen des späteren Lebens**

den ein Feuer aus trockenen Zweigen. Wasser und grüne Blätter sorgen reichlich für Qualm, bevor die Mutter ein wenig eigene Milch in die Flammen spritzt. Die Großmutter schaukelt das Kleine daraufhin vorsichtig im Rauch hin und her – eine reinigende Prozedur, die stabile Gesundheit verheißt.

- Unheil, wie es die Mordgelüste des Königs Herodes über die Altersgenossen des neugeborenen Jesus Christus brachten, soll ein Brauch abwehren, der im Nordspanischen praktiziert wird. In Castrillo de Murcia bei Burgos werden die Säuglinge des Ortes an einem bestimmten Tag im Freien nebeneinander auf einem großen Kissen abgelegt. Über ihre Köpfe hinweg macht ein Mann einen mächtigen Satz: El Colacho, ein Wesen aus dem Reich des Bösen. Der Sprung versinnbildlicht die Gefahr, die den kleinen Menschen droht, die sichere Landung hingegen verheißt einen behüteten Weg durchs Leben.

Die alljährliche Feier des eigenen Geburtstags ist kein allzu weit verbreiteter Brauch. Im alten Ägypten wurden lediglich die Geburtstage des Pharao und seiner Kinder festlich begangen, ebenso wie im antiken Rom die bedeutender Staatsmänner. Die frühen Christen lehnten die Feier des Geburtstags als heidnisch ab. Denn den Anhängern des Jesus von Nazareth gilt ja das irdische Leben als lediglich vorläufig. Wahres Leben beginnt erst nach dem Tod, im himmlischen Reich Gottvaters. Anlaß zum Feiern waren deshalb eher die Todestage – speziell die von bedeutenden Märtyrern oder Heiligen. Noch im Jahre 245 verboten Kirchenobere Mußmaßungen über das Datum der Christgeburt, da der Heiland nicht mit einem ägyptischen Herrscher zu vergleichen sei. Später lockerten sich die Sitten, und in dem Maße, wie Weihnachten als Fest der Christgeburt schließlich doch an Popularität gewann, schmuggelten sich auch Feiern des eigenen Geburtstags in den Jahreskalender. Zunächst begingen allerdings nur vornehme Bürger die Wiederkehr des Tages, an dem sie das Licht der Welt erblickt hatten. Erst im 19.

Kindergeburtstag – ein junger Brauch auch in westlichen Gesellschaften. Viele Völker begehen ihn gar nicht

Jahrhundert begann auch das einfache Volk den eigenen Geburtstag zu feiern. Lange konkurrierte dieser Termin allerdings mit dem Namenstag. Aus dem Saarland ist der erhellende Spruch überliefert: „Jedes Kalb hat einen Geburtstag, aber noch lange keinen Namenstag."

Unter allen Stationen des Lebenslaufes gestaltet sich der Wechsel zwischen Kindheit und Erwachsenenalter in allen Gesellschaften besonders heikel, fällt er doch mit einer körperlich und seelisch äußerst instabilen Phase zusammen: der Pubertät. Für Mädchen ist die deutlichste Zäsur dieser Zeit die erste Monatsblutung, die Menarche. Bei Jungen vollzieht sich der Übergang weniger markant – sie werden allmählich kräftiger, behaarter und machen einen Stimmbruch durch. Die Geschlechtsreife geht der vollen körperlichen und sozialen Reife voraus. Schwankende Gefühle sowie Konflikte mit der Familie sind deshalb während der Pubertät an der Tagesordnung. Ausgefeilte Zeremonien sollen den Mädchen und Jungen die Übernahme ihrer neuen Rollen als Frauen und Männer erleichtern. Durch die verschiedenen Kulturen aller Zeiten haben diese Initiationen – benannt nach dem lateinischen „initium" für „Einweihung" – mannigfache Formen angenommen, manche weit entfernt von dem eingangs beschriebenen urtümlichen Fest der Tshokwe.

Zu den vergleichsweise simplen Bräuchen, ganz im Heute verwurzelt, kann die Prom-Nacht gerechnet werden, für die siebzehn- bis achtzehnjährigen Schüler in den USA das Ereignis des Jahres

Katerfrühstück nach der „Prom" – der ersten Nacht, in der Amerikas Teenager dem Elternhaus offiziell fernbleiben dürfen: Ein Bild fürs Familienalbum in Scottsdale, Arizona

schlechthin. Einen Monat zuvor bittet jeder der Jungen ein Mädchen, an jenem Abend sein „date" zu sein. Wenn sie selbst oder der Vater keinen Wagen mindestens der gehobenen Mittelklasse besitzen, bitten die Jungen Freunde oder Verwandte, ihnen für „die Prom" ihre eindrucksvolle Karosse zu leihen. Wer eine dicke Limousine samt Fahrer mietet, dem wird allerdings die meiste Anerkennung gezollt.

Die jungen Frauen verbringen den Morgen vor der Prom im Schönheitssalon, bevor sie nachmittags ihr eigens erstandenes teures Abendkleid anlegen. In feschem – und gewöhnlich gemietetem – Frack holt sie der Kavalier von zu Hause ab und führt sie in ein vornehmes Restaurant – je weiter weg vom Heimatort, desto besser.

Am späten Abend wird das von der Schule ausgerichtete Tanzfest besucht. Den wiederholten Aufforderungen des Conferenciers, sich auf dem Parkett gemeinsam zu zeigen – „Now promenade!" – verdankt die Prom ihren Namen. Die meisten jungen Leute empfinden diesen offiziellen Teil allerdings eher als Pflichtübung, da sie hier unter den Augen der gesamten Öffentlichkeit stehen. Größerer Beliebtheit erfreuen sich die anschließenden privaten Parties – bei denen Alkohol in Strömen fließt und häufig Marihuana und Kokain konsumiert werden. Ein feines Frühstück rundet die Prom ab – die erste Nacht, in der den jungen Leuten offiziell das Recht zugestanden war, dem Elternhaus fernzubleiben.

Durchgangsriten während der Jugendzeit beziehen sich allerdings nicht ausschließlich auf die geschlechtliche Reife. Vielmehr wird der nächsten sozialen Stufe oft größere Bedeutung beigemessen. Ein Ritus, der die Übernahme von Rechten und Pflichten der Erwachsenen markieren soll, findet für jüdische Knaben am Sabbat nach ihrem dreizehnten Geburtstag statt. Ein Jahr lang werden die Jungen darauf vorbereitet, daß sie zum ersten Male in der Synagoge aus den heiligen Schriften vorsingen und damit ein Bar Mitzvah werden, ein „Sohn des Gebotes". Vater oder Großvater beschenken das künftige Gemeindeglied mit einem Tallith – dem Gebetsschal – und lehren, wie die Tephillin auf dem Kopf und am Arm zu tragen sind – zwei kleine Lederschachteln, die Auszüge der fünf Bücher Mose enthalten. Im Anschluß an die Rezitation hält der Rabbi eine Rede auf den frischgebackenen Bar Mitzvah und überreicht ihm ein Gebetsbuch. Seine Eltern laden zum Kiddush ein, einem Imbiß in der Halle der Synagoge. Voll erwachsen wird der Bar Mitzvah jedoch erst, wenn er einen eigenen Hausstand gründet.

Die in alle Winde zerstreuten Mitglieder des auserwählten Volkes Israel widerstehen besonders der Gefahr, sich ihrer jeweiligen Umgebung anzupassen und damit jüdische Eigenarten zu verlieren. Ihre religiösen Führer versuchten stets, einer solchen Verwässerung durch erzieherische Rituale vorzubeugen – das Bar Mitzvah gehört dazu. In der Geschichte des Judentums ist diese Zeremonie relativ neu und erst seit dem 15. Jahrhundert überliefert.

Ohnehin muß nicht jeder Ritus in grauer Vorzeit geprägt sein – wenngleich seine Idee dort wur-

Von nun an ein „Sohn des Gebotes": Am Sabbat nach seinem dreizehnten Geburtstag liest der jüdische Junge erstmals öffentlich aus der Thora. Ein Zeigestift hilft durch die Zeilen und bewahrt die heilige Rolle vor profaner Berührung

zelt. Beispielsweise erst seit fünfzig Jahren praktizieren reformorientierte jüdische Gemeinden in den USA und Großbritannien eine dem Bar Mitzvah vergleichbare Zeremonie für Mädchen. Die etwa Zwölfjährigen werden zu einer Bat Mitzvah gemacht, einer „Tochter des Gebotes". Im Jahr der Vorbereitung erlernen sie vielfältige häusliche Regeln – was von Säugetieren, Geflügel und Fisch eßbar ist, wie koscher gekocht wird und welche traditionellen Häkelmuster Tischdecken zieren sollen oder die Schädelkappen für den Vater und die Brüder. Nur in ausgesprochen fortschrittlichen Gemeinden ähnelt die Bat Mitzvah der Bar Mitzvah; dort dürfen die Mädchen ebenfalls am Sabbat und in der Synagoge aus der Thora rezitieren. Meist jedoch findet die Zeremonie sonntags und außerhalb der Synagoge statt, da das orthodoxe Judentum Frauen nicht erlaubt, öffentlich aus den heiligen Schriften zu lesen. So ist die Bat Mitzvah zwar äußerlich eine Reaktion auf politische Bestrebungen nach Gleichstellung der Geschlechter, doch kehrt der neue Brauch eher die althergebrachten Unterschiede zwischen Mann und Frau heraus.

Die Vergangenheit muß Haare lassen, wenn der sprichwörtliche Ledernacken freigeschoren wird

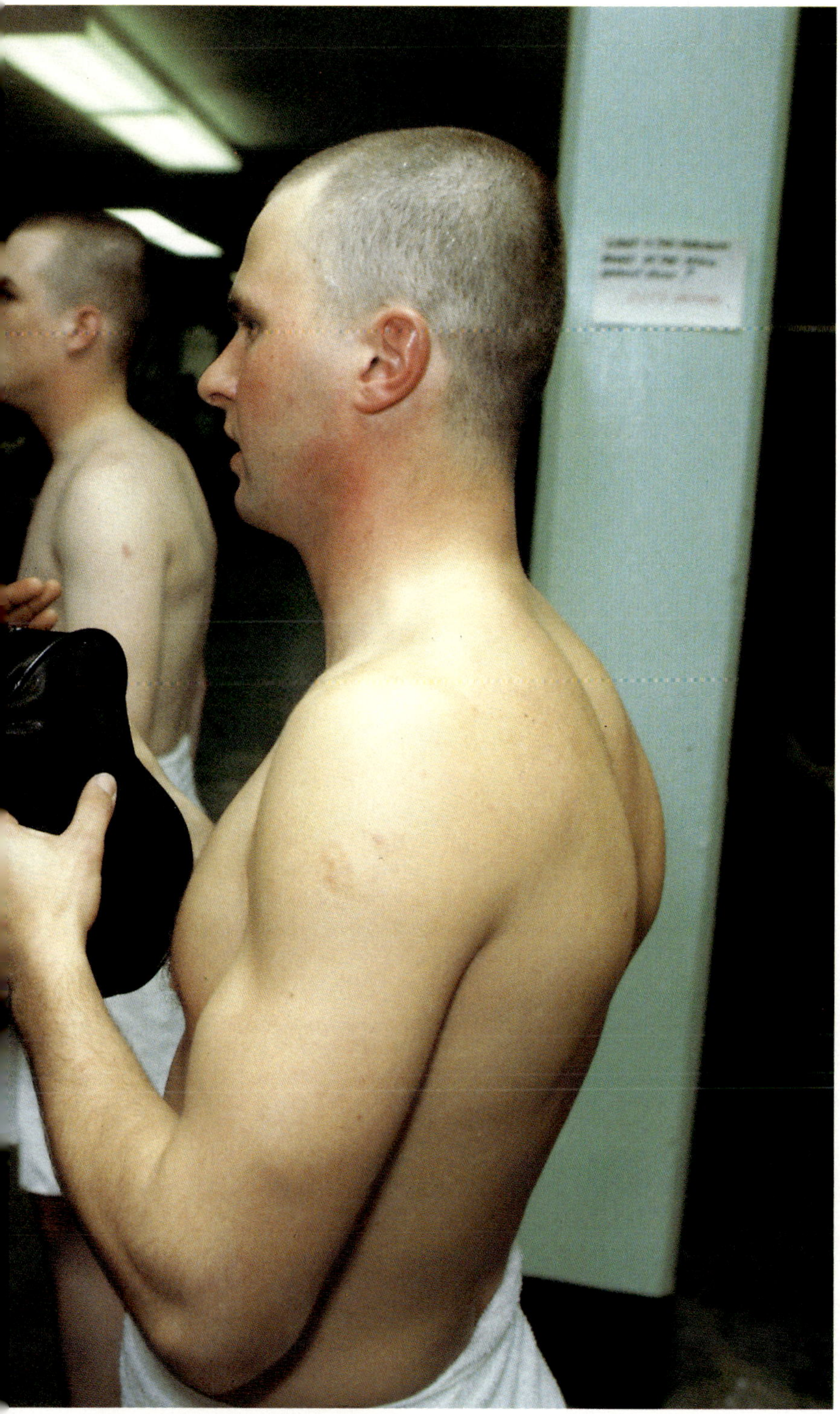

Zu den verkappten Initiationsriten gehört die rabiate Gehirnwäsche, der die Rekruten der amerikanischen „Ledernacken" unterzogen werden – hier im Ausbildungslager Parrish Island, South Carolina

Der französische Volkskundler Arnold van Gennep (1873–1957) bemerkte, daß sich die mit dem Statuswechsel eines Menschen verbundenen Rituale weltweit ähneln. In seinem Werk „Les rites de passage" aus dem Jahre 1909 unterschied er drei Perioden: Loslösung vom alten Status (franz. séparation), die Übergangszeit (marge) sowie die Aufnahme in die neue Rolle (agrégation). Vor, auf und hinter der Schwelle – so läßt sich der Dreischritt charakterisieren.

Einzelheiten des Ablaufs sind beispielsweise schon zu erkennen, wenn Rekruten in die Armee eingegliedert werden – auch das ein verkappter Initiationsritus. Zunächst trennt man die jungen Männer von Heimat und Familie und beraubt sie ihrer vormaligen Identität: Sie müssen alles Eigentum abgeben, ihr Haar wird gestutzt und sie werden gleichförmig eingekleidet – uniformiert. Der Kontakt zur Außenwelt ist nahezu völlig abgebrochen – die Rekruten werden kaserniert. Während der Übergangszeit nehmen sie niedrige Ränge ein. Sie werden einer Art Gehirnwäsche unterzogen, wie dumme Jungen behandelt und müssen ihnen unbekannte Regeln und Fertigkeiten pauken. Zum Abschluß wird den frischgebackenen Soldaten ein militärischer Rang zuerkannt und sie dürfen Heimaturlaub nehmen. Drastisch kennzeichnet der Elite-Drill der US-amerikanischen Ledernacken die Verhältnisse: Die Anwärter werden regelrecht durch die Mühle der Grundausbildung gedreht, um aus dem Ergebnis erst Männer formen zu können.

Der amerikanische Symbolforscher Victor Turner (1920–1983)

mißt dem zweiten Stadium von Durchgangsriten, dem der Übergangszeit, besondere Bedeutung für die soziale Ordnung bei. Alle Initianden machen ja die gleichen, oft leidvollen Grenzerfahrungen in dieser Phase durch, die Liminalis genannt wird – nach dem lateinischen Wort „limen" für „Schwelle". Da die Gemeinschaft der jungen Menschen vor der Weihe keine etablierte Hierarchie kennt, bilden sie eine Kommunität. Aber auch nach der endgültigen Eingliederung in die Gesellschaft bleiben gemeinsam Geweihte in der Regel miteinander verbunden – oft lebenslang. Damit tragen sie entscheidend zur Stabilität der sozialen Struktur bei. Dieses Gemeinschaftsgefühl dokumentieren zahlreiche „goldene Jubiläen" anläßlich 50 Jahre zurückliegender Konfirmationen oder Schulabgänge. Meist währt der Schwebezustand der Liminalis nur kurz. In welchem Maße eine Kultur für Veränderungen offen ist, mißt sich nicht zuletzt daran, wieviele ihrer Mitglieder dauerhafte Grenzgänger werden, permanente Bewohner der Schwelle – zu denen etwa die Schamanen, Poeten, Narren und Rebellen zählen.

Viele Kulturen vergleichen die mit einem Statuswechsel verknüpften Riten dem Sterben der vormaligen Existenz. Oft symbolisiert ein Haarschnitt das Abtrennen und Abtöten – bei Rekruten ebenso wie bei Novizen religiöser Orden. Im Hinduismus und im orthodoxen Judentum fallen die ersten Locken während einer Zeremonie, die Kleinkinder zu Knaben erklärt. Eine neue soziale Rolle kommt meist klar in Kleidung, Schmuck oder Körperbemalung zum Ausdruck. Durch Mutproben, besonders aber schmerzhafte Prozeduren – Ohrlochstechen, Beschneiden, Prügel, Hunger und Durst – wird festgestellt, ob jemandem der neue Status zukommt. Bleibende Narben oder Tätowierungen bestätigen erworbene Privilegien. Jugendlichen Balinesen werden die Eckzähne abgefeilt: Erst, wenn das Lächeln weniger einem tierischen Zähnefletschen gleicht, hat ein junger Mensch die primitiven Vorgaben der Natur hinter sich gelassen und nimmt seinen Platz in der Kulturwelt der Erwachsenen ein. Initiationen sind mithin stets eine „Konfirmation". Denn „confirmatio" bedeutet schlicht „Befestigung" – eben eines neuen Status.

Bei westafrikanischen Völkern gilt die Skarifizierung – die Hautritzung – als Voraussetzung zur feierlichen Aufnahme in den

Erstes Haareschneiden für jüdische Knaben am heiligen Grab Davids auf dem Berg Zion: Symbolisches Abtrennen des kindlichen Lebensabschnittes

Junge Wayapi mit ausgeheilten Ritzungen

Auf absonderliche Weise entstehen die Stirnmale der Wayapi-Indianer in Französisch-Guayana: Angesetzte Ameisen beißen Wunden in die Haut. Die schmerzhafte Prozedur gilt als Mutprobe schon in jüngstem Alter

„Poro", die Gesellschaft der erwachsenen Männer. Es ist symbolträchtige Logik, daß ein Schmied die Haken und halbmondförmigen Messer für die Manipulation herstellt – wird mit diesen Instrumenten doch rituell ein neuer Mensch geschmiedet. Die äußerst schmerzhafte Hautritzung im Alter von sieben bis fünfzehn Jahren wird deutlich als „Das Essen menschlicher Wesen" bezeichnet. Den Initianden werden die Kleider weggenommen; sie erhalten sie auch beim Verlassen des Buschlagers, in dem die Zeremonie stattfindet, nicht zurück – denn es sind nun „we a ga" – „Kleider für die Toten". Die frisch Geritzten gelten als neue Menschen und tragen jetzt einen anderen Namen. Bei der Rückkehr ins Dorf geben sie deshalb zunächst vor, Verwandte und Freunde nicht wiederzuerkennen. Die Symbolik findet hier eine konsequente Bestätigung: Kann das Loslösen vom alten Status und die Übergangszeit als ritueller Tod gedeutet werden, so entspricht der dritte Schritt eines Durchgangsrituals – das Einnehmen der neuen Rolle – einer Wiedergeburt.

Tod und Wiedergeburt sind also zentrale Themen von Reifeweihen. Bei der Initiation wird zunächst die Rückkehr in das ursprüngliche Dunkel wiederholt, oft durch Sinnbilder des schmerzlichen Verschlungenwerdens. Bei den Dowayo in Kamerun jagen ältere Männer den nackten Initianden auf ihrem Weg ins Beschneidungslager Furcht und Schrecken ein, indem sie aus einem Hinterhalt knurren wie Leoparden beim Angriff. Bei den afrikanischen Stämmen der Mandja und Banda werden die Initianden in einer Hütte gepeitscht

Sterben, um neu geboren zu werden – darauf zielen Übergangsriten. Afrikanische Pygmäen verschließen demonstrativ ihren Mund: „Totschweigen" der Vergangenheit. Bei einer Reifeweihe in Neuguinea wird ein Knabe wie ein Baby herumgetragen: Sinnbild nochmaliger Geburt. Initianden in Kamerun übermalen das „alte" Gesicht der früheren Existenz

und gefoltert. Eine schaurige Stimme erklärt ihnen dabei, sie befänden sich im Leib des Ungeheuers Ngakola und würden gerade verdaut – um dann, gänzlich erneuert, wieder ausgespieen zu werden.

Ein Nachhall solcher Symbolik von Eingesperrtsein und Wiedererscheinen hat sich auch in der christlichen Taufe erhalten. Rituelle Tauchbäder waren bereits in vorchristlichen Kulturen üblich und galten als Rückkehr in den vom Lebenswasser erfüllten Leib der göttlichen Urmutter. Noch eine Bibelillustration aus dem 11. Jahrhundert stellt die Taufe plastisch als Kopfsprung in ein riesiges Ei dar. Die Bibel berichtet, daß Johannes der Täufer das Ritual an dem bereits erwachsenen Jesus vollzog. Der stieg dazu in die Fluten des Jordan, in denen – wie sakrale Gemälde drastisch zeigen – allerlei bedrohliche Monster herumschwammen.

Eintauchen löst nicht nur den alten Menschen symbolisch auf; die Taufe gilt zudem als Wiederholung der Sintflut, die alles Böse vernichtet. Daß mit dem Taufwasser die Sünden abgewaschen werden, ist ein weiterer Schnörkel der Interpretation. Da Adam nach dem Sündenfall sich seiner Nacktheit

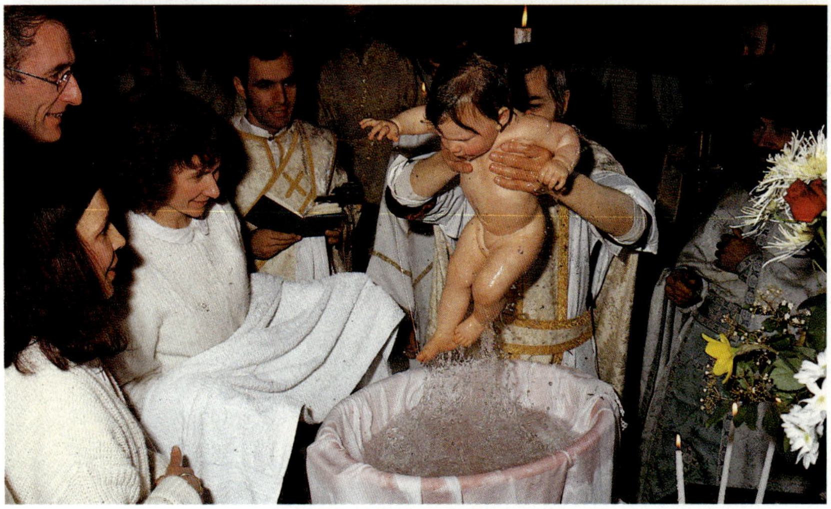

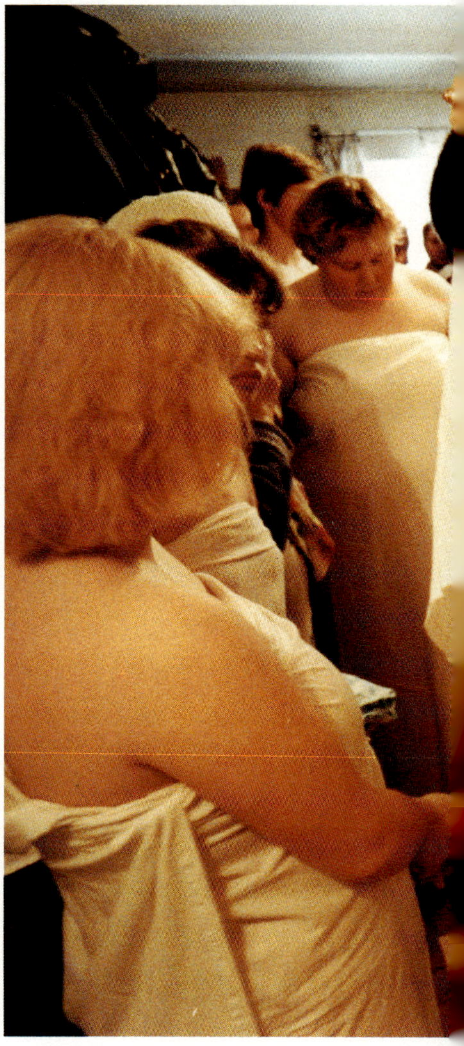

Ob Tauchbad oder Taufbecken: Ertränken der vormaligen Existenz und Abwaschen der Sünden sind bedeutsame Sinnbilder christlicher Lebensführung – im protestantischen Amerika bei den Baptisten ebenso wie in byzantinisch geprägten Ländern Europas oder im orthodoxen Rußland

schämte, zog er Kleider an. Wenn Täuflinge ihre Kleidung ablegen, stellen sie indes die paradiesische Unschuld wieder her. Da das Untertauchen des ganzen Körpers sowohl in wasserarmen Gegenden wie auch in den kleinen Taufbekken der Kirchen kaum möglich war, beschränkte sich die Zeremonie bald auf das Benetzen des Kopfes mit Wasser. Wenn das Baby dabei laut weint, gilt das als gutes Omen – wiederholt es während dieser zweiten Geburt doch dann das Schreien bei seiner ersten.

Ausdrücklich bedient sich, wie die heiligen Schriften des Aitareya-Brahmana lehren, das altindische Opfer der Symbolik von Tod und Wiedergeburt. Um nach Ende seines irdischen Lebens bei den Göttern wohnen zu dürfen, muß der Opfernde in einen ungeborenen Zustand versetzt werden: „Die Priester verwandeln denjenigen, dem sie die Weihe geben, in einen Embryo. Sie besprengen ihn mit Wasser: Das Wasser ist der männliche Samen. Sie lassen ihn in ein besonderes Gehäuse gehen: Das Gehäuse ist die Gebärmutter dessen, der die Weihe macht. Sie bedecken ihn mit einem Gewand: Das Gewand ist die Fruchthaut. Er hat die Fäuste geballt, denn der Embryo hat die Fäuste geballt, solange er im Schoß ist. Er behält sein Gewand an, wenn er ins Bad steigt, weil das Kind mit der Fruchthaut geboren wird."

Völkerkundler, Anthropologen und Psychoanalytiker haben sich lange den Kopf zerbrochen, warum in den verschiedenen Gesellschaften Männer wesentlich häufiger als Frauen Reifeweihen unterzogen werden. Vermutlich hängt das damit zusammen, daß Männer ein größeres Problem mit ihrer „Selbstfindung" haben. Dem weiblichen Geschlecht werden klare Vorgaben für die künftige Identität in die Wiege gelegt: Sobald ein Mädchen herangewachsen ist, setzt seine Monatsblutung sozusagen automatisch ein, und meist folgen bald Schwangerschaft, Niederkunft und Stillzeit. Mütter können sich in die Seelenwelt von Töchtern leicht einfinden und ihnen das Gefühl vermitteln, auf dem richtigen Weg zu sein. Die Entwicklung von Söhnen kann so geradlinig nicht verlaufen – irgendwann müssen sie erkennbar „anders" werden, denn ihre Lebensaufgabe ist weit weniger offensichtlich.

In prähistorischer Zeit dürften die Menschen nicht einmal verstanden haben, wie Geschlechtsverkehr und Befruchtung zusammenhängen. Im Zentrum des Soziallebens standen deshalb die Mütter; die Verwandtschaft bestimmte sich matrilinear. Zwar haben Anthropologen immer wieder herausgestrichen, welche Bedeutung die männliche Jagd auf Großwild für archaische Gesellschaften hatte. Nach heutiger Kenntnis ist allerdings nicht klar, ob Beutezüge der Männer die Existenz der Gruppe entscheidend sicherten. Das Sammeln von Nahrung durch Frauen war für das Überleben genauso unverzichtbar – das jedenfalls legen Studien an den wenigen bis heute überlebenden Jäger- und Sammlervölkern nahe, zu denen etwa die Pygmäen Zentralafrikas und die Buschleute der Kalahari zählen.

In der mutterzentrierten Frühzeit dürften Männer sich deshalb nicht selten als minderwertig empfunden und versucht haben, ihren eigenen Status hochzuspielen – die Vaterschaft aufzuwerten, die Abstammung also patrilinear zu definieren. Daß dieser Wechsel vom „schwachen" zum „starken" Geschlecht gelang, spiegelt sich darin wider, daß heute weltweit Väter als Familienoberhäupter gelten. Männer profilieren sich zudem durch geheime Bünde, von denen Frauen ausgeschlossen bleiben. Die Ursprünge von Schützenvereinen, Fußball-Fanclubs, studentischen Burschenschaften, Freimaurern oder der Mafia dürften weit zurückreichen. Solche maskulin bestimmten Bünde sind nicht zuletzt deshalb attraktiv, weil sie den Mitgliedern das Gefühl vermitteln, an besonders wichtigen Aktivitäten teilzuhaben. Das Lebensnotwendige zu besorgen – sich in Haus und Hof herumzuplagen und Kinder aufzuziehen –, mag zwar unverzichtbar sein. Tieferen „Sinn" stiften jedoch die Zusammenkünfte ausschließlich mit anderen Angehörigen des starken Geschlechts. Rituale, deren Bedeutung nicht mehr hinterfragt wird, sichern die Beständigkeit von

Männerbünden, gleich, ob sie religiösen, militärischen oder akademischen Charakters sind. Der Kult macht das „Männerhaus" attraktiv – jenen Ort, wo die Schädel besiegter Feinde aufbewahrt werden, die Jagdtrophäen, Wimpel und Flaggen, Pokale und Urkunden, wo palavert und gezecht wird.

Zu einem regelrechten Geisterbund verschworen sich die Männer der Kloketen, einem Indianerstamm Feuerlands. Dessen Ziel war es, Frauen zu ängstigen. Das Aufnahmeritual gipfelte in der Offenbarung, daß furchterregende Mächte gar nicht existieren: „Ihr wißt es jetzt, was die ‚Geister' sind: ein Spiel der Männer! Hütet euch, den Weibern etwas davon zu verraten. Der letzte unserer Männer muß dieses Geheimnis mitnehmen in sein Grab! Nie soll es eine Frau erfahren, daß wir Männer hier in der großen Hütte die Geisterrolle spielen, uns bemalen, die Masken aufsetzen und derart hergerichtet heraustreten, damit die Leute bei der Wohnhütte uns sehen und in Angst geraten. Hütet dieses Geheimnis!"

In der Inselwelt Melanesiens wird noch heute der Dukduk-Geheimbund gefürchtet. Dessen Mitglieder schlüpfen in kegelförmige

Männerbünde vermitteln durch exklusive Aktivitäten ein Gefühl besonderer Stärke: Der studentischen Burschenschaft – hier in Heidelberg – ebenso wie der verschworenen Gemeinschaft der Baining auf einer Insel vor Neuguinea mit ihren furchteinflößenden Masken und auch der weltweiten Bruderschaft der „Schlaraffia", in der sich allwöchentlich Bürger von Rang und Ansehen einvernehmlich zu Narren verwandeln

Maskenanzüge, die lediglich die Beine unbedeckt lassen. Es wird darauf geachtet, daß nur solche Männer dabei sind, die nicht an individuellen Merkmalen der Beine erkannt werden können. Die Reichsten und Mächtigsten des Bundes dürfen in den ranghöchsten Masken auftreten. Sie erkaufen sich dieses Recht durch viel „Tabu" – ein Geld aus den dünngeschliffenen Plättchen des Gehäuses einer Meeresschnecke. Die Aufnahme erfolgt meist während einer Feier für die Toten des Klans, an die sich ein wochenlanges Fest anschließt. Die Masken ziehen dann gemeinsam über die Gehöfte und treiben Schneckengeld ein. Vor allem sind sie darauf aus, Frauen zu erniedrigen und auszunehmen. Auch Geschlechtsgenossen, die nicht Mitglied sind, werden verächtlich als „Weiber" tituliert. Die Frauen geben zumindest vor, daß sie nicht wissen, was unter der Maske steckt. Aber selbst, wenn sie das böse Spiel durchschaut haben – allein die vor ihnen geheimgehaltenen Zaubersprüche können die Masken wirksam machen.

Da Frauen ein ungleich geringeres Problem mit ihrer Identität haben, schließen sie sich weitaus seltener zusammen – etwa in Kaffeekränzchen, Spinnstuben, Mütter- und Hebammenrunden, die überdies meist traditionelle Rollen widerspiegeln. Dabei zeugt ein bis ins 20. Jahrhundert hinein lebendig gebliebener Brauch aus Kortsch in Südtirol von dem Bemühen der Frauen, die in ihrer Heimlichkeit eigenständigen Männer wieder zu domestizieren: Eine Gruppe Frauen umstellt den keuleschwingenden „wilden Mann", bindet ihn

Weitaus seltener als Männer bleiben Frauen „unter sich": Wartende in einer Initiationshütte im östlichen Hochland von Neuguinea; Prozession frisch geweihter Somba-Frauen im westafrikanischen Benin

mit Seidenbändern – Zeichen ehelichen Bandes wie häuslicher Flechtarbeit – und führt ihn heim.

Um ihre Überlegenheit zu sichern, genügt es offenbar nicht, daß Männer die Frauen in Schach halten. Sie versuchen zudem, die Unterschiede zwischen den Geschlechtern scharf herauszuarbeiten. Zu dieser Logik gehört vielleicht auch, daß Männer ihre Geschlechtsorgane beschneiden. So besteht ein Dowayo-Mann auf dem Entfernen seiner Vorhaut, um nicht „feucht" wie eine Frau zu sein. Mit der Vorhaut soll ein Rest Weiblichkeit beseitigt werden.

Solches Bestreben nach Abgrenzung könnte auch den zahlreichen Tabus zugrunde liegen, mit denen in vielen Völkerschaften menstruierende Frauen belegt werden. Vielleicht fürchten die Männer selber den Verlust von Blut und suchen sich deshalb von jenen Wesen zu separieren, die diesen Lebenssaft regelmäßig verlieren. Vielleicht ist aber auch der Minderwertigkeitskomplex am Werke. Da die Menstruation mit der Gabe verknüpft ist, neues Leben in die Welt zu setzen, könnten die Tabus der Männer aber auch eine Art Rache angesichts eigener Unfähigkeit sein.

Bei den Tucuna-Indianern des Amazonas muß sich ein Mädchen, sobald es zum ersten Male seine Tage bekommt, in eine eigene Hütte zurückziehen und dort einem Pubertätsritus unterwerfen. Ältere Frauen unterrichten die junge Frau, was von ihr als künftiger Mutter erwartet wird. Schließlich taucht eine größere Gruppe maskierter Tänzer auf, die Geister verkörpern und sie sowohl belehren als auch erschrecken sollen. Dem Mädchen wird so sein traditioneller Platz in der Gemeinschaft zugewiesen.

Das Statusspiel läßt sich aber auf noch verzwicktere Weise deuten – daß nämlich Männer versuchen, den Mangel an naturgegebener Identität auszugleichen, indem sie das Weibliche nachahmen. Diese Mimikry äußert sich bereits in Mythen, die von gebärenden Männern erzählen. So entsprang dem Haupte des Zeus die Athene, und Adam brachte eine Frau aus seiner Seite zur Welt. Häufig werden Reifeweihen auch mit einer zweiten Geburt verglichen. Manchmal werden die Initianden getragen, als seien sie hilflose Kleinkinder, und man wäscht sie, wie es Mütter mit Neugeborenen tun. Die Dowayo müssen nach ihrer Beschneidung neun Monate im Busch leben – so lange, wie sie im Mutterschoß verbrachten. Erst dann dürfen sie mit Frauen wieder Kontakt haben, allerdings nur in einer Art Babysprache: Sie ahmen auf Flöten blasend die Intervalle von Wörtern nach.

Zum Abschluß der Poro Hautritzung in Liberia überkommen den Zeremonienmeister sogar regelrechte Wehen. Sie dauern vom Morgen bis zum Mittag und münden in eine „Geburt", mit der die vormaligen Knaben endgültig zu Männern werden. Ihren Höhepunkt findet die Nachahmung des Gebärens in der Praktik der Couvade – des Männerkindbetts –, einem fast verschwundenen Brauch, der früher in Amazonien und in verschiedenen Teilen Asiens, aber auch in Spanien und auf Korsika verbreitet war. Bei manchen dieser

Männlicher Traum, das Weibliche nachzuahmen: „Adam gebiert Eva", Miniatur aus einem italienischen Gebetsbuch um 1475

Völker arbeitet die werdende Mutter noch bis wenige Stunden vor der Niederkunft. Mit Hilfe anderer Frauen bringt sie das Baby im Wald zur Welt. Kurze Zeit später ist sie bereits erneut auf den Beinen und geht der Arbeit nach. Der Vater hingegen nimmt den Säugling gleich nach der Geburt mit in seine Hängematte. Für Tage oder gar Wochen arbeitet er nicht, ißt nur ausgewählte Speisen, verzichtet aufs Rauchen und berührt keine Waffen, während ihn Frauen umsorgen, als sei er eine Wöchnerin.

Die verblüffende Tatsache, daß die Beschneidung männlicher Genitalien eine über den ganzen Erdball verbreitete Sitte ist, spiegelt nach Meinung des österreichischen Psychologen Bruno Bettelheim ebenfalls den Neid der Männer auf die Weiblichkeit wider: In seinem Werk „Symbolische Wunden" aus dem Jahre 1954 interpretiert er die gewaltsam herbeigeführte Blutung als Nachahmung weiblicher Geschlechtlichkeit. Beschneidung ist den Ureinwohnern Australiens ebenso vertraut wie den Muslimen, den Juden, den an Geistern glaubenden Massai Ostafrikas oder den christlich-europäischen Einwanderern in Nordamerika. Bereits ein 4400 Jahre altes Farbrelief im unterirdischen Grabmal des Ankhmahor – Arzt während der 6. Dynastie ägyptischer Pharaonen – zeigt zwei kauernde Männer, die mit Klingen an den Geschlechtsorganen nackter Jünglinge manipulieren. Die häufigsten Formen der Beschneidung sind die Zirkumzision – das Entfernen der Vorhaut – und die Subinzision – das Einschneiden des Penis.

Besonders tief schlitzen australische Ureinwohner ihre Harnröhre auf – ein äußerst schmerzvolles Ritual. Frisch operierte Männer der Arunta schleudern ihren Bumerang in die Richtung der mythischen Heimstatt ihrer Mutter. Die symbolische Attacke soll vielleicht die Wut darüber ausdrücken, daß sie ihr Kind so unvollkommen auf die Welt brachte. Nach der Beschneidung ist die Eichel sichtbar, und ein willkommener Nebeneffekt der Operation mag sein, daß damit dauerhafte Potenz demonstriert wird. „Wenn man jedoch von der Tatsache ausgeht", interpretiert Bruno Bettelheim den Vorgang, „daß die Subinzisionswunde ‚Vulva' genannt wird, dann werden die Operation selbst und das wiederholte Öffnen der Wunde und das Bluten daraus verständlich. Dann scheint der Zweck des Rituals darin zu liegen, symbolisch das weibliche Sexualorgan herzustellen, während das erneute Öffnen der Wunde das periodische Phänomen der Menstruation symbolisiert." Die Operation macht die Männer noch in weiterer Hinsicht Frauen ähnlich: Auch sie müssen sich hinfort beim Wasserlassen niederkauern.

Eberhauer als Nasenschmuck sind auf Neuguinea ein männliches Statuszeichen

Der Neid der Männer auf die natürliche Gebärfähigkeit der Frauen hat bei vielen der rund tausend Stämme Neuguineas besonders ausgefeilte männliche Reifeweihen hervorgebracht, die zwischen Nachahmung des Weiblichen und strikter Abgrenzung schwanken. Über mehr als ein Jahrzehnt ziehen sich die Rituale bei den Awa hin, einem kleinen Stamm im Hochland der Insel. Von Zeit zu Zeit werden alle zwölf- bis vierzehnjährigen Knaben ins Männerhaus gebracht. Sie bekommen kaum zu Essen und Trinken, man malträtiert sie mit juckenden Nesseln und reibt die empfindlichen Innenseiten ihrer Oberschenkel mit rauhen Reben ein. Im zweiten Stadium, ein Jahr später, werden die Initianden an einen abgelegenen Ort im Dschungel geführt. Dort müssen sie sich einer verschärften Prozedur unterziehen: Scharfkantiges Riedgras wird ihnen in die Nasenlöcher gestoßen und die Eichel ihres Penis an zwei Stellen aufgeschnitten. Dann stößt man ihnen eine gebogene Liane tief in den Rachen, bis sie sich übergeben. Die Awa glauben, daß gewaltsam herbeigeführtes Bluten und Erbrechen von weiblichen Substanzen befreit, die sich während der Kindheit durch den Kontakt mit der Mutter angesammelt haben. Im dritten Teil des Rituals werden die nunmehr Achtzehn- bis Zwanzigjährigen erneut durch Nasenbluten, Penisritzen und Erbrechen gereinigt und in geheime Männer-Rituale eingeweiht. Sie werden dringend ermahnt, sich noch nicht mit dem anderen Geschlecht einzulassen.

Weitere fünf Jahre verstreichen dann bis zur Schweiß-Zeremonie. Dichtgedrängt sitzt man dabei im Männerhaus um ein Feuer, um für mindestens eine Woche alles Böse kräftig auszuschwitzen. Den künftigen Ehemännern werden ihre Pflichten erläutert, Ornamente werden ihnen auf die Haut gemalt, sie erhalten neue Kleider. Nunmehr dürfen sie Hauer eines Ebers als Statussymbol in der durchbohrten Nasenscheidewand zur Schau tragen. Eine fünfte Prüfung etwas später schließt die rituellen Torturen ab – das „ernsthafte Penis-Ritzen". Dabei werden nicht nur die Seiten des Geschlechtsorgans tief eingeschnitten, sondern man stößt den jungen Männern zudem spitze Halme weit in die Nase hinauf. Erst wenn das alles überstanden ist, darf ein Awa mit einer Frau schlafen. Doch künftig ist die Lust gleichfalls nicht ohne Qual. Auch die verheirateten Männer lassen sich fernerhin mit Steinpfeilen den Penis blutig ritzen. Das Ausbluten muß nämlich in der Ehe wiederholt werden, da – so die Vorstellung – beim Geschlechtsverkehr weibliche Substanz in den Körper des Mannes gelangt. Die Awa glauben sogar, ein Mann könne schwanger werden, wenn er zu oft Sex treibt; wenn er mit einer Frau schläft, die ihre Tage hat, oder wenn er zu tief penetriert und so mit Blut und Wasser in ihrem Bauch in Berührung gerät.

Eines der ungewöhnlichsten Weiherituale pflegen die Sambia, ein Völkchen im Westteil Neuguineas, das vom Gartenbau, der Jagd und der Schweinezucht lebt. Bis in die jüngste Vergangenheit führten die Sambia beständig Kriege gegen Nachbarstämme. Tapferkeit und Stärke erlangen die Kämpfer nur durch eines: Sperma. Dieser Lebenssaft – glauben die Sambia – härtet die Muskeln, macht mutig,

Gewaltsam führen Männer zahlreicher Stämme im Hochland Neuguineas Blutungen herbei – sie stoßen spitze Halme tief in die Nase. Das Ritual soll von weiblicher Substanz reinigen

angriffslustig und verheißt Glück. Knaben sind schwach, weil sie keinen Samen haben. Von Geburt an besitzen sie zwar einen Samensack, doch der bleibt leer, bis ihn ältere Geschlechtsgenossen auffüllen. Hierzu sind Initationen nötig, die der rituellen Homosexualität frönen und sich über mehr als ein Jahrzehnt hinziehen.

In einem Kultgebäude werden Knaben zwischen sieben und zehn Jahren mit geschlechtsreifen Junggesellen zusammengebracht. Die Jüngeren betreiben oralen Sex mit den Älteren und schlucken deren Samen. Das Fellatio-Ritual wird mit elf bis vierzehn Jahren wiederholt. Später stellen sich die Initianden als Samenspender für die nachwachsende Generation zur Verfügung.

Wenn die Sambia mit etwa zwanzig Jahren heiraten, sind sie zwar aus dem Ritual entlassen – doch beim Geschlechtsverkehr geht beständig wieder Samen verloren. Deshalb werden die Männer in eine geheime Gegenmaßnahme eingeweiht: Sie müssen einen bestimmten Baum anritzen und dessen Saft trinken, der den Samen ersetzen kann. Erst nach der Geburt seines ersten Kindes zieht der Mann mit seiner Frau zusammen. Gleichgeschlechtliche Beziehungen gelten von nun an als unanständig. Manche Völkerkundler meinen, rituelle Homosexualität sei der extremste Versuch von Männern, mit der angeborenen Kreativität des Weiblichen gleichzuziehen: Dies erlaube ihnen, sich die Geburt weiterer Männer unabhängig von Frauen zu denken.

Der Glaube der Papua, ein Mangel an Samen schwäche den Körper, deckt sich übrigens mit den Ursprüngen der nicht-religiösen, sogenannten säkularen Beschneidung, die heute in großem Maßstab in den USA praktiziert wird. Pro Jahr werden mehr als eine Million Säuglinge – deren Eltern weder jüdischen noch muslimischen Glaubens sind – kurz nach der Geburt beschnitten. Die Sitte breitete sich seit 1870 aus und betraf hundert Jahre später bereits 85 Prozent aller Jungen. Beschneidung sollte die Selbstbefriedigung eindämmen, die – so wurde fälschlich behauptet – durch reizende Sekrete unter der Vorhaut ausgelöst werde. Der manuell herbeigeführte Verlust der männlichen „Lebensflüssigkeit" zehre den Körper aus und sei mithin gesundheitsschädlich. Mittlerweile wurde diese „Samen-Bewahr-Theorie" durch pseudomedizinische Argumente für die Praxis der Beschneidung abgelöst – etwa daß sie Geschlechtskrankheiten, Penis- oder Prostatakrebs verhüte. Vergleiche mit Völkern, die keine Beschneidung kennen, widerlegen das jedoch eindeutig.

Wie immer sie allerdings begründet werden: Beschneidungen waren und sind Reifeweihen. Das trifft auch für die Beschneidung von Mädchen zu. Die wird zwar weit seltener als die von Jungen praktiziert, erregt aber in westlichen Gesellschaften mehr Aufsehen – wird sie dort doch als Maßnahme zur Unterdrückung der Frau betrachtet. Weibliche Beschneidung ist – in mannigfacher zeremonieller Ausformung – in weiten Gebieten des mittleren Afrika gang und gäbe, so in Senegal, in Mali, im Sudan, in Somalia. Etwa 80 bis 90 Millionen Frauen sind betroffen – darunter nicht nur

Weibliche Beschneidung in Ägypten, wo sich auch viele koptische Christinnen der schmerzhaften Prozedur unterwerfen müssen. Mit der Klitoris soll ein phallisches Relikt beseitigt werden

solche islamischen Bekenntnisses, sondern auch drei Viertel aller koptischen Christinnen in Ägypten, wo sich der Brauch bereits an antiken Mumien nachweisen läßt. Meist wird von medizinisch kaum vorgebildeten Hebammen die Klitoris abgeschnitten. Diese „Klitorisektomie“ steigert sich im Sudan zur „pharaonischen Beschneidung“, die zudem die kleinen und inneren großen Schamlippen entfernt. Die verbliebene Haut wird über der Wunde bis auf eine winzige Öffnung zusammengenäht, die nach der Heirat vom Ehemann allmählich erweitert werden muß. Die meisten Frauen lassen den Eingriff klaglos über sich ergehen, wurde ihnen doch bereits als Kind eingehämmert, daß sie danach sauber, angenehm duftend und rein seien, zudem weniger anfällig für Krankheiten.

In allen Fällen von Beschneidung – bei Jungen wie bei Mädchen und selbst bei der säkularen Variante – darf freilich der kultische Hintergrund nicht übersehen werden. Denn die Menschen gelten bei der Geburt als androgyn: Jungen kommen mit einem weiblichen Rest – der Vorhaut – zur Welt, Mädchen mit einem phallischen Relikt – der Klitoris. Erst Beschneidung beseitigt letzte Zweifel, zu welchem Geschlecht ein junger Mensch gehört und welche soziale Rolle es zu erfüllen gilt.

Nicht immer allerdings muß die Initiation mit eigenem Blut besiegelt werden. Bei den Pokot beispielsweise, einem nomadischen Hirtenvolk im Osten Kenias, spielt die Beschneidung beim Übergang vom Knaben zum Mann keine Rolle. Auch Unbeschnittene können heiraten. Aber für alle gilt, daß sie das Sapana-Ritual zu absolvieren haben. Im Laufe einer mehrtägigen Feier müssen die Jungen einen Ochsen töten, mit dessen Mageninhalt sie dann eingerieben werden. Danach dürfen sie eine Lehmkappe tragen, die ein Freund auf ihrem Haupte kunstvoll arrangiert. Alle zu gleicher Zeit geweihten Männer bilden eine Klasse, mehrere Jahresklassen eine Altersklasse. Die wiederum sind die Grundbausteine eines komplizierten „gerontokratischen“ Sozialsystems. Die verschiedenen Stufen lassen sich an den Ornamenten und Farben des Schmucks erkennen. Die Lehmkappe frisch Initiierter ist schlicht blau, die der Senioren mit komplexen Mustern farbig bemalt. Die jüngsten Männer dürfen nur bescheidenen Federschmuck tragen, während den ältesten auffällige Kombinationen aus schwarzen und weißen Straußenfedern – Töpilin genannt – zugestanden werden. In der Hierarchie können niemals einzelne aufsteigen, sondern nur die Männer einer Klasse gemeinsam. Dazu muß die nächsthöhere Altersklasse gebeten werden, endlich das Recht auf bestimmte Farben und Schmuck zu gewähren. Die Bittstellerei zieht sich über Jahre hin, und immer wieder provozieren jüngere Klassen die älteren, indem sie den Seniorenschmuck unerlaubt anlegen.

Mit dem Pokot-Mann Awiatan führte der deutsche Völkerkundler Michael Bollig im Rahmen eines Projekts der Deutschen Forschungsgemeinschaft ein Interview. Der Eingeborene berichtete, wie seine Altersklasse die Erlaubnis erwirkte, bunten Perlenschmuck und Töpilin zu tragen: „Wir hatten uns mit Männern der höheren Altersklasse Ngelomum verabredet, um gemeinsam zu einem Tanz zu gehen. Wir verspäteten uns, da wir zuviel Zeit damit zugebracht hatten, die Farben auf unseren Lehmkappen zu erneuern und unsere Federn – die wir noch gar nicht tragen durften – zu weißen. Als wir den Platz erreichten, hatte der Tanz bereits begonnen. Die Ngelomum sangen ihre Ochsenlieder, prahlten mit ihren kriegerischen Taten und ließen uns Jüngere kaum zur Geltung kommen.“ Schließlich befahl einer der erfolgreichsten Krieger aus den Reihen der Ngelomum den Jünge-

ren, sich in der Mitte des Tanzplatzes hinzusetzen. Sie wurden wegen ihres zu späten Erscheinens gerügt und weil sie unangemessenen Federschmuck trugen. Plötzlich sprang ein Krieger der Ngelomum auf, stieß einen der Jüngeren zu Boden und entriß seiner Lehmkappe die Federn. Damit löste er eine rituelle Prügelei aus – das Ametö.

„Mit Gerten, Stäben und Peitschen schlugen wir aufeinander ein. Der Kampf dauerte fast eine Stunde, bevor einige Senioren eingriffen, um Schlimmeres zu verhüten.“ Bei den Ametö-Kämpfen sind gefährliche Waffen wie Messer, Pfeil und Bogen, Speere oder gar Gewehre verpönt. Schwere Verletzungen sind deshalb selten. Gegen eine Menge Geschenke willigten die Älteren schließlich ein, mit den Jüngeren das Töpilin-Fest zu feiern. Die Jüngeren legten zusammen, um einen Batzen Geld übergeben zu können. Außerdem mußten sie Kanister voll Hirsebier bereitstellen und einen Ochsen und zwei Ziegenböcke schlachten, um die Älteren über drei Tage bewirten zu können. Schließlich, berichtet Awiatan, wurden den Jüngeren die gewünschten Abzeichen zugestanden – ganz so, als seien sie beim Militär befördert worden:

Färbung, Form und Federschmuck kunstvoll aufgetragener Lehmkappen markieren bei ostafrikanischen Völkern verschiedene Stufen in der Altershierarchie. Ist seine frische Pracht mit Hilfe der Nackenstütze getrocknet, gilt der Karo-Mann in Südäthiopien als „tapfer genug, Feinde und wilde Tiere zu besiegen“

„Am Ende der Feier erlaubten uns die Ngelomum, Töpilin-Straußenfedern und Perlenschmuck zu tragen. Auf der Lehmkappe durften wir nun einen schwarzen und ockerfarbenen Streifen zwischen das Blau des Zentrums und das Erdrote des Randes unserer Lehmkappe zeichnen.“

Awiatans Altersklasse mußte für die Älteren noch mehrere Feste ausrichten, bis sie alle Promotionen erreichte. Dann erst stand auch die Beschneidung an, die bei den Pokot lediglich alle 25 bis 30 Jahre stattfindet. Auch diesmal wurden den Jüngeren zunächst ihre Verfehlungen vorgehalten und von den Älteren kräftig Prügel verabreicht. Als tapfer gilt, wer sie widerstandslos erduldet. Bevor sie in die abgelegene Beschneidungshütte gebracht werden, versetzt man die Initianden in helle Aufregung, damit sie vor lauter Wut und Entschlossenheit die Schmerzen besser verdrängen können. Nach dem Eingriff werden sie in Frauenkleider gesteckt und wie menstruierende Frauen behandelt. Während der folgenden drei Monate weiht man sie in die Geheimnisse der sozialen und kosmischen Ordnung ein. Nachdem sie wochenlang maskiert umhergezogen sind und in den umliegenden Krals tanzten, sangen und bewirtet wurden, müssen die Männer eine letzte Zeremonie hinter sich bringen: Gemeinsam und nur mit den Fäusten erschlagen sie einen Ochsen. Erst jetzt dürfen sie ihre Masken abnehmen und sich ihren Müttern abermals – als neuer Mensch – zeigen.

Reifeweihen in gerontokratischen Gesellschaften bescheren den Senioren einen nicht unerheblichen Zuwachs an wirtschaftlicher Macht – und sei es nur, daß sie auf Kosten der Jüngeren prassen können. Durch Jahrhunderte war dies auch bei ganz anderen Promotionen der Fall, nämlich bei der Ver-

leihung akademischer Titel an europäischen Hochschulen. Des Wohlwollens ihrer Prüfer hatten sich die Studenten zuvor durch kleine Zuwendungen versichert. Im Anschluß an den Festgottesdienst mußte ein frisch graduierter Akademiker zahlreiche Gäste einladen: Die Professoren der Fakultät und deren Frauen, Angestellte der Universität, Honoratioren der Stadt und Studienkollegen. Eine Liste aus dem 17. Jahrhundert vermerkt, was bei einer solchen Feier so alles verpraßt wurde: „52 Thaler zu Wein, 110 Thaler zu Ochsen, 2 Thaler zu 20 Stück Karpfen, 3 Thaler und 50 Groschen zu Gewürz, 4 Thaler und 16 Groschen zu Holz.“ Ein Doktorschmaus kam den frisch Promovierten damit leicht genauso teuer zu stehen wie der Lebensunterhalt während des gesamten Studiums.

Die Bräuche sogenannter primitiver Völker mögen uns zuweilen bizarr erscheinen, aber wir sehen die unseren wohl nur deshalb als natürlicher an, weil sie uns vertraut sind. Gerade Übergangsriten jedoch können auch im zivilisierten Abendland extrem wilde Formen annehmen. Am eigenen Leibe erfahren das alljährlich jene fleißigen jungen Akademiker, die sich für die Eliteschulen Frankreichs qualifiziert haben. Auf sie wartet die „Bizutage“, ein Prüfungsritual, das sich die bisherigen Erstsemester ausdenken. Der Name der drei bis acht Tage währenden Tortur leitet sich vielleicht von „bisogne“ ab, wie im 16. Jahrhundert die spanischen Rekruten genannt wurden.

Vergleichsweise harmlos fällt die Bizutage aus, wenn den Neulingen lediglich die honigverklebten Haare mit Mehl bestäubt werden, um sie in diesem Aufzug Klopapier an Passanten verkaufen zu lassen. Von Medizinstudentinnen wird schon mal verlangt, eine Suppe auszulöffeln, in der der Penis einer Anatomieleiche schwimmt. Daß im Hof einer der Écoles des Hautes Études Brandeisen im Feuer glühend rot erhitzt werden, ist ebenfalls nicht unüblich. Den Neuen, gefesselt und mit verbundenen Augen, werden dann statt des Eisens Eiswürfel auf die nackte Haut gedrückt. Schreie zeigen, daß die Simulation ihren Effekt selten verfehlt.

Solche Inszenierungen können böse ausgehen. 1990 berichteten die Zeitungen über ein Opfer der Bizutage, das gefesselt und mit verbundenen Augen quer über Bahngleise gelegt wurde. Aus einem Kasettenrekorder ließen seine Peiniger die Geräusche eines nahenden Zuges ertönten. Dem jungen Aspiranten blieb vor Angst das Herz stehen.

Rituale akademischer Reife: Zur Diplomverleihung erscheinen amerikanische Studenten alle gleich behütet. Auf französischen Hochschulen wie der von Ste. Geneviève in Versailles werden Neulinge zunächst mit der „Bizutage“ öffentlich gedemütigt

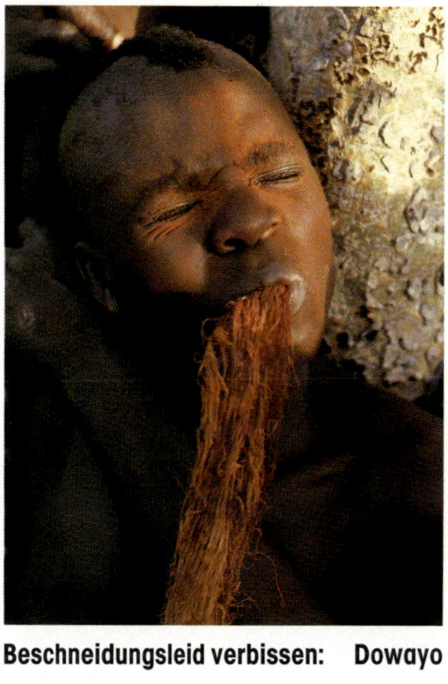

Beschneidungsleid verbissen: Dowayo

Hinter dem Schl

Von Liebe ist meist nicht die Rede. Bei vielen Völkern sehen Eheleute einander zum erstenmal, wenn die Braut den Schleier hebt. Handfeste ökonomische Interessen bestimmen – bis in unsere Tage auch in Europa – die Partnerwahl, um die soziale Stellung zu sichern. Mitgift oder Brautkauf – der Gütertausch richtet sich nach der Wirtschaftsform. Wenn das Paar nach prächtigem Zeremoniell vom Hochzeitsthron gestiegen ist, werden die oft lebenslangen fatalen Folgen der „hohen Zeit“ sichtbar – von den Erbfolge-Regeln bis zum makabren Brauch von Kindestötung und Gattinnenmord

r der Hochzeitsnacht

Das Band des Gebetsschals vereint das Brautpaar bei der Hochzeit nach jüdischem Ritus symbolisch. Jede der Fransen steht für eines der zahlreichen Gebote, die es auch im neuen Hausstand einzuhalten gilt

Im Schatten der Hochzeit für
die marokkanische Prinzessin Lalla Asmaa
1987 drängte es 250 Töchter des
Landes, am selben Tag zu heiraten. Nach lokalem
Brauch wird diese Braut ihren Gästen von
armstarken Trägerinnen präsentiert

Konfettiregen bringen Segen:
Das frisch vermählte Paar im peruanischen Cuzco genießt es wie Brautleute in aller Welt, an diesem Tag im Mittelpunkt zu stehen

Die künftige Gemeinschaft wird „einverleibt“: In Indien ist es eine weitverbreitete hinduistische Sitte, daß die Braut den Bräutigam bei der ersten Mahlzeit nach der Vermählung füttert

Das steife Gewand der Tradition wird der japanischen Braut angelegt, die dem Schintoismus angehört. Der Ahnenkult zählt zu dessen beherrschenden Elementen – und damit die Pflege des uralten Brauchtums

Gekröntes Haupt für einen Tag:
Bei vielen Völkern werden Braut und Bräutigam zeitweilig in den „Adelsstand" erhoben – wie hier während einer russisch-orthodoxen Trauung

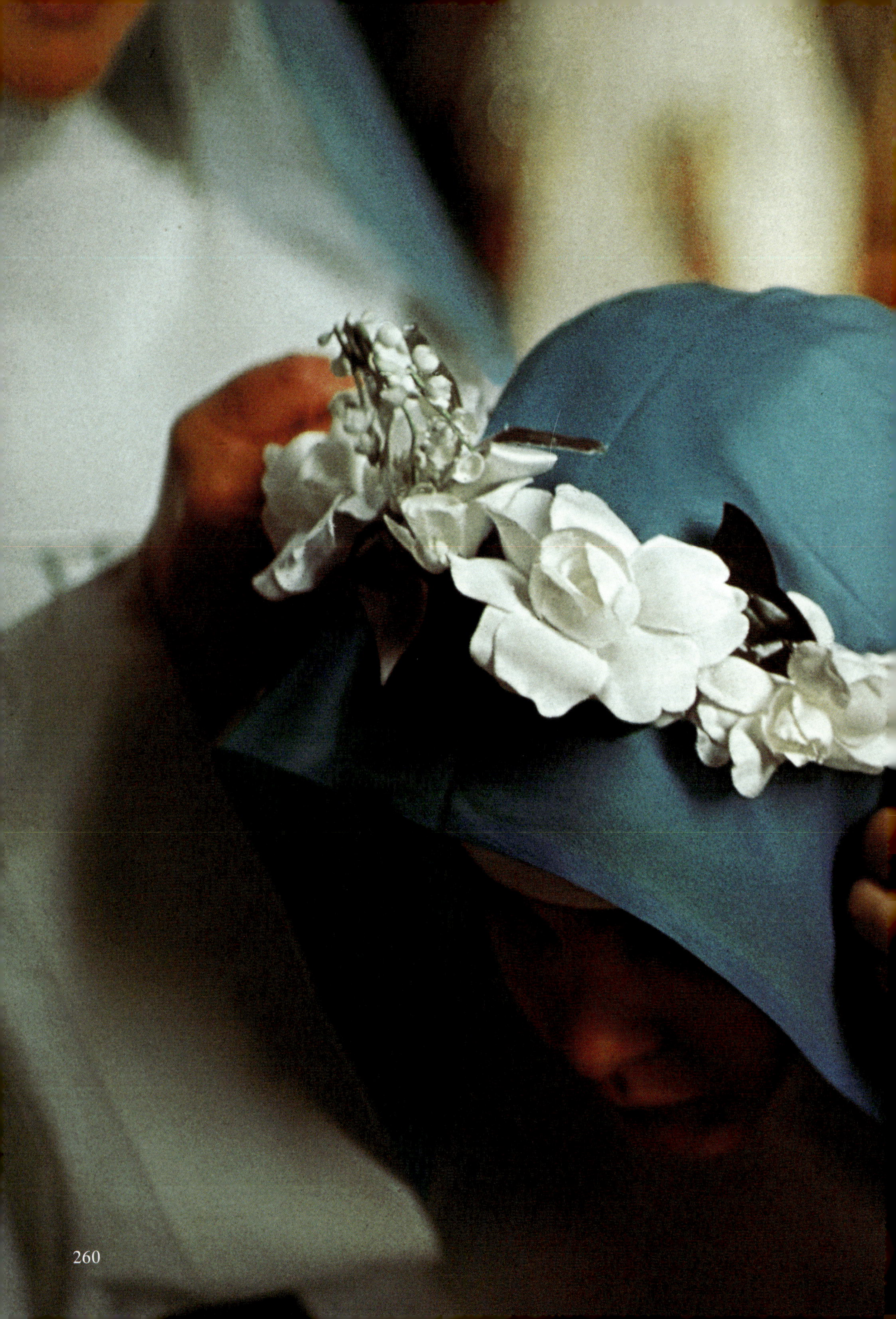

Jesus das Ja-Wort geben:
Eine andachtsvolle Zeremonie besiegelt die Aufnahme der Nonne in den Orden der „Bräute Christi" am Franziskanerinnen-Konvent von Godalming in England. Dabei erhält sie auch einen Ehering

Hindernisse mit Schabernack hat
das Brautpaar in Niedersachsen am Beginn
des gemeinsamen Weges zu überwinden – die
Utensilien spielen auf Kindersegen an

Hochzeit verbindet nicht nur die beiden Brautleute. Auch deren Sippen werden nun miteinander verwandt – hier eine Maya-Großfamilie in Mexiko beim Festmahl

Weltweit gilt
das Gebot, möglichst
standesgemäß zu heiraten –
auch wenn es nicht immer
so augenfällig befolgt wird wie
bei diesen Clowns in einem
amerikanischen Zirkus

Es ist Frühling in Rajasthan und damit Zeit zum Heiraten. Virandra Singh hat mich zur Hochzeit seiner Schwester eingeladen. In einem klapprigen Bus, voll von Gästen aus dem Dorf des Bräutigams, bin ich schon seit Stunden unterwegs nach Osiya, einem ansehnlichen Marktflecken an der Bahnlinie, die weit in die große indische Wüste Tharr hineinführt. Als wir uns auf holpriger Piste dem Ort nähern, wendet sich die Sonne bereits den spärlich bewachsenen Dünen am Horizont zu.

Mit seinen beiden jüngeren Brüdern und seinem Vater erwartet uns Virandra am Schulhaus. Er ist Lehrer, und so kann er den Gästen erlauben, hier Quartier zu beziehen. Etwa fünfzig Männer und zwanzig Jungen entsteigen dem Bus – und der Bräutigam. Frauen sind keine dabei – die müssen Haus und Herd hüten. Die älteren Männer haben zur Feier des Tages ihre gewickelten Beinkleider angelegt und einen Turban, die Jüngeren tragen westliche Hosen und hautenge Nylonhemden. Die sind beliebt, weil sie sich leichter waschen lassen als Baumwolle. Die Bündel mit den Decken für die Nacht werden auf der Veranda abgelegt, während drinnen der Bräutigam für die Prozession zum Elternhaus der Braut hergerichtet wird.

Ich habe Virandra vor Jahren an der Universität kennengelernt. Er ist mittlerweile fünfundzwanzig und hat selbst vor drei Jahren geheiratet – genauer gesagt: wurde verheiratet. Denn in Indien ist eine Eheschließung keine persönliche Angelegenheit nur des Brautpaares, sondern geht die ganze Familie an. Immer noch werden 95 Prozent aller Ehen von den Eltern arrangiert. Auch die Meinungen von Großeltern und älteren Brüdern spielen eine Rolle bei der Partnerwahl. Wenn nicht die Verwandten bereits vor Jahren ausgemacht haben, wer wann einmal wen ehelichen wird, dann springen professionelle Vermittler ein. Die ziehen von Haus zu Haus und offerieren Listen mit heiratsfähigen Mädchen oder Jungen – wohlsortiert nach Kaste, Sternzeichen, Einkommen und Schulbildung. Die Ehestifter erhalten eine Provision, sobald eine Abordnung aus dem Hause der Braut einen Bräutigams-Kandidaten besucht.

Virandras Familie hatte die Angelegenheit selber in die Hand genommen. Gemeinsam mit seinem Vater war Virandra vor vier Monaten in die Kleinstadt Barmer gereist, um Anu – die älteste seiner drei Schwestern – unter die Haube zu bringen. In umliegenden Dörfern werden Kinder – heute noch – im Alter von acht oder neun Jahren verheiratet. Aber bei Anu hatte die Familie gewartet, bis sie sechzehn war – das gesetzlich vorgeschriebene Mindestalter. Virandra hatte darauf gedrungen, weil er als Lehrer ein fortschrittliches Vorbild geben wollte. Und dazu gehört die Einsicht, daß die Bevölkerung in Indien um so schreckenerregen-

Henna: Handfester Festschmuck in Indien

Rajasthan: Viele Hände regen sich im Brautgemach, um die junge Frau für den wichtigsten Tag ihres Lebens herauszuputzen. Mehr als sieben Meter mißt die Bahn aus steifer Seide, die als Sari kunstfertig um Hüften und Brust gerafft wird

der wächst, je jünger die Brautleute sind.

Die Abordnung im Namen Anus suchte auf Empfehlung entfernter Verwandter eine Familie auf, die wohlhabender als die eigene war. Künftige Kinder sollten in guten Verhältnissen aufwachsen. Ein Foto wurde gezeigt: Anu in den besten Kleidern der Mutter, der Zopf war frisch geflochten und fiel über die rechte Schulter auf die Brust, glänzend von Kokosöl.

Für die Bräutigamsfamilie war außer der gesunden Erscheinung der Braut die Aussteuer wichtig. Es ging um die übliche Mitgift: Seide, Geschirr, vierzig Gramm Goldschmuck, ein Kilo Silberschmuck. Zusätzlich aber wurde noch ein Kühlschrank verlangt, und obendrein ein Farbfernseher – das Modell mit der Werbung „Eigners Stolz, Nachbars Neid". Virandra hatte gerechnet. Mit den sechstausend Rupien für den Kühlschrank und den achttausend für den Fernseher kamen leicht sechzigtausend Rupien zusammen. Nicht ungewöhnlich viel für die Einheirat in das Haus betuchter Leute – aber doch die Summe, die Virandra als Lehrer in ganzen fünf Jahren verdient. Die Ersparnisse konnten nur reichen, weil er und ein Bruder in den letzten Jahren geheiratet und ihrerseits eine Mitgift erhalten hatten. Zum Glück mußte seine Familie sich diesmal noch nicht verschulden; Verwandte würden eine Zeitlang aushelfen. Wer auf dem freien Markt für die Mitgift Geld leihen muß, trägt oft ein ganzes Leben an den Wucherzinsen. Virandra lag schwer im Magen, daß schon in zwei Jahren die nächste Schwester zu verheiraten war. Nun allerdings

Als Märchenprinz verkleidet, reitet der Bräutigam an der Spitze einer Prozession von Freunden und Verwandten zum Haus der Braut: Uralter Brauch in Rajasthan, dem „Land der Könige"

ging es zunächst auch noch um die Kosten für eine angemessene Feier im Elternhaus der Braut Anu.

Westliche Beobachter mögen den Kopf darüber schütteln, wie jemand sich bei einer Entscheidung von solcher Tragweite dem Willen von Eltern oder älteren Brüdern beugen kann. Als ich Virandra auf seine eigene Verheiratung ansprach, schaute er mich indes entgeistert an: „Wie kannst du glauben, daß meine Familie für mich eine schlechte Wahl treffen würde?" Allein in den Städten bestehen manche Leute bereits auf einer „Liebesheirat" – wobei die Liebe allerdings auch in den fortschrittlichsten Köpfen vor Kastenschranken kapituliert. Virandra hat Vorbehalte gegen solche westlichen Ideen: „Bei uns wird geheiratet, und dann wächst langsam die Liebe. Ihr redet schon vorher davon – und nach der Heirat wird die Liebe immer weniger."

Warten hinter der Pforte: Bevor die Braut hinaustritt, verhüllt sie das Gesicht mit dem Schleier

Heirat „aus Liebe" ist den meisten Völkern fremd und entwikkelte sich auch in Europa erst im 19. Jahrhundert in breiterer Form. Zuvor war auch dort die Heirat im Interesse und auf Geheiß der Familie die Norm. In letzter Konsequenz förderte die eigenständige Entscheidung der jungen Leute allerdings die Auflösung der Großfamilie. Seither kommen auch – im Vergleich der Kulturen äußerst ungewöhnlich – die Hochzeitsgeschenke nicht mehr der Verwandtschaft zugute, sondern dem jungen Paar. Frischvermählte in westlichen Gesellschaften verhalten sich meist „neolokal" – sie errichten einen eigenen Hausstand und brauchen die Ausstattung selber –, während die Heiratsmuster in anderen Teilen der Erde überwiegend „patrilokal" oder „matrilokal" sind: Das Paar wohnt mit oder nahe bei den Eltern des Bräutigams oder der Braut.

In Indien hat die Braut zu ihren Schwiegereltern zu ziehen. Im Gefolge seiner männlichen Verwandten und Freunde holt der Bräutigam sie in feierlicher Prozession von ihrem Elternhaus ab. Dazu erscheint Anus Zukünftiger jetzt auf der Terrasse – herausgeputzt wie ein Märchenprinz: glitzernder, eng taillierter Anzug, an der Seite ein demonstrativ baumelndes Schwert, Goldringe an den Fingern, eine Krause aus zusammengenähten Geldscheinen schmükkend um den Nacken geschlungen. Sein Gesicht ziert ein sorgsam gepflegter Schnurrbart und den Kopf der traditionelle rot gemusterte Turban – unverwechselbare Kennzeichen der Rajputen, der Kriegerkaste Rajasthans.

Ein Pferd steht bereit, mit Girlanden, Troddeln und spiegelnden Schellen aufgezäumt. Ein junger Bursche, in der Miete für das Reittier einbegriffen, führt es am Zügel. Für die meisten Hochzeiter ist der Ritt eine Tortur, haben sie doch noch nie im Leben aufgesessen. Der Bräutigam verzieht jedoch keine Miene, als er vorsichtig in den zierlichen Sattel gehoben wird.

Es ist bereits früh dunkel geworden. Gegen ein Trinkgeld leuchten Kinder der Prozession heim: Auf den Köpfen balancieren sie Gasflaschen, die helles Licht von Glühstrümpfen nähren.

Längst stehen uniformierte Musiker in weißem Jackett, dunkler Hose mit weitem Schlag und hochhackigen Schuhen bereit. Mit Pauken, Trompeten, Tubas und Klarinetten schreiten sie dem Zug voran und intonieren unentwegt Schlager, die sie aus dem Radio kennen. An jeder Kreuzung spielen sie ein paar Takte besonders laut auf; Zaungäste stecken den Musikern immer wieder Geld zu. Doch dann drängen sie weiter. Daß die Kapelle es eilig hat, liegt an den Sternen. Anus Hochzeit nämlich ist heute beileibe nicht die einzige. Vielmehr verheißen die Horoskope vielen Ehewilligen für diesen Tag besonderes Glück, und dementsprechend dringend wird auch andernorts nach Musik, Pferd und Beleuchtung verlangt.

„Hochzeiten werden im Himmel geschlossen", heißt es schicksalsergeben – ein weiteres Argument gegen die Liebesheirat –, „und wer sind wir, daß wir dazu Ja oder Nein sagen wollten?" Die günstigste Konstellation der Sterne zu berechnen, sichert das Einkommen eines ganzen Berufsstandes, der Astrologen. An Tagen, wo die Planeten einander gut gesonnen sind, produziert dies also ein rechtes Getümmel in den Straßen. Zum Glück haben die Sterndeuter ausgemacht, daß die angenehmen Frühlingsmonate am verheißungsvollsten sind und nicht etwa in sengender Sommerhitze geheiratet werden muß.

Als der Mond dick über den Flachdächern heraufsteigt, hat der Zug das Haus der Brauteltern erreicht. Noch im Sattel zieht der Bräutigam sein Schwert und berührt ein Tor en miniature aus Sperrholz, verziert mit allerlei Enblemen – Pfauen, Löwen, Elefanten –, das ihm Virandra unter die Klinge hält: ein zahmes Zeichen, daß der Reiter gewillt wäre, den Zugang zur Braut notfalls zu erzwingen und sie zu rauben. In Rajasthan läßt sich die Anzahl der aus einem Haus herausgeheirateten Töchter leicht an der Galerie solcher Türchen ablesen, die am Eingang oder auf dem Dach befestigt sind.

Der angedeutete Raub ist ein Trennungs-Ritual: Die junge Frau läßt ihre Familie und damit den Lebensabschnitt des Mädchens hinter sich, ebenso wie sich der Bräutigam von seinem Dasein als Junggeselle trennt. Diese Separation versinnbildlichen zahllose Hochzeitsbräuche unter den Völkern: Kleider werden gewechselt, ein Spielzeug wird zerbrochen, Jugendgefährten werden verprügelt – oder, umgekehrt, sie verdreschen das Brautpaar –, Bänder werden zerschnitten. Der in Europa verbreitete „Polterabend" hat genau den gleichen Sinn: Am Vortag der Hochzeit wird Geschirr an der Tür des Brauthauses zerschellt – auf daß die Scherben Glück bringen mögen.

Gedränge vor dem Haus der Braut. Der Bräutigam steigt aus dem Sattel, nachdem ihm die Brautmutter zur Begrüßung eine Kokosnuß offeriert und Süßigkeiten in den Mund gesteckt hat. Der Bräutigam drückt der jüngsten Schwester der Braut ein paar Scheine in die Hand, ein symbolisches Bestechungsgeld, damit sie Anu herausführt. Die wartet bereits hinter der Tür. Die künftigen Eheleute sehen einander jetzt zum ersten Mal im Leben. Und selbst das sehr undeutlich. Denn Anus Gesicht verbirgt ein tiefer roter Schleier.

Schwestern und Tanten hatten die Braut stundenlang hergerichtet. Schließlich, das hatte sie seit Kindesbeinen gehört, sei dies der wichtigste Tag im Leben. Ihr bis zur Hüfte reichendes schwarzes Haar wurde noch und noch gebürstet, Hennamuster in die Handflächen aufgetragen, die ohnehin großen dunklen Augen noch größer geschminkt, Nägel lackiert, Halsketten, Ringe und Reifen poliert. Dann wurde die Braut in den rotgemusterten Sari gekleidet, dessen Ränder mit goldglänzenden Borten umnäht sind. Mehr als sieben

Albanien: Mit Tränen muß die Braut ihr Elternhaus verlassen – sonst gilt der Abschied von der behüteten Heimstatt nicht als würdig vollzogen

Meter mißt die Bahn aus steifer Seide, kunstfertig um Hüften und Brust gerafft und mit dem letzten Meter locker über den Kopf geworfen. Nun sieht Anu aus wie eine Wickelpuppe.

Neben dem Haus wartet ein geräumiges Zelt aus bunten Teppichbahnen, an einer Längsseite ein Plüschthron. Dorthin werden Anu und ihr Bräutigam unter beträchtlichem Brimborium geführt: Gesang und Hochrufe begleiten sie. Hochzeitszeremonien gleichen oft einer Thronbesteigung. Wie in Nordafrika oder Indonesien, so wird auch in Rajasthan der Bräutigam als „König", „Sultan" oder „Prinz" bezeichnet, seine Braut entsprechend tituliert. Die beiden sitzen – ohne auch nur ein Wort zu wechseln – starr auf dem Thron und schauen geradeaus, präsidieren so mehrere Stunden lang über den Köpfen der Gäste, die sich unter dem bunten Baldachin tummeln. Gratulationen für das junge Paar beschränken sich auf ein kurzes Zusammenlegen der Hände vor der Brust und eine angedeutete Verneigung des Kopfes – die landesübliche Geste von Begrüßung und Ehrerbietung.

Dies ist der Moment für Fotografen. Einzeln oder in Grüppchen postieren sich die Gratulanten neben dem Brautpaar, um sich ablichten zu lassen. Oft werde ich als schmückendes Beiwerk hinzugebeten – nicht nur, daß mich die vermutete Zugehörigkeit zur Kaste der Christen oder Engländer als ranghohe Persönlichkeit ausweist; weiße Haut bringt zudem Glück. Deshalb auch versuchen Heerscharen herumwuselnder Kleinkinder, mich wenigstens kurz zu berühren, um sich dann – man weiß ja nie – schnell in Sicherheit zu bringen.

Während des Defilees vor dem Brautpaar beginnt das Hochzeitsmahl. Bereits seit Nachmittag rühren Köche rund um das Zelt in riesigen Pfannen und Töpfen über offenem Feuer. Die Hochzeitsgesellschaft lädt sich die Teller voll, um dann, stehend oder auf dem Boden sitzend – jedenfalls aber nach Landessitte mit bloßen Fingern –, dem Essen zu huldigen: Linsen, Zwiebeln mit Kartoffeln, Blumenkohl, Reis mit Erbsen und Käsewürfeln, alles gedünstet in Butterfett. Dazu dünne Fladen aus Weizenmehl und dicke aus Hirse, Joghurt und rohe rote Chilischoten, um die ich bald mit brennender Zunge einen weiten Bogen mache.

Als Gast in indischen Häusern habe ich längst gelernt, meinen Teller nicht leerzuessen, denn sonst wird sofort unter heftigem Zureden der Gastgeber nachgelegt. Besonders fürchte ich die in Fett ausgebackenen Süßigkeiten – Bälle, Schnitten, Brezen –, die jedoch nicht, wie ich es von zu Hause kenne, als Dessert, sondern vor, bei und nach jedem Gang gereicht werden. Man trinkt Wasser – viel Wasser – und Tee. Eier, Fleisch und Alkohol sind in diesem streng hinduistischen Haushalt verpönt. Ein bißchen Opium in Ehren will allerdings niemand verwehren:

Hindu-Brauch: Trauung nachts am Feuer

Mehrere Männer bieten mir Bröckchen jener teigigen dunklen Masse an, die sie in den Händen weichgeknetet haben. Das Ende des Festmahls signalisiert das Herumreichen von Betel – Päckchen grüner Blätter, die eine klebrige Masse umhüllen. Beim Kauen entfaltet Betel eine anregende Wirkung, wobei der sich ansammelnde rote Speichel ab und zu auf den Boden oder an die Wand gespuckt wird.

Das Brautpaar hat an dem Gastmahl nicht teilgenommen; still und stumm – und sicherlich hungrig – residiert es immer noch auf seinem Thron. Die wenigsten Gäste interessieren sich für die eigentliche Zeremonie der Vermählung, die erst gegen Mitternacht zu erwarten ist. Da haben sich die meisten schon zur Ruhe begeben, denn die Feierei – im wesentlichen Völlerei – geht morgen weiter.

Ein tattriger alter Mann trifft ein: der Brahmane. Er bittet die Brautleute, die schon seit längerem fast unbeachtet dasaßen, in ein Eckchen des Hofes, wo eine besondere Feuerstelle vorbereitet ist. Dort nimmt der Priester mit dem Paar, den Brauteltern und dem Vater des Bräutigams Platz.

Jetzt ist es soweit. Der Brahmane entzündet ein Bündel Reisig vom heiligen Pipalbaum. Damit setzt er größere Scheite, auf die er ein paar Löffel Butterfett geträufelt hat, in Flammen. Und dann beginnt er murmelnd mit einer langen Litanei. Die Verse aus den heiligen Veden sind nicht nur für mich unverständlich, sondern – wie mir Virandra später gesteht – auch für die anderen Anwesenden. Aber die Mantras des Brahmanen erfüllen ihren Zweck; sie erzeugen eine ehrfurchtsgebietende Atmosphäre. Das Geheimnis des Rituals zieht uns jedenfalls in seinen Bann.

Unter Gesängen tragen Frauen Platten mit Speisen herbei: Reis, Gemüse, Früchte, Süßigkeiten. Der Bräutigam bringt der Statuette der Hausgöttin Durga eine Handvoll Reis dar. Durga ist die Patronin der Kriegerkaste, aus der Braut und Bräutigam stammen. Auch die Marmorfigur des Ganesha wird bedacht – denn dem elefantenköpfigen Gott sagt man nach, er könne alle Hindernisse aus dem Weg räumen. Schließlich werden Reiskörner in die Flammen geschüttet: ein Opfer für den Feuergott Agni, der alles Unreine verzehrt, ohne selbst unrein zu werden.

Es ist gewiß kein Zufall, daß bei dieser Zeremonie gerade Reis die Rolle des Mediums spielt – stellt dieses Getreide doch seit alters her das Grundnahrungsmittel für viele Völkerschaften der Region dar und könnte als Symbol der Fruchtbarkeit gedeutet werden, die dem jungen Paar zu wünschen ist. In diesem Sinne hat der Brauch, Hochzeiter mit Reis zu bewerfen, seit einiger Zeit sogar in Amerika und Europa Einzug gehalten – wobei derselbe Fruchtbarkeitszauber gemeint ist, wenn kleine Kinder vor dem Brautpaar Blumen streuen. Reiswerfen hat jedoch nicht nur in Indien einen noch umfassenderen Hintergrund: Es ist ein Opfer für die guten Mächte, auf deren Wohlwollen das Paar künftig angewiesen ist. In anderen Gegenden soll das Reisstreuen die Seelen vor der Entführung durch böse Geister schützen. Deshalb werden dabei Lockrufe ausgestoßen wie zur Fütterung des Federviehs: Die Seele könnte die Gestalt eines Vogels haben.

Ähnlich tief verwurzelt in der Mythologie und über die Grenzen der Kulturen hinaus weit verbreitet ist das Verschleiern der Braut – ein vielfältig abgewandelter Brauch höchst magischen Ursprungs. In der römischen Antike wurden Gläubige zur Vergebung ihrer Sünden mit dem Blut eines Opfertieres besprengt. Später bekleideten sich Initianden von Mysterien und auch Hochzeitspaare mit dem Fell des Opfers. Dadurch nahmen sie dessen Stelle ein und wurden der Entsühnung zuteil, die das Opfer erwirkt hatte. Schließlich wurde das Fell reduziert auf ein blutfarbenes, ein rotes Tuch. Daraus entwickelte sich die Sitte, Bräute mit einem purpurnen Kopftuch zu verschleiern, dem „flammeum". Die damit symbolisierte Sühne richtete sich jedoch nicht nur an die neuen Götter, die es im Hause des künftigen Ehemannes zu beschwichtigen galt, sondern auch an die alten, denen sich eine Schutzbefohlene nun entzog. So erklärt sich, daß der lateinische Ausdruck „nubere" – verhüllen – gleichbedeutend mit „heiraten" wurde. Im Wandel der Bräuche kann die Verschleierung heutzutage häusliche Sittsamkeit und Gebundenheit signalisieren. Auch eine weltlichere Deutung bietet sich an: Wenn der Bräutigam den Schleier hebt, sieht er die Braut, als sei es zum ersten Mal. Und das trifft zu: Nicht länger blickt er einer

Vielfältige Opferkulte sollen die guten Mächte gnädig stimmen: Reiswerfen bei einer Hochzeit in Italien; Verschleiern der Braut in England

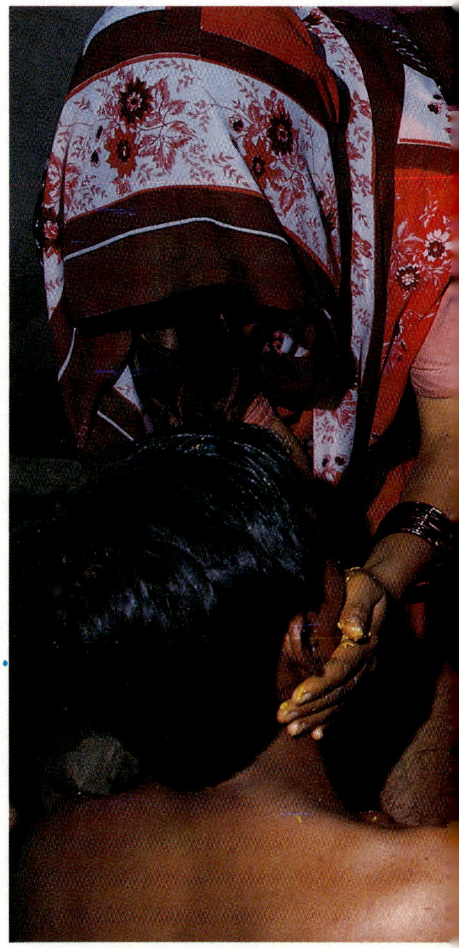

Freundin oder Verlobten ins Auge, sondern der Ehefrau.

Der rote Schleier vor Anus Gesicht läßt nicht erkennen, wie ihr zu dieser entscheidenden Stunde ihres Lebens vor dem mitternächtlichen Weihefeuer im Hof ihres Elternhauses zumute ist. Der Brahmane murmelt noch immer seine Mantras. Anu und ihr Bräutigam tauchen die Finger in flüssiges Butterfett, um dann gemeinsam von einer Platte zu speisen – das erste und vermutlich einzige Mal. Später wird die junge Frau wohl nie mehr in Gesellschaft ihres Mannes essen, sondern erst, wenn er geendet hat – das verlangt noch heute die strenge Sitte. Jetzt aber geht es darum, nach den trennenden Bräuchen solche der Vereinigung zu vollziehen. Eingliederung kann kaum deutlicher als durch ein gemeinsames Mahl symbolisiert werden – ein „Einverleiben" im wahrsten Sinne des Wortes. An solchen Ritualen sind die Hochzeitssitten der Völker überaus reich: Häufig tauschen die Brautleute Gürtel, Ketten oder Ringe, manchmal werden sie gemeinsam in ein Stück Stoff gewickelt, in manchen Gegenden waschen Braut und Bräutigam einander oder reiben sich gegenseitig mit Spezereien ein, und es kommt sogar vor, daß jeder das Blut des anderen trinken muß.

Der Höhepunkt der hinduistischen Hochzeitszeremonie naht. Der Brahmane legt die rechten Hände der Brautleute übereinander und umwickelt sie mit einem Schal – dies ist das erste Mal in ihrem Leben, daß sie einander berühren. Das Feuer lodert und in ihm sein Gott: Agni. Ihr, der mächtigen reinigenden Kraft, heißt es nun Referenz zu erweisen. Braut und Bräutigam erheben sich. Mit jeweils sieben Schritten umwandeln sie das Feuer dreimal. Zweimal schreitet die Braut voran, beim dritten Male der Bräutigam – Zeichen, daß er sie mitnehmen und auch künftig die Richtung bestimmen wird.

Beobachter sind für die nächsten Stunden ausgeschlossen. Doch die Fortsetzung der Vermählung ist nunmehr eindeutig vorprogrammiert. Einander fremd und doch fürs Leben verbunden – so werden Anu und der Bräutigam ihre Hochzeitsnacht allein in einem Raum verbringen. Anu wird ihren Schleier nur Stück für Stück lüften – und für jede Fingerbreite, die sie ihn höherhebt, muß ihr der Bräutigam ein kleines Geschenk machen.

Rituelle Körperpflege gehört in Rajasthan dazu: Seine Schwestern reiben den Bräutigam mit ölvermischtem Safran ein. Mit einer Schärpe als Schlepptau führt er die Angetraute schließlich heim

Diesen Handel schreibt die Sitte vor. Wenn Anu nicht bereits in dieser Nacht ihre Jungfräulichkeit verliert, dann jedenfalls an einem der nächsten Tage. Ob der Bräutigam bisher keusch war, wird kaum hinterfragt.

Am „Tag danach“ wird Anu ihrem Mann in dessen Elternhaus folgen. Dort sind wieder kleine Opferzeremonien vorgeschrieben, um die Hausgötter für die neue Mitbewohnerin gnädig zu stimmen. In westlichen Ländern wird das Problem listig umgangen: Die Braut wird über die Schwelle getragen – und der Hausgeist, der die Tür hütet, wird später glauben müssen, sie habe schon immer zur Wohnung gehört.

Anu wird von jetzt an vor allem dem Regiment ihrer Schwiegermutter unterstehen und das Schicksal der meisten indischen Frauen hinnehmen: Jahre hindurch wie eine Sklavin im Haushalt zu leben, isoliert von ihren leiblichen Verwandten und den Freundinnen der Jugendzeit. Sie wird ihren Ehemann mit unterwürfigem „Sie“ anreden, er aber wird sie duzen. Die traditionelle Rolle der hinduistischen Frau ist im National-Epos „Mahabharata“ klassisch umschrieben: „Ich bin nicht eifersüchtig und diene meinem Gatten in Ehrfurcht und Demut. Nie esse, bade oder schlafe ich, bevor mein Gatte gegessen oder gebadet hat oder bevor er schläft. Ich sorge für die Sauberkeit und bereite die Speisen. Wenn mein Gatte außer Haus ist, versage ich mir jedes Vergnügen. Ich spreche nie schlecht über meine Schwiegermutter. Ich gehe als letzte zu Bett und erhebe mich als erste. Und wenn ich dir raten darf, so achte deinen Gatten als deinen Gott.“

Ihre kurze Flitterwoche verbringen Inder gern in Hausbooten auf den Seen rings um Srinagar in Kaschmir

Die Reise zur Heimstatt der Schwiegereltern, die Anu am Tag nach ihrer Vermählung antritt, wird wohl die weiteste ihres Lebens bleiben. Die Familie ist zu traditionsbewußt, als daß sie eine der neumodischen Hochzeitsreisen für nötig hielte. Frischvermählte Paare der städtischen Mittelschicht Indiens reisen jedoch mittlerweile scharenweise nach Kaschmir, in die von Seen umschlungene Hauptstadt Srinagar, um dort auf einem Hausboot eine kurze Flitterwoche zu verbringen.

Hochzeitsreisen wurden erst zu Beginn des 19. Jahrhunderts und zunächst in Europa populär. Dort strebten bald immer mehr wohlhabende Bildungsbürger danach, den Beginn der Ehe durch den Besuch erhabener Naturschönheiten und Kunstschöpfungen zu krönen. Die Erschließung der Länder durch den modernen Verkehr förderte diesen Trend.

Geradezu skurrile Formen entwickelte der Drang zur Hochzeitsreise in Südkorea, einem Land besonders homogenen Massenverhaltens. Nahezu stündlich heben vom Flughafen in Seoul Jets ab, die fast ausschließlich mit Brautpaa-

Uniformität statt Individualität:
In einer Massenzeremonie lassen sich hier 6500 Mitglieder der koreanischen „Vereinigungs-Kirche" in Yongin nahe Seoul gleichzeitig trauen

Kinderhochzeit: In ländlichen Gegenden Rajasthans sprechen die Familien die künftigen Partner bereits im Alter von acht oder neun Jahren einander zu. Vollzogen wird die Ehe später

ren gefüllt sind: Heerscharen nervöser, fein gekleideter Damen in hochhackigen weißen Schuhen sitzen neben starr dreinblickenden Männern in Anzügen mit Seidenschlipsen. Manche Paare halten Händchen. Doch die wenigsten reden miteinander, denn sie sehen sich meist erst zum zweiten oder dritten Mal im Leben. Stunden zuvor wurde in einem der zahlreichen, eigens auf Heiraten eingerichteten Empfangsräume in Süd-Seoul der Bund fürs Leben besiegelt – natürlich vor der Linse einer Videokamera. Sofort danach geht es auf Hochzeitsreise nach „Übersee" – das ist fast stets die Insel Cheju, hundert Kilometer vor der Küste. Deren ausgedehnte Hotelanlagen ähneln einander genauso wie die Heiratszeremonien und die Kleidung der Paare. Und so haben auch alle Hochzeiter das gleiche Programm zu absolvieren.

Die Hoteliers tun ihr Bestes, um die Paare zu lockern, und bitten am Abend in die Diskothek zu neckischen Spielen. Die jungen Frauen sollen jenen Körperteil ihrer Angetrauten küssen, den sie am liebsten mögen; sie reagieren meist mit kichernder Verlegenheit. Die jungen Männer wiederum müssen zehn Schluck Bier in kurzer Zeit hinunterstürzen. Gemeinsam wird dann ein Kuchen in Herzform verzehrt. Den meisten ist trotz dieser Aufmunterung die Spannung deutlich anzusehen: Kurz nach Mitternacht will auf den Zimmern der Vollzug der Ehe versucht sein. Es folgt am nächsten Morgen ein Ausflug zu den Sehenswürdigkeiten der Insel, wo hilfreiche Hände von allen Paaren die gleichen Fotos machen. Nach einer zweiten Nacht heißt es zurückjetten nach Seoul – und allen hat der Flitterausflug gut gefallen.

Anu, die Braut in Rajasthan, lernt noch nicht einmal ein solches Vergnügen kennen. In Indien sind junge Frauen nur für den Tag der Hochzeit von den harten Regeln des Alltags entbunden. Im Hause ihrer Schwiegereltern werden sie alsbald mit den handfesten ökonomischen Hintergründen jeder Heirat konfrontiert. Denn Schwiegertöchter sind vor allem zu Gebärerinnen von Söhnen ausersehen, da allein männliche Nachkommen später eine Mitgift ins Haus holen. Töchter hingegen kosten eine Mitgift oder bleiben unverheiratet – und sind so oder so eine oft lebenslange Belastung für die Familie. Zudem darf nach dem Tod eines Elternteiles nur ein Sohn den Scheiterhaufen entzünden, dessen Flammen den Verstorbenen von irdischen Verstrickungen befreien. Das Sanskrit-Wort für Sohn – Putra – bedeutet wörtlich: „Der vor der Hölle (put) rettet." Deshalb ist es an der Tagesordnung, das Geschlecht von Nachkommen zu „manipulieren" – indem weibliche Föten nach pränataler Bestimmung abgetrieben oder erstgeborene Mädchen getötet werden.

Aber auch die frisch verheirateten Ehefrauen sind sich oft ihres Lebens nicht sicher: Fiel die vereinbarte Mitgift zu kümmerlich aus und wird kein „Nachschlag" gezahlt, droht der Schwiegertochter mitunter die „Selbstverbrennung". Immer wieder bringen die Zeitungen Meldungen von tödlichen „Unfällen" junger Ehefrauen im Haushalt – meist durch explodierende Kerosinkocher. Obwohl Mitgift-Forderungen in Indien seit 1961 schlechthin verboten sind, haben sich nach einer offiziellen Polizeistatistik von 1992 binnen der vorangegangenen vier Jahre wegen Streitigkeiten um die Höhe der Mitgift 15 891 Bräute selber getötet oder sind umgebracht worden. Da Witwer erneut heiraten dürfen, heimst die Familie von der nächsten Braut abermals reichlich Geschenke ein. Kindestötung und

Buchhalterisch penibel wird in Indien die Mitgift aufgelistet. Entspricht sie nicht dem ausgehandelten Wert und wird kein „Nachschlag" gezahlt, kann das für die Braut fatale Folgen haben

Mitgiftmord – die prächtigen Hochzeitsthrone werfen makabre Schatten.

Nach der wundervollen Hochzeitszeremonie in Rajasthan ein weiteres Beispiel im Detail zu beschreiben, wäre müßig. Denn in ihrem rituellen Ablauf sind sich Vermählungen weltweit ungemein ähnlich – ob in Indien, auf Grönland oder in Niederbayern –, auch wenn die Farben und Formen, die Speisen und Reihenfolgen wechseln: Abholen der Braut; öffentliche Präsentation des Paares und seine symbolische Vereinigung; Festschmaus und Gelage; Glückwünsche zur Fruchtbarkeit von Haus und Leib; Entlassung in die Nacht zu zweit zur körperlichen Vereinigung. Was die Hochzeitsriten in den verschiedenen Teilen der Erde indes wesentlich unterscheidet, sind ihre wirtschaftlichen Hintergründe – und deren lebenslange Folgen.

Völkerkundler erforschen seit langem die Muster des Güteraustausches bei der Verheiratung. Besonders hilfreich erwies sich dabei der „Ethnographische Atlas" des nordamerikanischen Anthropologen George Peter Murdock (1897–1985) mit weltweit grundlegenden demographischen und kulturspezifischen Angaben. Eine Analyse der Heiratsbräuche von insgesamt 1267 Völkern erbrachte, daß lediglich drei Prozent eine Mitgift pflegen, also das Beschenken der Bräutigamsfamilie durch die der Braut. In 66 Prozent aller Gesellschaften hingegen werden Güter oder Dienstleistungen als Preis für die Braut entrichtet. Die verbleibenden Völker kennen entweder keinen solchen Handel, oder einen auf Gegenseitigkeit –

Hochzeitszeremonien gleichen oft einer Thronbesteigung – und sie können auch so lang sein wie Feste bei Hofe: Nach islamischen Riten und althergebrachten heimischen Bräuchen feiert dieses Paar auf Java sechs Tage; zum Zeichen der Vereinigung ißt jeder von des anderen Teller

etwa, indem Verwandtschaftsgruppen ihre heiratsfähigen Töchter tauschen.

Mitgift oder Brautkauf – die Ursachen dieser gegensätzlichen Praktiken sind von höchst ökonomischer Natur. Es fällt auf, daß Mitgift, die „Mitgabe“ für die Braut, in der Regel nur dort üblich ist, wo soziale Schichten sich strikt voneinander abgrenzen, meist nach der Richtschnur von arm und reich. In einem solchen hierarchischen Gefüge wird Mitgift gezahlt, um die „Aufwärtsheirat“ einer Tochter zu ermöglichen – eine „Hypergamie“ –, oder um ihr zumindest den sozialen Abstieg zu ersparen. Die im Rang hochstehenden Familien versuchen natürlich, für ihre Söhne Bräute aus den zahlungskräftigsten Häusern auszuersehen. Allerdings funktioniert dieses System nur, solange die Männer lediglich eine einzige Frau ehelichen. Ganz offenbar sind Brautfamilien nicht bereit, ihre Tochter unter immensen Kosten in eine höhere Schicht einzukaufen, wenn diese den Wohlstand dort mit anderen Frauen und deren Kindern teilen müßte. Zudem fällt auf, daß der Brauch der Mitgift vor allem im Mittelmeerraum und in Ostasien verbreitet ist, in Gebieten mit intensivem Ackerbau per Pflug. Das „schwache Geschlecht“ kann bei dieser Wirtschaftsform nur wenig zur Nahrungsversorgung beitragen. Frauen gelten entsprechend als „minderwertig“ und sind von den Ehemännern abhängig. Die Mitgift soll sozusagen die Versorgung durch den Mann garantieren.

In landwirtschaftlich weniger ergiebigen Teilen der Erde dagegen können Frauen einen wesentlichen Beitrag zur Existenz der Familie leisten – durch Hüten von Vieh, durch Sammeln von Nahrung, durch Pflege kleiner Gärten und jährlich wechselnder Felder. Dieser Situation trägt wesentlich in weiten Teilen des ländlichen Afrika die Sitte des Brautpreises Rechnung, den die Familie des Bräutigams zu zahlen hat: Mit der jungen Frau wird eine wertvolle Arbeitskraft abgeworben.

Wenn im islamischen Ural, aber auch im christlichen Mitteleuropa Bräute während der Hochzeitsfeier entführt und vom Bräutigam ausgelöst werden müssen, entschädigt dies ebenfalls die Familie, das Dorf oder den Klan der Braut, die mit ihr ein produktives Mitglied verlieren. In manchen deutschen Dörfern spannen Kinder vor der Kirche ein Seil, um von dem Bräutigam einen symbolischen Brautpreis zu erpressen: einen Regen von Pfennigstücken. Oder die Nachbarn geben der Hochzeitskutsche den Weg erst frei, nachdem sie mit einem Schnaps „entschädigt“ wurden.

Uralte Formen des Brautpreises überliefert das Alte Testament. Danach erwarb beispielsweise ein Kandidat das Anrecht auf die

Hinter vielen Hochzeitsbräuchen verbirgt sich heute oft vergessene Symbolik: In Estland wie anderswo wird die Braut über die Schwelle ihrer neuen Heimstatt auf Händen getragen; in Kalifornien schneidet das Paar als erste gemeinsame „Hausarbeit“ die Torte an; Bräute auf den Azoren werfen Sträuße hinter sich – wer einen fängt, soll die nächste sein

künftige Braut, indem er deren Familie Darlehen gewährte oder Kriegsdienst leistete. Im 15. Kapitel des Buches Josua heißt es: „Und Kaleb sprach: Wer Kirjath-Sepher schlägt und gewinnt, dem will ich meine Tochter Achsa zum Weibe geben."

Wie Erzvater Jakob beim Brauthandel übers Ohr gehauen wurde, erzählt Kapitel 29 der Genesis. Sieben Jahre ging Jakob auf Freiersfüßen – so lange mußte er seinem Onkel Laban um die bezaubernde Rachel dienen. Erst dann lud Laban alle Leute des Ortes zu einem Festmahl ein. Die Braut blieb bis in die Hochzeitsnacht hinein verschleiert. Erst am Morgen „danach" erkannte Jakob, daß Laban ihm seine ältere Tochter Lea zugeführt hatte – durchaus nicht die begehrte Schönheit. Zur Rede gestellt, erklärte der Alte listig: „Es ist hierzulande nicht Sitte, die Jüngere vor der Älteren zu geben." Also mußte Jakob weitere sieben Jahre für Laban schuften, um Rachel ehelichen zu können.

Bräute kosten unterschiedlich viel. Die Maßstäbe der Preisbildung erforschte die britische Anthropologin Monique Borgerhoff Mulder – als Beispiel für viele Völkerschaften – in Kenia unter den Kipsigis, einem Stamm von Viehzüchtern und Maisbauern. Dort zahlen Väter von heiratsfähigen Söhnen mit Vieh für die Braut; Geld wurde erst in den jüngeren Jahren populär.

Fast immer verlangt der Brautvater bei den Kipsigis einen höheren als den gebotenen Preis. Die Forscherin führte Buch über insgesamt 1226 solcher Transaktionen. Demnach kostet eine Braut im Durchschnitt sechs Kühe, sechs Ziegen und 800 Kenianische Schilling – summa summarum ungefähr 1500 Mark. Um einen Sohn zu verheiraten, muß ein Vater damit in der Regel ein Drittel seiner Rinderherde und die Hälfte seiner Ziegen opfern – sowie den Tagelohn von zwei Monaten.

Dem Brautpreis liegt eine Arithmetik zugrunde, die sich von der eines Kuhhandels kaum unterscheidet. Die Anthropologin errechnete, daß er umso höher ausfällt, je jünger die Braut ist – sie muß allerdings schon geschlechtsreif sein. Für früh, also im Alter von 12 bis 14 Jahren, beschnittene Mädchen wird mehr verlangt als für solche, die später geschlechtsreif und deshalb erst mit 16 bis 18 Jahren beschnitten wurden: Jüngere Bräute haben offenbar deshalb größeren Wert, weil sie mehr Kinder gebären und aufziehen können.

Eine weitere Komponente der Preisgestaltung: Der Zeitpunkt der ersten Blutung hängt hauptsächlich vom Körpergewicht ab. Je reichhaltiger die Ernährung im Elternhaus, desto eher wird ein Mädchen das, was die Kipsigis „manerat" nennen: fett. Die Manerat werden deutlich bevorzugt vor den „Sagitat" – den dünnen. Beleibte, früh geschlechtsreife Mädchen erzielen also den höchsten Brautpreis. Die Kipsigis meinen nämlich, daß die Manerat in langen Trockenzeiten eher gesund bleiben und härter arbeiten können.

Eine heikle Rechengröße für den Brautpreis ist auch die verlorene Jungfräulichkeit. Bei den Kipsigis sind vier von hundert Bräuten vor der Ehe schwanger. Damit ist zwar ihre Fruchtbarkeit bewiesen – durchaus ein Sicherheitswert, da bei Kinderlosigkeit kein Rückgaberecht besteht. Dennoch drückt eine vorzeitige Schwangerschaft den Brautpreis erheblich, da der Verhandlungsspielraum des Brautvaters deutlich eingeschränkt ist. Denn akzeptiert er das Angebot des Bräutigamvaters nicht, dann bringt seine Tochter ein uneheliches Kind zur Welt und ist noch schwerer an den Mann zu bringen. Aber auch die Zurückhaltung des Bräutigamvaters ist verständlich – geht doch sein Sohn ein gewisses Risiko ein, nicht der Vater des Kindes zu sein.

Beim Gerewol-Fest der nomadischen Woodabe im Niger sind es die Damen, die auf dieser Art von Heiratsmarkt die Wahl haben. Die männlichen Bewerber streichen ihre Qualitäten durch Schminke, Schmuck und beim Tanz heraus

Ein Brautpreis – das klang schon an – soll nicht zuletzt den Verlust an Arbeitskraft kompensieren, den die Ursprungsfamilie erleidet. Auch das kann zu einer komplizierten Dreisatzrechnung führen: Bei den Kipsigis wird von einer verheirateten Tochter erwartet, daß sie ihrer eigenen Mutter auch weiterhin gelegentlich hilft – bei der Ernte oder nach einer Niederkunft. Zur Hand zu gehen wird aber in dem Maße schwieriger, je weiter entfernt die junge Frau von ihrem Elternhaus wohnt. Der Brautpreis trägt dieser Tatsache Rechnung: Bleibt die Tochter in der Nähe und kann zu Hause leichter einspringen, fällt er geringer aus, als wenn sie in die Ferne zieht und als Arbeitskraft allein den Schwiegereltern überlassen ist.

Unter veränderten wirtschaftlichen Bedingungen kann sich die Begehrlichkeit der Geschlechter – mit den Attributen „wohlhabend" beim Mann und „attraktiv" bei der Frau – durchaus umkehren. So erlangen bei einigen afrikanischen Stämmen die Frauen ökonomische Unabhängigkeit, etwa bei den nomadischen Woodabe der Südsahara. Dies ermöglicht eine Art Damenwahl, dank der die Herren der Schöpfung es sind, die sich wie auf dem Heiratsmarkt darbieten. Zum jährlichen Gerewol-Fest putzen sich liebeslustige Woodabe-Männer mit Erdfarben heraus, schminken ihre Lippen tiefdunkel, legen Amulette und Stirnbänder an. Dann tanzen sie in großem Kreis, blecken dabei die Zähne und rollen mit den Augen – denn viel Weiß zu zeigen, gilt als sexy. Von Zeit zu Zeit stellen sie sich in Reih und Glied vor dem Publikum auf, machen demonstrativ einige Schritte nach vorn, um sich sogleich wieder zurückzuziehen. Zuweilen löst sich aus der Menge eine der Frauen, schreitet wie beiläufig die Front ab und wählt mit dezenter Geste einen der Schönen aus – zunächst für eine Nacht. Fiel das Schäferstündchen befriedigend aus, darf der Liebhaber die Frau möglicherweise begleiten, wenn sie vom jährlichen Liebesfest wieder aufbricht in die Weite der Wüste ...

Eine Liebschaft allein begründet allerdings niemals eine Ehe. Zu den unverrückbaren Kriterien gehört stets, daß Mann und Frau durch Heirat immerhin mit drei verschiedenen Verwandtschaften verbunden sind – nämlich neben der von Vaterseite und Mutterseite nun auch mit der des Ehepartners. Die Beziehung zum Klan der eigenen Eltern ist blutsverwandtschaftlich – eine „konsaguinale Relation" –, während die mit den Verwandten des Ehepartners auf Verschwägerung gründet. Der tiefere Sinn von Hochzeitsfeiern ist, diese „affinale Relation" herzustellen. In welch hohem Maße Braut und Bräutigam dabei lediglich Mittel zum Zweck sind, machen Regelungen deutlich, die bei etlichen Völkern nach dem Tod eines Ehepartners eintreten: Beim „Levirat" heiratet die Witwe einen nahen Verwandten ihres verstorbenen Mannes – oft dessen Bruder. Beim „Sororat" wird eine verstorbene Ehefrau durch eine ihrer Schwestern ersetzt, ohne daß erneut ein Brautpreis gezahlt werden muß. In beiden Fällen bleibt die einmal geknüpfte Verwandtschaft bestehen.

Durch Heiraten werden unter den Mächtigen seit jeher politisch günstige Verbindungen angestrebt – nach dem von dem Ethnologen Edward Tylor formulierten Motto: „Wir heiraten die, gegen die wir Krieg führen." Charmanter drückt es die vielzitierte Devise des Habsburger Herrscherhauses aus: „Tu felix austria nube!" – Glückliches Österreich, heirate! Den Gipfel solcher Politik markieren glanzvolle Fürstenhochzeiten – heute sehr zur Freude der goldenen Blätter der Boulevardpresse.

Während des Dreißigjährigen Krieges waren besonders viele Brautwerber europäischer Herrscherhäuser unterwegs, um auf ihre Weise Allianzen zu bilden oder zu vertiefen. Der Prinz von Wales – Karl I. – etwa begab sich da im „Stutengarten Europa" um 1620 auf Brautschau. In Sachsen jedoch, wo er ehestrategisches Interesse signalisierte, wurde der englische Kalvinist vom streng lutherischen Kurfürsten Johann Georg abgewiesen. Der verheiratete seine Tochter Sophia Eleonora lieber an den lutherischen Landgrafen Georg von Hessen-Darmstadt, um sich auf der zerstückelten Landkarte des Reiches ein paar Parzellen inneren Friedens zu sichern. Der Auserwählte wurde von seinem Schwiegervater in das prächtige Renaissance-Schloß zu Torgau an der Elbe geladen, wo – wie es die Juristen ausdrückten – mit Fräulein Sophia Eleonora am 1. April 1627 „christlich kopuliert" wurde. Der Kurfürst von Sachsen richtete aus diesem Anlaß, nicht zuletzt zum eigenen Gefallen, ein gewaltiges Hochzeitsfest aus. Während in „teutschen Landen" rundherum seit zehn Jahren Krieg

Bauernhochzeit um 1540: Völlerei zu den Klängen eines Dudelsacks. Allein das Wirtshaus ist groß genug, um alle Gäste aufzunehmen. Kolorierter Holzschnitt von Nikolaus Solis

tobte, gefiel man sich bei der Hatz auf Wölfe und Bären und ließ von einer Schanze aus das Heilige Römische Reich Teutscher Nation – in Umrissen aus Brettern und Streben nachgebaut – durch ein gigantisches Feuerwerk abfackeln. Weniger tiefschürfend war die Symbolik eines Ringstechens vor dem hochwohlgeborenen Brautpaar – wurde doch dabei mehr oder weniger drastisch auf die Entjungferung angespielt. Ein Chronist berichtet: „Die prachtvoll geschmückten Hengste der anreitenden Ritter schnauben beim ruckartigen Stoß in den Ring. Wie Silberklang weht der verzückte Aufschrei der Damen auf die zerwühlte Rennbahn, wenn einem der ehrgeizigen Ritter das Kunststück gelingt und er aus vollem Lauf mit eingelegter Lanze den Ring richtig erwischt ..."

Deftig und üppig hielten in teutschen Landen allerdings nicht allein Fürsten Hochzeit – auch die „Hohe Zeit" von Bauernpaaren entartete häufig zu tagelangen Völlereien. Im Bauernstand ergriff der Bräutigam gewöhnlich Besitz von seiner Braut, indem er ihr auf den Fuß trat – wohl, um die Auserwählte symbolisch am Fortlaufen zu hindern.

War man zuvor handelseinig geworden, welcher Austausch von Vieh und Land die junge Ehe wirtschaftlich sichern sollte, führten Freunde und Familienangehörige die Brautleute scherzend und unter guten Wünschen ins Schlafgemach. Im „Beilager" umarmten die beiden einander vor den Augen der versammelten Zeugen – um dann zum eigentlichen Vollzug der Ehe alleingelassen zu werden. Eine „Morgengabe" ihres Mannes ermutigte die frischgebackene Ehefrau beim Start in das neue Leben – gedacht als Vorsorge für gemeinsame Kinder oder eine frühe Verwitwung.

Der Kirchgang eröffnete die Hochzeit offiziell. Die erst im 8. Jahrhundert im Christentum eingeführte kirchliche Trauung hieß zunächst – weil sie nach der Hochzeitsnacht stattfand – „copulatio". Der Priester spendete also keineswegs das Sakrament der Ehe, sondern er segnete lediglich den bereits von den Brautleuten leiblich vollzogenen Bund. Anschließend ging es tagelang hoch her: Hochzeitsgäste übergaben Geschenke – etwa Kälber, Enten, Hunde und Katzen, Hausrat wie Nadeln, Spindeln und Windeln. Gelegentlich war auch eine Schere darunter – für die Braut, damit sie den Faden der Liebe durchschneiden konnte, wenn der Mann treulos werden sollte.

Der Nürnberger Meistersinger Hans Sachs hat ein geradezu orgiastisches Bauernfest treffend beschrieben:

„Eines Tages, da ich vernahm /
in einem großen Wirteshaus/
die Bauren leben in dem Saus./
Die Kalbsköpf, Mägen
und die Krös,/
Pfeffer und Sulz waren nicht bös. /
Die Rotsäck und
die Schweinebraten,/
die Sauermilch war wohlgeraten./
Der Wein ward also kühlet trunken,/
daß ihr' viel unter die Bänk sunken./
Sich hub ein groß Grölzen
und Speien,/
ein Kallen, Singen, Juchzen,
Schreien. /
In dem Wirtshaus an allen Ort /
sein eigen Wort ihr' keiner hort'. /
Ganz fröhlich waren jung und alt. /
Nit weiß ich, wer die Orten zahlt."

Auch Bauern schöpften also bei ihren Hochzeiten aus dem Vollen: Ausdruck zunehmenden Wohlstandes und wachsender politischer Bedeutung ihres Standes im ausgehenden Mittelalter. Ein Dokument vom Beginn des 16. Jahrhunderts berichtet über einen Ackerbürger aus Schaffhausen, der drei Tage lang mit jeweils 30 bis 60 Gästen feierte, was ihn 300 Gulden kostete – der monatliche Sold einer ganzen Truppe von 75 Landsknechten.

Die Landesherren versuchten, den immensen Aufwand ihrer Untertanen einzuschränken – was eine Verordnung des Jahres 1500 aus Bayern widerspiegelt: „Der Hochzeiten halben soll geboten werden, daß kein Bräutigam noch Braut auf ihre Beyliegung zum Mahl nicht mehr laden sollen, dann jeder Theil 12 Personen, junger und alter. Welcher oder welche aber darüber mehr luden, der oder dieselben sollen der Herrschaft ... 10 Pfd. Münchener Pfennige unabläßlich zu bezahlen verfallen seyn." Das Tanzen wurde gleichfalls reglementiert: „Und soll mann also auff den Hochzeithen tags nit yber zwo stundt, und nach dem nacht Imbis nit yber ein Stund tantzen."

Das berühmte, um 1565 von dem niederländischen Meister Pieter Bruegel geschaffene Gemälde „Bauernhochzeit" zeigt die Wirkung solcher Maßnahmen: An den reich gedeckten Holztischen drängen sich nicht mehr als zwanzig Personen – wie es ein Erlaß von Kaiser Karl V. gerade erlaubte. Die kleine Gesellschaft scheint sich trotzdem bestens zu vergnügen: Der Wein fließt in Strömen, gefüllte Teller machen die Runde,

Exotisch wirkt nicht nur der Aufzug
junger Nuer zu einer Hochzeitsfeier. Selbst die
Partnerwahl ist bei diesen Rinderzüchtern
im südlichen Sudan zuweilen ungewöhnlich: Da gibt
es, stellvertretend für Verstorbene, auch eine
„Geisterheirat", und manchmal vermählen
sich sogar zwei Frauen miteinander

man plaudert und kokettiert angeregt, während das Quäken der Dudelsäcke die Stimmung anheizt.

Triftige Gründe veranlaßten die Obrigkeit, die Prasserei einzudämmen – etwa damit nicht „die jungen Eeleut, die nichts zusammengebracht, so weit hinhinder und in schulden kommen, das sie es ir lebenslang nit erholen moegen." Die württembergische Regierung beklagte zudem die Spirale von Preissteigerungen. Es sei nämlich „ein solch unzimlich ubermessig schlemmen, pancketieren, verschwelgen und fuellerey, sonderlich aber in haltung der Hochzeitten in ueblichen Schwank kommen, daß dardurch fast alles dasjenig, so zu taeglicher menschlicher Narung und auffenthalt notwendig, nicht allein in hohen onerschwenglichen werth und auffschlag gerathen, sonder auch teffentlicher mangel und abgang derselben."

Die Grundherren versuchten die Heiraten der Bauern – die oft ihre Leibeigenen waren – auch aus anderen Gründen zu maßregeln. So durften Leibeigene keine freien Frauen heiraten, denn deren Kinder wären ebenfalls frei geworden – ein Verlust für den Leibherren an Steuern und Arbeitskräften. Andererseits sollten Heiratszwänge die Vermehrung der Untertanen sicherstellen – wie es die Vereinbarung zwischen einem Ritter und den Bauern seines Dorfes deutlich macht: „Und vor Fassnachtzeit, als man gemeiniglich zur Ehe greift, solle der Ambtmann etwelche Knaben und Töchteren, die im Alter sind, besehen und schaffen, dass sie heürathen."

An den grundherrlichen Heiratszwang erinnert vielleicht die verbreitete Sitte, Mädchen im Frühling zu „versteigern". Im hessischen Bernsfeld bei Mücke werden heute noch am 30. April die unverheirateten Mädchen und Frauen im Wirtshaus feilgeboten – etwa mit den kernigen Männerworten: „Ein besonders hübsches Mädchen, schwarze Haare, rote Bäkkelcher, hübsche Guckelcher, kann gut nähen, kochen und alles andere auch. Mit oder ohne Unschuld? Schöne, gut bewässerte Äcker und Wiesen." Das teuerste Mädchen wird Maikönigin, und der ersteigerte Einsatz – bei dem tausend Mark mit einem Groschen abgegolten werden – kommt in die Gemeinschaftskasse der Burschen.

Wenngleich Fürsten, Bischöfe und Ritter vielfach in das Privatleben der Bauern eingriffen, so taten sie dies nicht so, wie das berüchtigte „ius primae noctis" gemeinhin verstanden wird. Denn das „Recht auf die erste Nacht" bedeutete keineswegs, daß den Grundherren die heiratsfähigen weiblichen Untertanen zur Defloration zugeführt wurden. Indes hatte der männliche Hörige die Pflicht, dem Grundbesitzer für die Erlaubnis zu zahlen, sich eine Frau zu nehmen. Damit erwarb der Bauer für sich selber das „Recht der ersten Nacht" – die ja nichts anderes als das Symbol für eine Eheschließung war.

Nicht immer vereinen Hochzeitsfeiern Partner zum Zwecke der gemeinsamen Fortpflanzung. Einen exotischen Brauch pflegen etwa die Nuer – eines der Hauptvölker des Sudan. Sie glauben, ein ohne männlichen Erben verstorbener Mann hinterlasse einen ärgerlichen Geist, der sich an den Hinterbliebenen rächt. Denn allein ein Sohn kann den Namen des Verblichenen fortführen. Um den Dämon zu beschwichtigen, wird eine Geistheirat arrangiert: Im Namen des Hingeschiedenen ehelicht ein unverheirateter Bruder oder Neffe eine Frau – für die auch ein Brautpreis zu entrichten ist. Werden dann Söhne geboren, gelten sie als Nachkommen des Verstorbenen und tragen dessen Namen. Allerdings können seine Stellvertreter nach der Geistheirat schwerlich abermals einen Brautpreis aufbringen. Stirbt ein Stellvertreter, wird er deshalb selbst zum ärgerlichen Geist – und nun muß einer seiner Verwandten für ihn eine Geisterhochzeit ausrichten.

Es ist noch verwickelter. Denn die Nuer erlauben zudem Hochzeiten zwischen Partnern gleichen Geschlechts: Unfruchtbare Frauen mit einigem Wohlstand können andere Frauen ehelichen. Ein männlicher Freund sorgt dafür, daß die durch Zahlung eines Brautpreises erworbene Ehegefährtin schwanger wird. Die Kinder reden die Gefährtin ihrer leiblichen Mutter allerdings als „Vater“ an.

Ganz ähnlich bemühen sich in westlichen Gesellschaften zunehmend mehr homosexuelle Männer und Frauen, ihre Partner heiraten zu dürfen – was juristisch noch besonders heikel ist beim Erbrecht, bei Rentenansprüchen oder der Absicht, ein Kind zu adoptieren. Der schwedische Staat oder auch die Stadt San Franzisko in Kalifornien erkennen mittlerweile gleichgeschlechtliche Ehen an.

Der sexuelle Aspekt der Verheiratung wurde ohnehin vielfach nur als Symbol aufgefaßt. Die christliche Kirche setzt die Vereinigung gegensätzlicher Pole gerne mit der mystischen Verschmelzung von

Mit einem Küßchen auf den Stufen des Rathauses von San Franzisko besiegeln zwei Männer ihren behördlich beurkundeten Partnerbund: Liberale Gesetze in Kalifornien machen es möglich

Nicht zur Fortpflanzung des Leibes, sondern zur Mehrung geistlichen Reichtums verloben sich Nonnen ihrem Herrn Jesus Christus an: Festtagskuchen im englischen Orden der „Bräute Christi"

Gott und Mensch gleich. So wird auch das alttestamentliche „Hohelied Salomonis" gedeutet, eine etwa zweieinhalb Jahrtausende alte Sammlung von Liebesgedichten. Manche Bibelwissenschaftler erkennen in der erotischen Poesie die Liturgien einer Heiligen Hochzeit zwischen einer Fruchtbarkeitsgöttin und ihrem Heroen, der seine Braut vollmundig preist:

„Einem karmesinroten Bande
sind gleich deine Lippen, /
und lieblich ist dein Plaudermund./
Einer Granatapfelscheibe
gleicht deine Schläfe /
hinter deinem Schleier. /
Deine zwei Brüste
sind wie zwei Kitzen, /
Wie Zwillinge einer Gazelle, /
die weiden in den Lilien."

Christliche Schriftgelehrte verstanden das Hohelied allegorisch als mystische Hochzeit zwischen dem Gottessohn Christus und seiner Kirche. Auf dieser Auslegung fußt auch die feierliche Aufnahme in katholische Orden: Die Nonnen erhalten Ring und Brautschleier und werden zu „Sponsae Christi" – zu Bräuten Christi. Daß auch eine solche geistliche Hochzeit nicht der Sinnlichkeit entbehren muß, lehrt das Beispiel der Teresa von Avila: Die spanische Heilige erfuhr in religiöser Verzückung ihren himmlischen Bräutigam wiederholt als Pfeil.

In Rajasthan: Festessen ohne Brautpaar

Rausc

Das Ende des Lebens in einer Welt, die voll von Festen, Mythen, Ritualen ist, gibt abermals Anlaß zum Feiern. Da wird ausgelassen gesungen, getanzt und gezecht; selbst sexuelle Orgien begleiten das Leichenbegängnis. Doch vielen Bestattungsriten gemeinsam ist die Sorge um das Schicksal der Seele. Dem Glauben an das Leben im Jenseits entspringt der verbreitete Brauch, die Gebeine nach einer Weile zum zweitenmal zu bestatten. Nun erst erfüllt sich endgültig die Hoffnung, daß der Verschiedene in das verheißene Land einzieht. Die Hoffnung, daß das Dasein nicht endet

m Schatten des Todes

Christlicher Kult der Ahnenfürsorge am Fest von Allerseelen: Feuer zum Wärmen, Wasser zum Waschen, Blumen wie im Paradies – hier im oberitalienischen Falcade

GANZ CAROLINA

Wo immer es möglich ist, wird die Leiche in Indien in heiligem Wasser getränkt – und dann am Flußufer eingeäschert: Letzter Tribut an die Götter nach hinduistischem Glauben

Widerstand gegen den Tod. Die Dogon in Mali vertreiben den Geist des Verstorbenen mit einem Tanz der Vitalität – versinnbildlicht durch Masken von wilden Tieren ebenso wie durch die Farbe des Blutes

Der Pope bittet um Gnade
beim Letzten Gericht. Das Kinn der
Verstorbenen ist sorgsam hochgebunden:
Nachdem die Seele durch den Mund
entwich, soll kein Dämon eindringen –
russisch-orthodoxes Totenritual
in Moskau

Der Tod ist sicher – nur
die Stunde nicht. Diese Gewißheit
verkündet der Sensenmann
selbst zu Weihnachten in der Feldmark
der polnischen Stadt Ziwiec

Lokalkolorit mit
hinduistischem Ritus: Auf Bali
werden die sterblichen Überreste zur
Verbrennung in einen hohlen
Pappdämon gebettet, der böse
Geister fernhalten soll

Trauer um ein gekröntes Haupt – gekalkt zur Reinigung und Konservierung. Am letzten Lager eines Lokalfürsten in Nigeria hält sein erstgeborener Sohn – mit roter Haube und Feder als Zeichen des Respekts – fünf Tage lang Totenwache

Bis unter die Bahre beugen sich die trauernden Frauen in der chinesischen Provinz Hebei während ihrer Totenklage, bevor der teure Verblichene aus dem Haus getragen wird

Bewacher der Gebeine –
oder zeitweilige Zuflucht für ruhelose
Totenseelen? „Tau-Tau"-Figuren
spielen eine rätselhafte Rolle
im Bestattungsritual der Toraja auf der
indonesischen Insel Sulawesi

Zur vorletzten Ruhe gebettet.
Nur bis zur Auferstehung – so christlicher Glaube – werden die Verblichenen in ihren Gräbern liegen. Mehrstöckige Totenhäuser entstehen, wo der Boden zu hart für eine Erdbestattung ist: Hauptfriedhof in Lima, Peru

Alte Sonnenuhren künden die schicksalsträchtige Botschaft: „Mors certa, hora incerta" – Der Tod ist sicher, nur die Stunde nicht. So wenig sie dieser Vergänglichkeit ausweichen können, so überaus unterschiedlich begegnen ihr die Menschen: Tote werden eingeäschert oder vergraben, durch Räuchern, Balsamieren oder Pökeln haltbar gemacht. Verstorbene werden einfach achtlos liegengelassen oder pompös zur Schau gestellt. Diener servieren ihnen jahrelang ihre Lieblingsspeisen, oder man wirft sie schlicht den Geiern zum Fraß vor. Tote werden zur ewigen Ruhe gebettet oder wieder aus dem Grab geholt, um ihnen ein wildes Fest zu geben. Altersschwache Könige lassen sich lebend verschütten, andere Herrscher errichten monumentale Gräber – ohne die Absicht, sich dort je bestatten zu lassen. Bei Totenfeiern wird still geweint oder fröhlich gesungen, herzzerreißend geklagt oder ausgelassen getanzt, und selbst sexuelle Orgien gehören zu ihrer Begleitung.

Seit Urzeiten treibt die Gewißheit des unvermeidlichen eigenen Endes Denken und Handeln der Menschen um. Bereits die eiszeitlichen Neandertaler widmeten sich pfleglich ihren Toten, die sie unter Erdhügeln und in Höhlenböden vergruben. Bei den Skeletten fanden sich Reste roten Farbstoffs, Feuersteine und Rinderknochen; einer der Altmenschen war auf Hyazinthen, Lichtnelken und Heckenrosen gebettet. Sollten Blutrot und Blüten die Toten wieder zum Leben erwecken? Waren die Beigaben als Ausrüstung und Proviant für ein Leben nach dem Tode gedacht? Lange vor den ersten Hochkulturen wurden Verstorbene in Hockstellung beigesetzt – Zeugnis frühen Glaubens an die Wiedergeburt, da auch Ungeborene im Mutterleib so kauern? Leichname wurden zuweilen fest verschnürt bestattet. Ging seit alters her die Angst um, Tote könnten den Lebenden nachstellen?

Diese Furcht nährt jedenfalls bis heute zahlreiche Totenrituale.

- Die Tiwi auf den Inseln vor der Nordküste Australiens glauben, daß die Geister der Toten sich einsam fühlen und Freunde oder Verwandte in ihre Welt mitzunehmen versuchen. Zu Bestattungen machen sich die Eingeborenen deshalb durch Körperbemalung unkenntlich.
- Um den Totengeist zu beschwichtigen, muß bei den Dani auf Neuguinea ein junges Mädchen einen Finger opfern. Der wird bis zum zweiten Glied amputiert und den Flammen des Scheiterhaufens bei der Leichenverbrennung mit übergeben.
- Auf Bali sollen Verstorbene davor geschützt werden, daß böse Geister sie für üble Absichten mißbrauchen. Zu deren Verwirrung werden deshalb bei der Verbrennung die Gebeine des Toten in hohlen Pappnachbildungen von Opferstieren versteckt.

Dani-Frau: Fingerglieder als Totenopfer

Aus Furcht vor Geistern bemalen trauernde Tiwi ihre Körper mit Farben aus Mineralien und Pflanzensäften, scheren sich das Haar und verbrennen es. So wollen sich Nordaustraliens Ureinwohner unkenntlich machen

● Wenn im rumänischen Siebenbürgen junge Menschen unverheiratet sterben, können ihre ruhelosen Seelen die Lebenden bedrohen. Das Begräbnis gleicht deshalb einer Eheschließung: Während der Leichnam im Hochzeitsstaat bestattet wird, gibt ihm ein Dorfmitglied im Beisein des Priesters das Jawort.

Ganz allgemein spielt im Christentum der Glaube an eine Existenz nach dem Tod eine Rolle. Nicht allein aus purer Pietät lassen deshalb Grabredner ausschließlich Tugendhaftes über einen Verblichenen verlauten. Die Lobeshymnen beugen vor, daß sich der Geist des Verstorbenen für üble Nachrede rächt. Auch daß der Sarg mannstief abgesenkt wird, hat nicht allein hygienische Ursachen: Je tiefer die Grube, desto geringer die Gefahr der Rückkehr. Und wenn schließlich die Trauergäste jeweils drei Schaufeln Erde auf den Sarg werfen, ist dies mehr als nur der symbolische Beginn des Begrabens. Vielmehr soll der Tote niemanden hinabziehen können. Ein schwerer Grabstein sorgt für zusätzliche Sicherheit. Mancherorts wird zudem bei Kreuzwegen ein Haufen Stroh abgelegt, damit sich die rastlose Seele dort verfängt, statt in ihre frühere Wohnung zurückzukehren.

Die unterschiedliche Weise, in der die Völker sich ihrer Toten entledigen – meist mit enormem kultischem Aufwand –, gibt der Religionswissenschaft noch immer Rätsel auf. Frühe Experten wie die Briten James Frazer und Edward Tylor hielten das Bewußtsein des Sterbenmüssens für die Ursache allen Gottes- und Geisterglaubens. Genau umgekehrt deutete ihr Zeitgenosse Emile Durkheim (1858–1917) den Zusammenhang zwischen Ritual und Trauer. Der französische Soziologe meinte, Gefühlsäußerungen seien gesellschaftlich verordnet und spiegelten soziale Hintergründe, nicht aber Urängste des einzelnen wider: „Die Menschen weinen nicht um die Toten, weil sie diese fürchten, sondern sie fürchten die Toten, weil sie um sie weinen.“ Frischen Wind in die „Thanatologie“, die Wissenschaft vom Tode, brachten die amerikanischen Anthropologen Richard Huntington und Peter Metcalf; sie entschlüsselten, auf welche Weise die verwirrende Vielfalt der Totenrituale mit dem jeweiligen Lebensverständnis einhergeht.

Ein Beispiel dafür sind die Feiern des Todes, wie sie die Berawan im Nordwesten Borneos zelebrieren. Europäern mag es befremdlich erscheinen, doch bestatten diese Regenwaldbewohner ihre Toten nicht ein-, sondern zweimal, und dies unter höchst absonderlichen Umständen.

Der rote Faden der Rituale: Die Berawan glauben, der Körper sei von einer spirituellen Komponente durchwoben, die der abendländischen Vorstellung von einer Seele gleichkommt. Wenn die Seele zeitweilig herumstreift und bösen Geistern in die Hände fällt, wird der Körper krank. Die Heilkünste von Schamanen können die Seele und damit die Lebenskräfte oft zur Rückkehr bewegen. Gerät die Seele bei ihrer Wanderung jedoch bis in das Land der Toten, dann stirbt der Leib – es kommt zum „Verlust des Atems“. Diese Metapher ist

„Nunta mortului“ – Totenhochzeit: Begräbnisse lediger Frauen werden im rumänischen Siebenbürgen als Heirat inszeniert, damit die Verstorbene nicht herumspukt

auch Juden und Christen vertraut: Gott blies Adam seinen Odem ein; entsprechend wird beim Tode das Leben „ausgehaucht".

Aber das ist nach den Vorstellungen der Berawan noch nicht das letzte Ende. Denn die Seele ist zunächst vom Land der Ahnen verwirrt und will eilends zurück in das Reich der Lebenden. Dort indes findet sie ihren Körper in Auflösung vor. Das ist der Punkt, wo die Totenrituale einsetzen: Sie sollen die Seele hindern, einen verfallenden Körper wieder in Besitz zu nehmen, weil daraus ein Ungeheuer entstehen würde. Der Körper wird nach dem Tode also bestattet und mindestens acht Monate bis zur vollständigen Verwesung in Ruhe gelassen. Dann werden die Gebeine erneut ans Tageslicht geholt, um die Seele im turbulenten Fest einer zweiten Bestattung endgültig in das Land der Ahnen zu geleiten. Diese doppelten Totenfeiern strotzen von zeremonieller Symbolik.

Pauken und Gongs hallen durch den Wald und künden den Angehörigen in den Reisfeldern weithin vom Tode eines Stammesmitglieds. Spätestens am Abend eilen alle zum Trauerhaus. Kondolenz äußert sich in Borneo nicht durch bedrückte Leisetreterei, sondern durch Riesenlärm: Am Langhaus, der gemeinsamen Unterkunft für die ganze Sippe, sitzt man schwatzend und spielend zusammen, und Reiswein fließt reichlich.

Den Leichnam stellen die Berawan zu dieser Stunde fein eingekleidet auf einem Sitz zur Schau. Zur Beschwichtigung der herumirrenden Seele werden dem Toten Zigaretten und gekochter Reis angeboten; seine Hand ruht in einer Schale voll Geld und Süßigkeiten. Laute Klagen erfüllen die Luft: „Warum hast du die, die dich liebten, verlassen?"

Markerschütternd untermalt Schlagzeug die Szene. Wurden mit den meterlangen Mörserstößeln aus Hartholz tagsüber noch Spelzen von Reiskörnern getrennt, so trommeln sie jetzt im Takt auf Holzbohlen und aneinander. Manche Wissenschaftler halten solche Totenrituale gar für die Herkunft aller Musik: Urform jeden Rhythmus' sei das Herausschlagen eines Sargtroges mit Äxten aus einem Stamm. Da Trommeln und Pauken die Zeit „zerschneiden" – ähnlich wie es eine Linie mit dem Raum tut –, signalisiert der Takt der Schläge, daß der Puls des Lebens auch in einer Periode des Übergangs unaufhaltsam weiterpocht. Zudem ahmt der Mensch beim Trommeln eine der eindrucksvollsten Erscheinungsformen des Übernatürlichen nach: den Donner.

Am Morgen nach der nächtlichen Feier betten die Berawan ihre Toten in einen einfachen Holzsarg. Es ist aber durchaus auch üblich, daß sie die Leiche – gewaschen und eingekleidet – stattdessen in einem hohen Tonkrug luftdicht einschließen, der zuvor zum Brauen von Reiswein verwendet worden war. Das Sekret der Verwesung leitet ein Bambusrohr in den Boden ab, bis allein das Skelett übrigbleibt. Diese Prozedur ist beileibe kein bizarrer Urwaldbrauch: Die Leichname thailändischer Könige werden bis zur völligen Austrocknung hockend verschnürt in einer Goldurne auf-

Wochen verstreichen zwischen Tod und Bestattung, denn die Seele muß erst ruhig werden: In Bangkok wird am Ende der Wartezeit die Urne mit den eingetrockneten Überresten eines Mitglieds des Herrscherhauses feierlich zum Verbrennungsplatz überführt

bewahrt, wobei eine kostbare Vase die Absonderung auffängt.

Bis zur Zeremonie der endgültigen Bestattung lagern die Berawan das Behältnis mit dem Toten auf der Veranda des Langhauses oder auf einer Plattform hoch über dem nahen Friedhof. Für die Hinterbliebenen beginnt nun eine harte Zeit. In den Monaten bis zum Ende der Verwesung der Leiche müssen die Verwandten rituelle Auflagen beachten, um die herumstreunende Seele zu beschwichtigen, die auf das Leben neidisch ist. Das Langhaus darf nicht jederzeit verlassen werden; Tanzen ist verboten. Witwen – die mindestens ein Jahr lang nicht wieder heiraten dürfen – unterliegen besonders strengen Regeln. Sie werden tagelang in eine schmale Hütte eingesperrt, dürfen sich nicht waschen und erhalten nur eine sehr karge Nahrung. In jeder Vollmondnacht müssen sie nahe der Leiche kniend eine Totenklage anstimmen. Dabei ist weiße Kleidung vorgeschrieben.

Denn Weiß ist das Zeichen der Trauer bei den Berawan. Damit reihen sich ihre Gewänder neben Rot und Schwarz in die Grundfarben ein, die fast überall auf Erden symbolisieren, daß der Tod ins Leben eingebrochen ist. Weiß steht für das Erblassen der Haut beim Tode ebenso wie für die Kalkbleiche der Knochen. Doch regt sich im Weiß zugleich der Widerstand gegen die Vergänglichkeit, wie er in der Reinheit der Milch und der Fruchtbarkeit des Samens zum Ausdruck kommt. Noch kräftiger rebelliert andernorts das Rot gegen den Tod. Trauernde in roter Kleidung – wie sie etwa für Madagaskar typisch ist – zeigen mit der Farbe des Blutes, daß sie dem Leben vital zugewandt sind. Das Schwarz von Hinterbliebenen in westlichen Ländern wurde vermutlich zur Todesmetapher, weil es dunkel vor Augen wird, wenn das Bewußtsein schwindet. Doch dem Schwarz wohnt ebenfalls ein Schimmer künftiger Aufhellung inne: Hoffnung auf die lichtdurchfluteten Gefilde der Unsterblichkeit.

Als die ersten katholischen Missionare nach Borneo kamen, stießen sie mit der Ausmalung des Fegefeuers auf offene Ohren bei den Berawan. Denn auch die halten das Purgatorium für eine nützliche Einrichtung – werden damit doch die als Plagegeister gefürchteten Seelen kürzlich Verstorbener unter göttliche Aufsicht gestellt, „bis ihre Knochen getrocknet sind“. In dem Zeitraum, bis das Fleisch verfallen ist und nur Gebeine übrig bleiben, wird die Seele allmählich ruhiger. Schließlich findet sie endgültig den Weg in das Reich der Toten und verwandelt sich dabei zu einem der prächtigen Ahnen. Jetzt gibt sie auch den Lebenden ihren Frieden.

Dies nun ist der Zeitpunkt, die weltlichen Überreste des Verblichenen ans Tageslicht zu holen und sie zum zweitenmal – endgültig – beizusetzen. Längst nicht immer können sich die Hinterbliebenen aus diesem Anlaß eine große Feier leisten – mit hohen Kosten für ausreichend Reis und Arrak zur Bewirtung vieler Teilnehmer und für den Bau eines Mausoleums. Die erfolgreiche Seelenreise besonders verdienstvoller Stammesmitglieder jedoch ist Anlaß für ein „Nulang“: ein rauschendes Fest von vier bis zehn Tagen.

Hell lodern die Totenfeuer auf Bali, denn bei dieser Zweitbestattung werden nur noch die Gebeine verbrannt. Der tiergestaltige Sarg soll nicht nur böse Geister abschrecken, sondern symbolisiert auch die Kaste des Verstorbenen

Zur Eröffnung des Nulang werden der Sarg oder der Krug mit den Gebeinen auf die Veranda des Langhauses geschafft. Meist folgt eine Reinigung der Knochen, die dann oft in einem kleineren Behältnis untergebracht werden. Die Stimmung ist ausgelassen: Es wird gevespert und gezecht, gelärmt und getrommelt, gescherzt und gespielt.

Im Mittelpunkt der Feier stehen die Totengesänge. Zunächst warnen leichtherzige Lieder alle Seelen der Lebenden, sich nicht von der des Verstorbenen zum Herumstreunen verführen zu lassen. Der nächste Gesang ist stromaufwärts gerichtet – wo das Totenreich liegt. Jene armdicke Bambusröhre wird herbeigebracht, in der unlängst das Wasser zum Waschen des Leichnams transportiert wurde. Der Vorsänger klopft mit ihr auf das Behältnis der Gebeine und bittet die Seele, sich zur Abreise bereitzumachen: Sie möge sich ankleiden, das Langhaus verlassen und in das am Fluß bereitgehaltene Kanu steigen.

Die Stationen der Reise werden besungen: jene von den Berawan vormals besiedelten Plätze, die sie nacheinander aufgaben, um sich stetig weiter stromabwärts niederzulassen. Immer wieder wird die Seele angefeuert, kräftig zu paddeln. Schließlich ergeht die Aufforderung, am Ufer festzumachen, um im Wald nach berauschendem Betelkraut zu suchen. Damit enden die Gesänge. Jetzt, nachdem sie sich über sechs oder acht Stunden bis in die Morgendämmerung hinzogen, sollen die Geister der Ahnen in Aktion treten. Sie dürften den Ankömmling inzwischen ausgemacht haben und ihn in ihre

Mit einem „Großen Fest" geleiten Völker rings um den Indischen Ozean die Seelen ihrer Toten ins Ahnenreich. Wird ein Fürst verbrannt, ist auf Bali das Getümmel groß, weil dann auch Hunderte anderer Skelette zum Einäschern und oft von weither herbeigeschafft werden

wundervolle Welt aufnehmen, wo man in prächtigen Gewändern wandelt und golden schimmernden Reis erntet.

Das Nulang endet mit der Beisetzung der sterblichen Überreste in einem hölzernen Mausoleum, das – je nach sozialem Status – mit reichem Schnitzwerk verziert sein kann. Auf bis zu zwölf Meter hohen Pfählen behergen diese Grabmäler zuweilen die Gebeine Dutzender von Verwandten. Wenn die Berawan in ein entferntes neues Langhaus übersiedeln, bleiben die Mausoleen zurück und zeugen noch lange von den glänzenden Bestattungsfesten.

Während der Feiern des Todes stehen nicht, wie zu erwarten wäre, Riten der Trennung im Vordergrund. Bei den meisten Völkern spielt vielmehr die Komponente des Übergangs die größte Rolle. Reisen ins Jenseits zu Wasser oder durch die Luft zu paradiesischen Inseln gehören zu den Glaubensinhalten zahlreicher Religionen. Die Rituale sollen den Toten helfen, dieses Ziel zu erreichen.

Oft gilt es, gefahrvolle Barrieren bei der Seelenreise zu überwinden: Muslime müssen über ein scharfschneidiges Schwert balancieren, Parsen auf dem Chinvad, der „Brücke der Abrechnung", ihre Sünden wiegen lassen – in der Hoffnung, daß der Steg in den Himmel nicht unter dem Gewicht zusammenbricht. Eines der berühmtesten dieser Bilder malte die griechische Antike: Der Fährmann Charon setzt die Schatten der Toten auf dem Fluß Styx hinüber zum Hades. Als Fährlohn erwartet er einen Obolos. Die Griechen bestatteten ihre Toten deshalb mit einer Münze im Mund.

Der französische Volkskundler Robert Hertz (1882–1915) hat als erster die Hintergründe der zweiten Bestattung, wie sie die Berawan zelebrieren, klar erkannt und die Ähnlichkeit mit Opferritualen herausgestrichen: Ein Objekt muß in dieser Welt völlig zerstört werden, damit es in die nächste wechseln kann. Vor allem den Völkern rings um den Indischen Ozean ist die Zweitbestattung vertraut, und sie begehen das Ende der unruhigen Zwischenperiode eines Verstorbenen stets mit einem „Großen Fest" – auf Borneo oder Bali ebenso wie auf Madagaskar oder in Thailand.

Bei den Toraja, einem Volk von vielleicht einer halben Million Menschen auf der Sundainsel Sulawesi, kann die zweite Bestattung bombastische Formen annehmen. Die Hälfte der Bevölkerung ist christianisiert, doch der althergebrachte Glaube hat weiterhin zahlreiche Anhänger. Da im Norden traditionell die „Sphäre des Lebens" liegt, richten die Toraja beim Schlafen dorthin den Kopf, während Tote mit dem Haupt nach Süden gebettet werden – der „Sphäre des Todes". Die Leichname werden in eine einfache Hütte etwas entfernt vom Dorf verbracht. Da Hexen die Körper stehlen wollen, muß deren Verfall von einem Besitzlosen aus der Kaste der ehemaligen Sklaven überwacht werden, der für diesen Dienst seine volle Freiheit erlangt. Alle Skelette, die sich im Lauf der Jahre angesammelt haben, werden gelegentlich in einem Massenbegräbnis beigesetzt. Plagen allerdings Seuchen oder Mißernten die Toraja, mag dies rascher geschehen, weil ruhelose Totenseelen Katastrophen hervorrufen können.

Bali: Transport der Gebeine im Ehrenturm

Die nackten Knochen werden gesammelt, gereinigt und in Tücher eingeschlagen. Die zweite Bestattungsfeier markiert den Höhepunkt im Dasein eines Toraja, nicht sein irdischer Lebenswandel. So spielt denn die Anzahl der Tiere, die einem Toten geopfert werden, für dessen Leben im Jenseits die größte Rolle. Der Aufwand für das Fest richtet sich nach dem sozialen Rang. Einem Kind wird lediglich ein Schwein geopfert, Jugendlichen ein Büffel, dazu vier Schweine. Für Angehörige der Mittelschicht müssen acht Büffel und etliche Schweine mehr ihr Leben lassen. Zum Totenfest für einen Adligen – einen Raja, wie die Lokalkönige genannt werden – versammeln sich leicht zehntausend Menschen. Dann aber sind bis zu zweihundert Büffel sowie mindestens so viele Schweine und Hühner zu opfern.

Für die Gäste werden rings um den angestammten Festplatz Häuser in der typischen Schiffsform errichtet. Festgebunden an hohen schlanken Opfersteinen, wird den Büffeln die Halsschlagader mit Messern oder spitzem Bambus aufgeschlitzt. Zum Vorrecht kleiner Jungen gehört es, das Blut in Bambusröhren aufzufangen. Es wird zu einem Kuchen verarbeitet und später zusammen mit Palmwein und Fleisch an die Gäste verteilt. Den Seelen machen Totengesänge die Reise ins Reich der Ahnen verheißungsvoll.

Die Särge mit den gebündelten Knochen werden auf unterschiedliche Weise beigesetzt, in freistehenden Mausoleen ebenso wie in Höhlen. Am spektakulärsten ist die Bestattung in engen Grabnischen, die jahrelang aus steilen Felswänden herausgemeißelt wurden. Über Bambusgerüste werden

Das Dasein eines Toraja auf der Sundainsel Sulawesi gipfelt in der Totenzeremonie. Je höher der soziale Rang der Verstorbenen, desto mehr Tiere müssen geopfert werden. Bei Personen von Adel können es Hunderte sein

die Gebeine in schwindelnde Höhe transportiert und einzeln oder in Familiengräbern verstaut. Die Nischen werden dicht verschlossen und die Gerüste abgebaut – Schutz vor wilden Tieren und vor Räubern, die es auf wertvolle Grabbeigaben abgesehen haben.

Im Gefolge dieser Beisetzung steht ein absonderlicher Brauch: Auf Galerien in unmittelbarer Nähe der Gräber werden „Tau-Tau“ plaziert – lebensgroße geschnitzte Holzfiguren mit schwarzen oder weißen Augen aus Muscheln und Steinen. Was sie versinnbildlichen, ist den Völkerkundlern nicht klar. Vermutlich sollen sie die Gebeine vor bösen Geistern schützen und herumschweifenden Totenseelen einen Rastplatz gewähren. Vielleicht stellen sie aber auch Sklaven der Verstorbenen dar. Periodisch werden die Tau-Tau neu eingekleidet – jedesmal Anlaß, abermals ein Schwein oder einen Büffel zu schlachten.

Die wundersame Versammlung der Tau-Tau, die mit starren Zügen von ihren Balkonen auf die Welt der Lebenden herabblicken, erinnert an die heiteren oder tragischen Masken, die antike Sarkophage schmücken. Auch dort geht es nicht um äußere Ähnlichkeit mit dem Verblichenen, sondern um die spöttisch bekennende Einsicht in das „Theater des Lebens“.

Zweifellos: Selbst im Tode bleibt ein Mensch eng mit dem Leben verwoben – mit der eigenen Existenz im Jenseits ebenso wie mit dem irdischen Wandel der Hinterbliebenen. Das Dasein geht weiter

Die rätselhaften „Tau-Tau“-Figuren, die den toten Toraja auf Sulawesi beigegeben werden, zieren die Galerien nahe den Grabnischen in der schwindelnden Höhe steiler Felswände

Im Angesicht des Todes
betonen vitale Bräuche auf Madagaskar
demonstrativ, daß das Leben weitergeht: Vor dem
Trauerhaus geben sich manche Insulaner
unbekümmert dem Schlaf hin, andere zelebrieren
ausgelassen ihren exotischen Totentanz

– auch und gerade nach dem Tod. Deshalb zielen zahlreiche Riten darauf ab, den Fluß des Lebens in Gang zu halten.

Angesichts der Vergänglichkeit pulsiert die ungebrochene Vitalität wohl nirgendwo heftiger als in Madagaskar, dem westlichsten Punkt der malayisch-polynesischen Kultur vor der Ostküste Afrikas, wo sie sich mit arabischen und einheimischen Einflüssen vermischte. Wie in vielen multi-kulturellen Schmelztiegeln, sind die Totenfeiern hier besonders bunt und vielgestaltig. Dominierend bleibt jedoch das von Übersee importierte Schema der zweiten Bestattung, auch wenn die Madagassen wenig über eine Seelenreise spekulieren. Vielmehr gilt das Grab als endgültige Residenz des Toten. Mausoleen, oft solider und prächtiger als die Wohnhäuser, prägen deshalb weithin die Landschaft.

Sprudelnde Lebensfreude inmitten von Totenfeiern bricht besonders im Süden der Insel bei den Bara hervor. Dieser Volksstamm glaubt, Leben hänge von der rechten Balance zwischen dem weiblichen Prinzip der „Vitalität" und dem männlichen der „Ordnung" ab. Ein neuer Mensch entsteht, wenn das fruchtbare Mutterblut durch den Samen eines Mannes strukturiert wird. Bei einem Lebenden ergänzen sich weibliches und männliches Prinzip in der Verbindung von Fleisch und Knochen. Nach dem Tode wandelt sich diese harmonische Paarung allerdings zu Gegnerschaft: Die Prinzipien fallen auseinander. Das als weiblich gedeutete Fleisch verwest und allein die „männliche" Struktur der Knochen bleibt übrig. Der Tod schafft somit eine Überdosis an Ordnung. Diese Unausgewogenheit sollen die freudevollen Totenfeiern ausgleichen – eine Serie von Festen, die beim ersten Begräbnis beginnt, mit einer Zusammenkunft nach der nächsten Ernte fortgeführt wird und schließlich in Exhumierung und Wiederbestattung gipfelt.

Sobald der Atem einen Angehörigen der Bara verläßt, suchen die Hinterbliebenen Versammlungshäuser auf, die nach Geschlechtern getrennt sind. Das für die Frauen heißt „Haus der vielen Tränen". Hier wird der Leichnam drei Tage aufgebahrt, laut beklagt und beweint. Disziplin und Ordnung herrschen im Haus der Männer, wo Beileid ohne nennenswerte Gefühlsausbrüche bekundet wird.

In der Nacht heizen Musikanten ein wildes und ausgelassenes Treiben an. Rinder müssen ihr Leben lassen, damit sich die Trauernden deren Lebenskräfte einverleiben können. Vitalität erwächst aber vor allem aus Sexualität – was junge Frauen und Männer ausschweifend zelebrieren. Wurde tagsüber noch streng auf Trennung der Geschlechter geachtet, so bahnt sich mit Einbruch der Dämmerung ein zügelloses Zusammensein an. Singend rennen die jungen Frauen wieder und wieder um das Haus der vielen Tränen und fassen einander schließlich tanzend an. In

Blut ist der besondere Saft, mit dem auf Madagaskar die Lebenskraft beschworen wird

den Reigen mischen sich immer mehr junge Männer, bis das weiteste Rund mehrere kleine Kreise von Tanzenden umschließt: eine lebenshungrige Demonstration angesichts des Todes.

Nicht gerade züchtige Necklieder untermalen die nächtlichen Totenorgien – Reimereien der Mädchen, mit denen sie anzubandeln versuchen:
„Versteckt es, /
versteckt es, Jungs! /
Versteckt es, weil jemand starb. /
Laßt uns miteinander schlafen /
laßt uns miteinander schlafen,
Jungs. /
‚Bruuu' flattert das Rebhuhn /
und läßt sich im Schlamm nieder. /
Versteckt es, Jungs! /
Ob groß / ob klein /
versteckt es, /
weil gerade jemand starb."

Das Wort für Rebhuhn bezeichnet in der Sprache der Bara auch „Bauch", während das lautmalerische „bruuu" mit dem Orgasmus des Mannes assoziiert wird. Die Bara pflegen zudem zwischen feuchter Erde und der Vagina eine Verbindung zu ziehen. So entschlüsselt sich das Bild des panisch nach einem Versteck suchenden Rebhuhns als derbe Aufforderung zu sexuellen Abenteuern, die in der Nacht rings um das Haus der vielen Tränen ausgelebt werden.

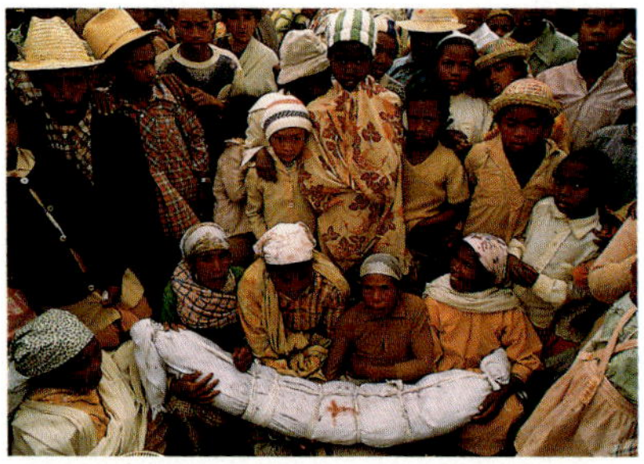

Mehr Menschen als zum ersten Begräbnis strömen auf Madagaskar zur feucht-fröhlichen Gedenkfeier zusammen, bevor der Tote mit der Zweitbestattung seine letzte Ruhe findet

Sinnbilder von Sexualität und Geburt prägen auch das Begräbnis selbst. Zunächst wird ein Streit zwischen dem männlichen Prinzip der Ordnung und dem weiblichen der Vitalität inszeniert. Am dritten Tag entführen die Männer den Leichnam, packen ihn in einen Sarg und umrunden damit mehrfach das Haus der vielen Tränen. Die Frauen protestieren heftig gegen diese Entführung, denn noch ist die Erscheinung des Verstorbenen ja von Fleisch und damit vom weiblichen Prinzip geprägt.

Schließlich macht sich – unter Gewehrschüssen als Salut – eine Prozession auf den kilometerlangen Weg zum Hügel der Ahnen. Voran stürmen Jungen und Mädchen, es folgen erwachsene Männer, dann kommen Frauen und kleine Kinder und zum Schluß wird das Vieh der Familie hinterhergetrieben. Nur Burschen mit sexueller Erfahrung dürfen sich beim Tragen des Sarges abwechseln. Die Mädchen versperren ihnen regelmäßig den Weg und provozieren ein Gerangel um den Leichnam. Stets allerdings durchbrechen die Jungen mit dem Sarg als Rammbock die weibliche Barriere.

Auf halber Strecke wird eine Rast eingelegt. Jugendliche springen auf den Rücken der Rinder und versuchen sie niederzuringen; dann wird das Vieh im Kreis um den Sarg getrieben: ein Rodeo voll Lebenskraft.

Am Ende gelangt der Sarg bis zur Grabhöhle. Auf den mit Felsbrocken verbarrikadierten Eingang wird Rum gesprenkelt, bevor man die Steine beiseiteräumt. Mit dem Kopfende zuerst wird der Sarg in die enge Öffnung geschoben – unzweideutig ein sexuelles

Symbol. Das Sinnbild des Geschlechtsverkehrs ist von dem einer Geburt überlagert: Wie ein Fetus in die Welt der Lebenden, wird auch der Verstorbene mit dem Kopf zuerst in die Welt der Ahnen hineingeboren. Da aber die weibliche Vitalität den Körper zu verlassen beginnt und die starre männliche Ordnung der Knochen dominiert, muß durch die ganze Handlung ein tüchtiger Schuß Fruchtbarkeit hinzukommen, damit die schwere Geburt glatt vonstattengeht.

Versammelten sich zu diesem ersten Begräbnis vielleicht 50 Gäste und wurden dabei 100 Liter Rum ausgeschenkt, so kommen nach der folgenden Ernte leicht 500 Menschen zusammen, die 500 Liter Rum vertrinken. Dieses mehrtägige Fest ist dennoch weniger wild und ausschweifend und dient offenbar der Rückversicherung, daß das Leben trotz des plötzlich hereingebrochenen Todes weitergeht. Die Zeremonie der Zweitbestattung in der folgenden Trockenzeit ist noch zahmer: Es gibt abermals weniger Rum, Musik und Tanz. „Starke Vögel" – ältere männliche Verwandte des Verstorbenen – bergen die Gebeine aus der Grabhöhle, waschen und schaben sie sauber, reiben sie mit Rinderfett ein und hüllen sie in Tücher. Man vereint sie im Mausoleum mit den Knochen des Vaters in einem üppig dekorierten Gemeinschaftssarg. Rum wird auch hier verspritzt, Statussymbole aus dem Besitz des Toten werden niedergelegt, wozu heute etwa westliche lange Hosen, Schuhe und Uniformen zählen und auch schon mal ein Regenschirm. Traditioneller nehmen sich da die Hörner eines jüngst geschlachteten Ochsen als Grabbeigabe aus. Die Wiederbestattung wird tagsüber vollzogen. Niemand lockt nachts mit anzüglichen Liedern, niemand ringt Rinder nieder – das Leben geht wieder seinen Gang.

Das Schicksal der Seele hat die Totenfeiern weltweit geprägt. Zwei große Traditionen lassen sich dabei unterscheiden – eine „monistische" und eine „dualistische". Die monistische Richtung dominiert etwa in den Religionen der alten Ägypter, im Judentum, bei den Parsen, Christen und Moslems. Hier wird der Mensch als psychophysische Einheit begriffen, die aus einem materiellen Körper und einer nicht-materiellen Seele besteht. Nach dem Tode werden Leib

Gereinigt, gefettet und eingewickelt: In wilder Prozession, oft mit Gerangel um das Bündel, werden die Gebeine auf Madagaskar zu einem der zahlreichen Mausoleen gebracht

und Seele wiedervereint – weshalb das christliche Glaubensbekenntnis die „Auferstehung des Fleisches" beschwört. Die andere, die dualistische Sicht ist beispielsweise den griechisch-römischen Orphikern eigen, dem Hinduismus und dem Buddhismus: Eine unvergängliche Seele bewohnt nur zeitweilig einen bestimmten Körper. Nach dessen Tod sucht sie sich eine neue Wohnung – eine Vorstellung, die dem Glauben an eine leibliche Wiedergeburt zugrunde liegt.

Anhänger der Reinkarnation neigen dazu, ihre Toten zu verbrennen, während beim Glauben an eine Auferstehung die Beerdigung vorherrscht. Der katholische Klerus verweigert zuweilen noch heute jenen das Totenritual, die ihre Einäscherung anordneten. Nicht immer allerdings gibt es eine gedankliche Verknüpfung von Auferstehung mit Begräbnis und Wiedergeburt mit Verbrennung. So halten die Parsen, deren monotheistische Religion vom persischen Propheten Zarathustra gegründet wurde, Leib und Seele zwar für untrennbar; in ihrem heutigen religiösen Zentrum, dem Gebiet um Bombay, werden Tote auf den Malabar-Hügeln in „Türmen des Schweigens" allerdings den Geiern zum Fraß vorgelegt. So wird weder die Erde durch Vergraben noch die Luft durch Verbrennen verunreinigt.

Bereits im Alten Ägypten wurde die Vorstellung des gemeinsamen Weiterlebens von Seele und Leib konsequent zu Ende gedacht und führte zur kunstvollen Praxis des Einbalsamierens. Beim Tod fielen die Elemente des beseelten Seins auseinander. Nur wenn es gelang, sie wieder zu vereinen, konnte das Leben in einer dem Irdischen verwandten Weise weitergehen.

Die nötigen Vorbereitungen zum Präparieren der leiblichen Hülle bei den alten Ägyptern schilderte im 5. Jahrhundert v. Chr. der griechische Historiker Herodot: „Als erstes entfernen sie mit einem Metallhäkchen durch die Nase das Gehirn. Mit Hilfe eines Steines aus Äthiopien machen sie dann einen langen Schnitt an der Seite und entnehmen dem Körper alle Weichteile. Die so entstandene Höhlung reinigen sie mit Palmwein und aromatischen Substanzen. Dann füllen sie den Leib mit reinem Myrrhenpulver, Kassia und anderen Duftstoffen. Schließlich nähen sie den Schnitt wieder zu." Um fäulnisfördernde Flüssigkeit zu entziehen, „konservieren sie die Leiche

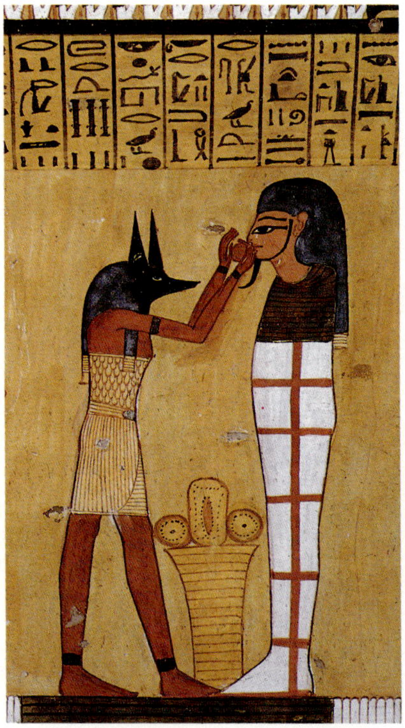

Im Jenseits essen, trinken, reden: Mundöffnung durch den hundsköpfigen Gott Anubis auf einem altägyptischen Grabgemälde in Dêr el-Medîne bei Luxor

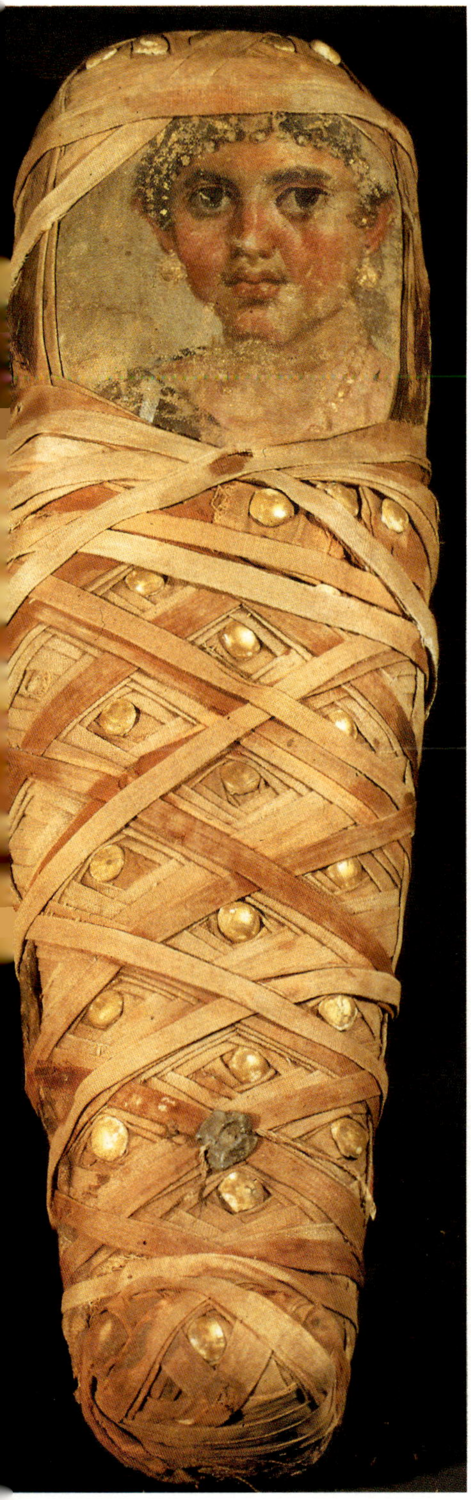

nun mit dem Salz des Natrons 70 Tage lang." Dieser Zeitraum zwischen Tod und Grablegung ist nicht von ungefähr. Die zur astrologischen Bestimmung wichtigen Dekangestirne sind in Ägypten 70 Tage unter dem Horizont verborgen – sie sind „tot" –, bevor sie erneut erscheinen, also auferstehen. Die ausgetrockneten Körper wurden in feingewebte Binden gewikkelt, die mehrere hundert Meter lang sein konnten.

„Du wirst wieder leben, du wirst für ewig leben, du wirst von neuem jung werden für ewig" – so schloß das Ritual der Balsamierung, wie es noch heute Hieroglyphen an altägyptischen Grabstätten verkünden. Die Lebenskraft der Verstorbenen hing allerdings davon ab, ob sie wieder essen, trinken und reden konnten. Diese Fähigkeiten schenkte ihnen die Zeremonie der Mundöffnung, die an Statuen, Mumien und auch an bereits Bestatteten mit einem Zauberstab vollzogen wurde. Unzählige Gemälde, Reliefs und Holzmodelle zeigen das jenseitige Leben als Abbild des diesseitigen: Einzelheiten des Alltags werden dabei ebenso realistisch dargestellt wie markante historische Ereignisse. Und niemals fehlt eine Szene: Wie der Verstorbene vor seinem reich gefüllten Opfertisch speist. Für Pharaonen wurde der Luxus betrieben, ihnen noch Jahrzehnte nach ihrem Tod frische Speisen ans Grab zu bringen. Weniger Privilegierte mußten mit der Magie des Bildes vorlieb nehmen, also mit der Hoffnung, daß den Grabgemälden von Ernte und Weinlese, Fischerei und Jagd genug reale Kraft innewohnte.

Damit Leib und Seele nicht auseinanderfielen, balsamierten die Ägypter ihre Toten ein: 2000 Jahre alte Mumienporträts von Kindern aus der Pyramide bei Hauwara. Grabbeigaben halten im Jenseits das Diesseits lebendig: Holzfiguren von Bäckern, 4000 Jahre alt

Der fundamentale Unterschied zwischen dem Glauben an Auferstehung und dem an Wiedergeburt wird besonders in Nordindien deutlich, wo Muslime und Hindus seit Jahrhunderten in enger Nachbarschaft leben. Am Ufer der Yamuna in Agra erhebt sich das wohl märchenhafteste Monument, das der Einheit von Seele und Leib je errichtet wurde: das Taj Mahal. Als Grab für seine Lieblingsfrau Mumtaz-i-Mahal – die „Auserwählte des Palastes“ – ließ der islamische Großmoghul Shah Jahan im 17. Jahrhundert das prächtige Mausoleum errichten: 65 Meter hoch, von einer weißen Marmorhaut überzogen und umgeben von einer dem Paradies vorausempfundenen Parkanlage. Über deren Mauer dringt ein süßlicher Geruch: Merkmal der hinduistischen Verbrennungsstätte gleich nebenan.

Hinduistische Bestattungen verlaufen im Prinzip stets nach dem gleichen Ritual. Männliche Verwandte bringen den mit weißen Tüchern umhüllten Leichnam ans Ufer des heiligen Flusses. Niemand in der kleinen Prozession zeigt besondere Trauer. Straßenköter wälzen sich in der Asche niedergebrannter Scheiterhaufen. Hunde gelten als Gefährten des Gottes Shiva, dessen Adepten sich gerne als ascheverschmierte Asketen auf den Verbrennungsplätzen aufhalten. Heilige Kühe kauen Reste von Blumengebinden.

Die Verbrennung wird nicht theatralisch inszeniert, sondern eher bedächtig. Denn dieser Tod, dem da ein Mensch erlag, ist lediglich einer von unzähligen, den seine Seele während der langen Kette von Inkarnationen erfährt. Die Leiche wird auf den vorbereiteten Holzstoß gebettet. Der älteste Sohn des Verstorbenen vollzieht mit kahlgeschorenem Kopf die Rituale. Zunächst schöpft er Wasser im Fluß, tränkt und besprenkelt den Leichnam. Den Tonkrug zerschmettert er auf dem Boden – Gleichnis, daß dieses Leben schon immer ein brüchiges Gefäß war. Reisbällchen und Süßigkeiten werden dem Toten offeriert, Butterfett wird auf die Holzscheite geträufelt. Mit einem Öllämpchen umwandelt ein Priester den Scheiterhaufen, bevor der Sohn ihn entzündet.

Der prasselnde Raub der Flammen gilt den Hindus allerdings nicht nur als Werk der Zerstörung. Denn die Hitze der Leidenschaft ist es ja, die stets neue Wesen hervorbringt. Besonders augenfällig wird diese Vorstellung, wenn nahezu zeitgleich verstorbene Eheleute auf dem Scheiterhaufen so zusammengebunden werden, als schliefen sie miteinander: Der aufsteigende Rauch verwandelt sich symbolisch zu Wolken, deren Regen die Erde fruchtbar befeuchtet. Noch mit seinem entseelten Körper kann der Gläubige also das Feuer der Schöpfung nähren.

Einzelheiten des Rituals stützen die Deutung der Verbrennung als Akt der Geburt: Versorgt und gewärmt von mütterlicher Energie, wuchs der Embryo heran; bei der Verbrennung wird diese Energie an die Schöpfung zurückgegeben. Während des fünften Monats der Schwangerschaft suchte der Odem des Lebens seinen Weg durch die Knochennähte des Schädels. Damit er auf diesem Wege wieder entströmen kann, wird dem sich in den Flammen aufbäumenden Leichnam mit einer langen Stange die Kopfdecke aufgeschlagen.

Gegen ein Trinkgeld durchsucht einer der Angestellten auf dem Verbrennungsplatz den niedergebrannten Scheiterhaufen nach Knochenresten und übergibt sie den Fluten des Flusses. Dem Sohn obliegt in den folgenden zehn Tagen die Aufgabe, der herumirrenden Seele neue Wohnung zu schaffen. Täglich wird auf dem Hausaltar ein Klümpchen Reis dargebracht, das einem Körperteil des Hingeschiedenen entspricht. Am

elften Tag wird dem neuen Leib Atem eingehaucht, damit der flüchtige Geist am zwölften Tag mit den Ahnen vereint werden kann. Dazu wird ein neuer Reisklumpen dreigeteilt. Die Portionen werden mit drei weiteren Bällchen verknetet. Die versinnbildlichen die Vorfahren: den Vater, dessen Vater sowie den Vater des Vaters des Vaters. Ein Jahr lang streift der Ahnengeist dann herum, bis er zum Gestade des imaginären Vaitarni gelangt. Das andere Ufer des randvoll mit Blut und unreiner Flüssigkeit gefüllten Flusses ist der Ort der Wiedergeburt. Damit erreicht die Metapher vom Tod als Beginn einer neuen Geburt ihren Höhepunkt. Denn der Weg aus dem Leib der Mutter ist ebenfalls von einem Strom unreiner Flüssigkeit begleitet.

Einäscherungen lassen sich zugleich als Tribut an die Götter deuten. In der Tat werden sie im Sanskrit als „antyesti" bezeichnet, als „letztes Opfer". Einem Opfertier gleich wird die Leiche getränkt, durch heiliges Wasser und Butterfett gereinigt und in einen sakralen Raum eingeschlossen, der durch das Umschreiten des Scheiterhaufens mit dem Lämpchen entsteht. Im Idealfall trinkt ein Sterbender bereits Tage vor seinem Ende nur heiliges Wasser und ißt nichts mehr, um die Gedärme von Schmutz zu befreien. Umringt von den Söhnen, erwartet er sein „Erlöschen". Das Opfer ist umso wohlgefälliger vorbereitet, je aktiver und freiwilliger der Mensch aus dem Leben scheidet.

Scheiterhaufen für den indischen Ministerpräsidenten Rajiv Gandhi nach dessen Tod 1991. Gemäß hinduistischem Glauben wird die Seele in den Flammen freigesetzt und bald wiedergeboren – ob höher oder niedriger, hängt ab von der vormaligen Inkarnation

Auf dem Verbrennungsplatz trifft eine andere kleine Prozession ein. Der Anführer trägt ein Bündel in Händen und übergibt es den Fluten. Vielleicht melden wieder westliche Touristen bei der nächsten Polizeistation, daß sie im nahen Fluß eine Kinderleiche schwimmen sahen. Denn Kinder werden ebensowenig verbrannt wie an Pocken, Lepra oder durch Unfall Verstorbene. Gemäß hinduistischer Philosophie sind alle die fürs Opfer nicht geeignet, deren Tod vorzeitig und unfreiwillig eintrat. Auch manche Fakire und Wanderasketen, die mit ascheverklebten und verfilzten Haaren und der Schädelschale eines Verstorbenen in der Hand Almosen erbetteln, nehmen die hinduistische Lehre besonders ernst und verweigern die Verbrennung. Wiedergeburt im nächsten Leben, selbst wenn sie auf eine höhere Stufe führt, ist nämlich nur die zweitbeste Lösung. Denn leiden muß selbst ein Mensch im Range eines Königs. Der Asket hingegen versucht seine Lebenswünsche völlig zu reduzieren und den Zyklus des Scheiterhaufens zu durchbrechen, um ohne erneute Geburt ins Nirvana eingehen zu können.

Der Grundgedanke des Opfers steht auch hinter der berüchtigten Praxis des Sati – der Witwenverbrennung, die in Indien auch heute noch trotz staatlicher Ächtung vereinzelt vorkommt. Durch selbstgewähltes Sati wollen Witwen ihrem Ehemann nach dem Tode weiter zur Seite stehen. An Palästen und Tempeln hinterlassen Frauen, die ihrem Gatten in den Tod folgen, deutlich sichtbar Abdrücke des roten Henna, mit dem sie ihre Hände schmücken. Die Witwen besteigen den Scheiterhaufen zwar freiwillig und aus eigener Kraft, doch nehmen sie vor ihrem letzten Gang oft Drogen ein, um aufwallende Todesfurcht zu unterdrücken. Die Scheiterhaufen werden mit reichlich Öl übergossen, so daß die Flammen sich augenblicklich verbreiten; zuweilen übertönt ein eigens bestelltes Orchester lärmend die Schreie des Opfers. Obwohl der Tod auf dem Scheiterhaufen nur aus eigener Entscheidung als „gutes Opfer“ gilt, dürften zahlreiche Frauen von ihren Familien zur Selbsttötung getrieben worden sein. Denn jede Frau, die Sati begeht, wird zu einer Göttin, der ein Tempel errichtet werden kann – und der verheißt durch fromme Gaben und Spenden von Pilgern üppigen Gewinn. Die Verurteilung der Witwenverbrennung durch lokale Politiker entbehrt nicht eines gewissen Zynismus, da viele von ihnen gerade jene Volksfeste, die just am Todestag und bei den Tempeln von Sati-Opfern stattfinden, zu publikumswirksamen Auftritten nutzen.

Der Ritus des Menschenopfers für einen Toten ist in etlichen Kulturen praktiziert worden. Der Chronist Ahmad Ibn Fadlan, im Jahre 922 Botschafter des Kalifen von Bagdad in einem Königreich an der Wolga, erlebte mit, wie ein junges Mädchen einem Russenfürsten in den Tod folgte. In Brokat gekleidet, mit zobelbesetzter Mütze geschmückt und auf Kissen gebettet, bahrte man den verstorbenen Fürsten auf seinem Schiff in einem Festzelt auf. Blumen wurden gestreut, Pferde, Kühe, ein Hahn und ein Hund getötet und aufs Schiff gebracht. Man musizierte und sang. Um zu zeigen, wie begehrenswert die für den Verstorbenen bestimmte Braut sei, schliefen mehrere Krieger mit ihr. Die junge Frau berauschte sich mit Getränken, wurde getötet und samt Schiff mit Inhalt verbrannt.

Nicht allein Frauen wurden den Toten als Gefährten für die Reise ins Jenseits geopfert. Auf dem 5000 Jahre alten Königsfriedhof der sumerischen Hauptstadt Ur lagen in einer Grube 74 getötete Gefolgsleute, darunter Musikanten mit Instrumenten. In China mußte vor 4000 Jahren ein ganzer Hofstaat samt Personal den Kaisern ins Grab folgen, um ihnen auch nach dem Tode dienlich zu sein. Homer schließlich berichtet, wie zwölf junge Troer auf dem Scheiterhaufen des griechischen Helden Patroklus mitverbrannt wurden.

Zeichen andauernden Gedenkens: Zarte Blumenschiffchen halten die Seelen nach japanischem Schinto-Glauben lebendig. Beim Hase-Kannon-Tempel in Kamakura bekleiden trauernde Eltern Statuen des Kindergottes Jizo und legen ihm Spielzeug zur Seite

Schauderhaft, wie sie wirken, entsprangen solche Riten letztlich der tiefen Furcht, die Verstorbenen könnten fordernd zurückkehren. Die Fürsorge für die Ahnen – in Afrika und Asien weithin verbreitet – wird allerdings in der Regel weniger blutrünstig zelebriert.

- Im Alten Ägypten erweckten Tänze und Spiele vitale Energien zugunsten der Toten.
- Im mittelalterlichen schweizer Kanton Wallis wurden beim traditionellen Leichenschmaus einem auserwählten Mann über den Toten hinweg Speisen und Getränke gereicht, damit er die Sünden des Verstorbenen vertilge.
- Buntgeschmückt ziehen Muslime am Muharram, dem Tag der Trauer, im Gedenken an den Märtyrertod des Prophetenenkels Hussein aufwendige Nachbildungen seines Grabmals durch die Straßen – begleitet von Musik und Maskentänzen.

Herausragende Bedeutung erlangte der Ahnenkult in Japan. Zwar gilt der Tod den Anhängern der weitverbreiteten Schinto-Religion als unwiderruflich und sie glauben auch nicht an ein Jenseits. Trotzdem werden den Verstorbenen Schreine errichtet, vor denen immer wieder Prozessionen, Tänze und sogar Jahrmärkte stattfinden. Denn die Seele kann immerhin so lange erhalten bleiben, wie Nachkommen der Hingeschiedenen gedenken. Der Schrein soll die geistige Kraft Verstorbener bewahren. Erst wenn die Erinnerung an den Genius verblaßt – so lehrt der Schintoismus –, löst sich die individuelle Seele in der Natur zur Gestaltlosigkeit auf.

Ist der Schintoismus mithin eher dem Diesseits zugewandt, so konzentriert sich der japanische Buddhismus traditionell auf das Jenseits, aus dem es keine Rückkehr ins Reich der Lebenden gibt. Mittlerweile jedoch hat der Buddhismus in Japan Züge des Schintoismus angenommen: Zum jährlichen Obon-Fest flackern auf den Bergen Feuer auf, und Millionen Lampions leuchten den Seelen heim, damit sie aus dem Paradies

Unzählige Laternen leuchten beim Obon-Fest in Japan den Seelen heim für einen kurzen Besuch im Diesseits – und zu ihrem Willkommen wird fröhlich getanzt

Alljährlich am 2. November zum Fest Allerseelen kehren die Toten zurück. In Mexiko bereitet ihnen katholischer Volksglaube einen heiter-bizarren Empfang – unbeschwerte Erinnerung an die Vergänglichkeit alles Irdischen

für kurze Zeit den Weg ins Diesseits finden.

Auch das Christentum pflegt Kulte der Ahnenfürsorge. Das bezeugen etwa die katholischen und byzantinischen Totenmessen, die den Aufenthalt der Seelen im Fegefeuer abkürzen sollen. Ihren Höhepunkt finden solche Riten Anfang November an Allerseelen – dann, wenn die Namen aus dem Totenregister der Gemeinde im Gottesdienst vorgetragen werden. An diesem Tag wird in vielen Gegenden den Seelen Feuer zum Wärmen aufs Grab gestellt und Wasser zum Waschen; da werden die Gräber mit prächtigen Bouquets geschmückt – frischem blühenden Leben. Denn gerade in diesem Monat erinnert die entlaubte Natur daran, daß die vorübereilende Zeit auch den eigenen Lebensbaum unbarmherzig entblättert.

Das Datum von Allerseelen ist mit dem von Allerheiligen zu einem einzigen Fest verschmolzen. Denn selbst die 365 Tage des Jahres würden nicht ausreichen, um das Andenken jedes einzelnen der schier unzähligen Heiligen mit einem eigenen Datum ehren zu können. Zudem soll die geistige Gemeinschaft der Lebenden mit den Verstorbenen und den Heiligen anschaulich werden.

In Mexiko ist der katholische Volksglaube an die alljährliche Rückkehr der Toten am 2. November Anlaß für fröhliches Treiben. Auslagen in Geschäften sind mit tanzenden Skeletten geschmückt, Brote mit Eingebackenem in Knochenform sowie aus Zuckerguß modellierte Schädel werden feilgehalten. Zu Hause wird den Toten auf einem Gabentisch präsentiert, was ihnen im Leben lieb war: ein Gläschen Schnaps, das Leibgericht, ein Musikinstrument. Die „muertos chicos“ – die Seelen verstorbener Kinder – erfreut man entsprechend mit Spielzeug und

Relikte keltischer Totenmagie: „Hallowe'en"-Parade in New York am Abend vor Allerheiligen, dem „Holy Evening"

Süßigkeiten. Über die Speisen machen sich anschließend die Lebenden her. Selbst auf den Friedhöfen wird fröhlich gefestet. Ganze Familien rasten, essen und trinken auf den Gräbern.

Solche Totenfeiern haben tiefe Wurzeln in der vorchristlich-heidnischen Zeit. Große Feuer entfachten die Kelten auf den Britischen Inseln am letzten Tag des Jahres vor ihren Dörfern. Die priesterlichen Druiden wollten so all jenen Seelen heimleuchten, die sich auf den Weg ins Totenreich begeben hatten. Als die christlichen Missionare diesen Brauch der alten Iren, Schotten und Engländer nicht ausrotten konnten, deuteten sie das Totenfest in ihrem Sinne um und verlegten es auf den Abend vor Allerheiligen. Diesen „Hallowe'en" importierten dann britische Einwanderer in die USA, wo er allmählich zum ausgelassenen Fest mutierte. Kinder begeistern sich dafür, jene Nacht gespenstisch zu illuminieren: Kürbisköpfe werden als Monstermasken ausgehöhlt und von innen mit Kerzen erleuchtet. Heute erfaßt das Hallowe'en-Fieber Hunderttausende, die sich makaber kostümiert etwa in den Häuserschluchten New Yorks und San Franziskos zu gigantischen Paraden formieren. Skelette tanzen da mit Hexen und gruseligen Zombies – den „lebenden Toten", die es auf Hawaii geben soll –, schwarz vermummte Priester und Nonnen, Feen in Strapsen und ausgeflippte Freiheitsstatuen rocken mit Graf Dracula und Gummipuppen in Gestalt des amerikanischen Präsidenten um die Wette – eine wilde und phantastische Seelenwanderung im Kostüm moderner Zeiten.

Auch außerhalb althergebrachter Religionen werden Riten im Zeichen des Todes zelebriert. Das zeigt sich insbesondere bei politischen und religiösen Führern, deren Gebeinen starke Symbolkraft für die ganze Gemeinschaft zugesprochen wird. Jahrhunderte nach seinem Ableben löste beispielsweise in Deutschland die Umbettung des Preußenkönigs Friedrich II. nach Sanssouci im Jahre 1991 heftige Emotionen aus: Gilt er doch als Inbegriff des – verehrten wie verhaßten – Preußentums. Dem russischen Revolutionär Lenin wiederum war nicht vergönnt, seinen Traum von der Gleichheit aller Menschen wenigstens im Tode durch ein schlichtes Grab verwirklicht zu bekommen. Seine

Machtwerk im Zeichen des Todes: Die gewaltigsten Bauten auf Erden – die Pyramiden von Gizeh –, wurden für die Herrscher des Alten Ägypten als Grabmäler errichtet, aber offenbar nie benutzt

ideologischen Erben konservierten die Leiche und bahrten sie hinter Glas in einem eigens errichteten Mausoleum am Roten Platz von Moskau auf. Beim Begräbnis des iranischen Fundamentalistenführers Chomaini 1989 rangelte die trauernde Menge derart handgreiflich um den Leichnam, als wolle sie ihren weisen alten Mann einfach nicht gehen lassen. Tote können auch in einem so rationalistischen Staat wie Deutschland zu wichtigen Repräsentanten politischer Grundwerte werden. Nach Staatsbegräbnissen heißt es dann: „Die Anwesenheit von Bundespräsident und Kanzler, Ministerpräsidenten und Ministern sowie die landesweite Trauerbeflaggung machten die Geschlossenheit der demokratischen Gesellschaft deutlich.“

Gerade auf Totenfeiern für gekrönte Häupter wird enorme Mühe verwandt, stärkt dies doch das Ansehen der Monarchie. In Thailand beispielsweise ziehen sich die Zeremonien nach dem Tod eines Königs über mehr als einen Monat hin. Inzwischen wird bereits der Nachfolger gekrönt. Dem Machterhalt ist diese Regelung äußerst förderlich. Denn die, unter Teilnahme des Volkes, prachtvoll inszenierte Verbrennung des Vorgängers ist zugleich eine eindrückliche Präsentation des neuen Herrschers.

Am monumentalsten wird politische Ambition mit dem Körper des toten Königs durch die Pyramiden von Gizeh bezeugt. 5000 Jahre nach ihrer Errichtung aus Millionen Tonnen Gestein sind sie noch immer die mächtigsten Bauten auf Erden. Die Pyramiden sind als Gräber konzipiert. Aber bei vielen fehlt der Beweis, daß in ihnen jemals ein Pharao bestattet wurde. Die Grabkammern waren nicht deshalb leer, weil Räuber sie plünderten. Archäologen fanden beispielsweise in der unangetasteten Stufenpyramide von Sekhemket einen versiegelten, aber dennoch leeren Sarkophag. Vieles spricht dafür, daß etliche der gigantischen Gräber der Ägypter lediglich als Attrappen gedacht waren. Snofru, um 2700 v. Chr. Begründer der 4. Dynastie, ließ gleich drei solcher Mausoleen errichten. Die Existenz mehrerer kolossaler, jedoch nie benutzter Grabstätten für einen einzigen König erkärt sich, wenn sie als weithin sichtbare Machtsymbole gedeutet werden — monumentale Zeichen für den Zu-

Symbolkraft der Gebeine in Ost und West: Selbst der Leiche des Atheisten Lenin wurde mit einem eigenen Mausoleum auf dem Roten Platz in Moskau eine Stätte höherer Verehrung geschaffen. Feierliches Zeremoniell begleitete den Sarg des „Alten Fritz“ bei der Umbettung nach Potsdam 1991

sammenhalt des Staats. Ob darin auch ein König begraben war, ist dann von untergeordneter Bedeutung.

Wenn das Dahinsiechen des Königs als Sinnbild für den Niedergang seines Reiches aufgefaßt wird, könnte dessen Tod für den Bestand des Staates allerdings auch bedrohlich werden. Die Shilluk, ein Nilvolk im Sudan, begegnen dieser Gefahr durch den Trick, daß es vom Herrscher gar keine Leiche geben kann. Das Königtum wohnt dort nämlich nicht einer Person, sondern einem Standbild inne – dem Nyikang –, und die Herrschaft geht lediglich für die Regierungszeit auf den jeweiligen weltlichen Repräsentanten über. Sobald der König ernstlich krank wird oder auch nur seine Potenz nachläßt, muß er das Amt aufgeben. Der Völkerkundler James Frazer vermutete, daß es dann sogar zu rituellem Königsmord kommt. Der Geist des Königtums fällt während des Interregnums an Nyikang, das Standbild, zurück, bis ein Nachfolger bestimmt ist. Bei dem sudanesischen Volk der Dinka ließen sich die Führer, wenn sie ihre Kräfte schwinden sahen, bis in die jüngste Zeit hinein lebendig begraben. Denn indem sie den passiven Akt des Sterbenmüssens zu einer aktiven Entscheidung umwandelten, bewiesen sie Macht selbst über den Tod.

Die seltsam anmutende Geschichte von dem Standbild, welches das Königtum verkörpert, hat eine überraschende Parallele in der europäischen Geschichte. Frankreich wurde seit dem 15. Jahrhundert häufig von einer Wachsstatue regiert – immer dann, wenn ein König starb. Sein Leichnam wurde eingesargt, nachdem die Statue gemäß seinem Ebenbild modelliert und mit den Krönungsgewändern angetan worden war. Dann versammelten sich Klerus und Aristokratie zweimal täglich im Palast, um angesichts der Figur zu speisen. Der Kardinal segnete die Tafel, das Handwaschbecken wurde neben dem Königsstuhl plaziert, als säße der Seigneur noch immer darin. Die Dienerschaft servierte das Menü, wie es der Monarch geliebt hatte – den Wein nicht zu vergessen. Die Zeremonien konnten sich bis zur Beisetzung in der Kirche von Saint Denis zwei Monate hinziehen. Die prachtvolle Wachsfigur wurde während der Trauerfeier direkt auf den Sarg postiert: Für alle sichtbar, dominierte königliche Erhabenheit über die sterbliche Persönlichkeit. Zur Grablegung erscholl der berühmte Ruf, der dem Nachfolger galt: „Le Roi est mort! Vive le Roi!" – Der König ist tot! Es lebe der König!

Um mehrere Orte des ganzen Reiches zugleich mit den unvergänglichen Überresten des Königtums zu beglücken, wurde die Leiche mitunter regelrecht ausgeschlachtet: Das Hauptgrab nahm die leere Leibeshülle auf; die Eingeweide kamen anderwärts an eine Nebengrabstätte, das bedeutungsträchtige Herz an eine weitere. Die Vorstellung, daß Tote in ihren Begräbnisstätten weiterleben, kann ebenfalls zur Demonstration von Macht dienen. Denn solcher Glaube läßt publikumswirksame Wallfahrtsstätten entstehen – wie die Gräber von Sankt Peter in Rom oder des Propheten Muhammad in Medina.

Als der Tod noch nicht fremd war: Das Gemälde von 1879 im Katholischen Pfarramt Irschenberg zeigt die Darreichung des letzten Sakraments im Zimmer der Sterbenden, umgeben von der Familie

Nächtliche Totenwache. Der einst im christlichen Abendland verbreitete Brauch zu Ehren des Verstorbenen wird heute nur noch sporadisch gepflegt – wie hier in Portugal

Was sich im Abendland an Ritualen abspielte zwischen Totenbett und Grab, und wie das Sterben mehr und mehr zur „Privatsache“ wurde, analysierte der französische Historiker Philippe Ariès eindrücklich in seinem Werk „Zur Geschichte des Todes“. Vor fünfhundert Jahren galt das Sterben nicht allein als Muß, sondern als eine Kunst. Eine blühende Literaturgattung lehrte die „Ars moriendi“, die Kunst des Sterbens. Die Unterweisungen schlossen sowohl rechtes Verhalten am Krankenlager als auch Beistand für Todgeweihte ein. Denn im Mittelalter war der Tod noch öffentlich: Am Sterbebett versammelten sich Priester, Angehörige, Nachbarn, Freunde – ein regelrechtes Getümmel, wie es etwa am Tympanon der Kathedrale von Pamplona in der Sterbeszene der Jungfrau Maria plastisch ausgemalt ist. Dem Sterbenden wird eine brennende Kerze in die Hand gegeben – als gehöre er zu einer Hochzeitsgesellschaft, die den Bräutigam erwartet. Der aber kommt gemäß dem biblischen Gleichnis erst dann, wenn die Törichten des Wartens müde geworden sind, während die Klugen noch immer mit ihren Leuchten ausharren und schließlich zum himmlischen Festmahl gebeten werden.

Die katholische Sterbeliturgie gebietet, dem Todkranken für seine Reise in das verheißene Land eine Wegzehrung zu reichen: die heilige Kommunion. Früher bemühten sich die Priester, die Hostie genau im Augenblick des Todes auf die Zunge zu legen. Die Augen des Verstorbenen werden zugedrückt und auf den gleichfalls verschlossenen Mund wird zuweilen ein Wachskreuz gelegt: Kein

Dämon soll in die Öffnung eindringen, durch die die Seele entwich. Der Sterbende ist zum „Entschlafenen" geworden. Der Tod wird als Schlummer begriffen – so wie bereits in der Antike „Thanatos" und „Hypnos", die Boten anderer Welten, als Zwillingsbrüder galten.

Die nächtliche Totenwache, bei der reihum der Psalter gebetet wurde, hat ihren Ursprung in der alten Vorschrift, das Begräbnis bereits am folgenden Morgen vorzunehmen. Zur Waschung wird ein Tuch über die Leiche gebreitet, um die Blöße vor Umstehenden zu verdecken – woraus die Sitte entstand, beim Leichenbegängnis die „Bänder des Bahrtuches" zu halten. Waschen, Salben und Bekleiden des Verblichenen erinnern an die erste Weihe in der Taufe.

Im 18. Jahrhundert werden die Versammlungen im Sterbezimmer kleiner. Besucher kommen oft erst nach dem letzten Stündlein und finden eine herausgeputzte Leiche vor. Mit zunehmender Privatisierung des Sterbens im Haus gewinnt die Überführung zum Grab an Bedeutung. Schreitet zunächst lediglich ein Priester dem Sarg voran, erweitert sich das Geleit am Beginn des 19. Jahrhunderts zu einer weltlich-bürgerlichen Demonstration. Unter dem Geläut einer Glocke symbolisiert die Prozession der Trauernden das Hinübergehen in das ewige Reich: Der Leichnam wird vom Sterbehaus unter Rezitation von Wallfahrtspsalmen abgeholt, vor der Kirchentüre zum Verweilen abgesetzt, als sei sie das Tor des Himmels, bis der Zug schließlich auf dem Friedhof eintrifft, der als Bild paradiesischer Ruhe gilt. Solche großen Leichenbegängnisse sind indes auch in traditionell

Demonstration der Vergänglichkeit: In den Katakomben von Palermo auf Sizilien sind insgesamt etwa 8000 Skelette zur Schau gestellt, teils stehend an der Wand befestigt und noch mit Festgewändern angetan

geprägten Gegenden Europas selten geworden; angesichts des starken Straßenverkehrs würden sie die Lebenden mehr gefährden als den Toten zur Ehrung gereichen.

Feiern des Todes waren und sind Herzstück vieler Kulturen. In westlich geprägten Ländern wird das Unvermeidliche allerdings immer mehr verdrängt. Die Riten verarmen, der Tod wird Tabu. Dies hängt nicht zuletzt mit den Fortschritten der Medizin zusammen. Die übliche Einlieferung selbst rettungslos Todkranker ins Hospital verhindert, daß sich die Angehörigen mit den Umständen des Sterbens unter dem gemeinsamen Dach auseinandersetzen müssen. Da sich der Tod damit hinter verschlossene Türen verlagert, wissen viele Menschen nicht mehr, wie sie ihm begegnen sollen. Zum Urlaubsgrusel ist verkommen, was einst ganz alltäglich war. In der unterirdischen Kapelle von Santa Maria della Concezione in Rom beispielsweise sehen sich Besucher mit dem Tod konfrontiert, wie ihn Kapuzinermönche entschlossen zu einem großen Thema machten: Inmitten einer operettenhaften Dekoration aus Schulterblättern, Rippen, Steißbeinen und Schädeln grinsen in Kapuzen gehüllte Skelette mit Sensen und Sanduhren in den Knochenfingern von den Wänden der Gruft.

Besonders drastisch zeigt sich die Verweltlichung des Totenrituals in den USA, wo der „American Way of Life" inzwischen zu einem eigenen „American Way of Death" geführt hat. Von Küste zu Küste kümmern sich mehr als 50 000 „Bestattungs-Direktoren" um eine Kundschaft, die sich auch unter dem Schock der Trauer von den Geboten der Publicity verleiten läßt: „Sind Sie Ihrem lieben Gatten nicht eigentlich einen Sarg aus Rosenholz schuldig?" Die Bestattungen folgen einem überaus gleichförmigen Muster. Die Arrangeure holen die Verstorbenen aus den Hospitälern ab, um sie in ihren Instituten lebensecht herzurichten. Im Rahmen dieser „restaurativen Kunst" werden konservierende Substanzen in die Blutbahn gespritzt, die Haut wird geschminkt, gepudert und gewachst. Solche Behandlung gilt als selbstverständlich, und viele halten sie für gesetzlich vorgeschrieben – ein Glaube, dem die Bestatter selten widersprechen. Die Toten werden, auf seidene Kissen gebettet und fein eingekleidet, in einem „Schlummerraum" präsentiert. Dort empfangen die Angehörigen ihre Kondolenzgäste. Der gute Ton gebietet den Hinweis, wie „schön" und „friedlich" der Leichnam aussieht. Die Fahrzeugkavalkade zum Friedhof – wo eine relativ unbedeutende Zeremonie stattfindet – führt an Haus und Arbeitsplatz des Verstorbenen vorbei. Im Land der unbegrenzten Möglichkeiten kann natürlich auch eine „Drive-in-Kondolenz" gewählt werden: Man fährt im Auto beim „Bestattungsheim" vor, tippt auf der Wahlscheibe die entsprechende Nummer ein, und der geöffnete Sarg erscheint auf einer hydraulischen Hebebühne. Es folgt, bequem hinterm Steuer, der Eintrag in die Liste der Trauernden – und man braust davon.

Verdrängung der Vergänglichkeit: In Amerika ist es Brauch, den Toten in einem „Schlummerraum" lebensnah zu präsentieren. Zur Kondolenz auf der „Drive-in"-Gedenkstätte wird nur das Autofenster heruntergekurbelt. Das Schild empfiehlt: „Beten Sie im Wagen"

Sowohl im aufgeklärten Mitteleuropa wie in den USA wird Unbehagen an der Praxis der klassischen Bestattung laut. Wozu ein teurer Sarg, der ohnehin verrottet? Wozu kostbare Kissen, da der Tote doch nichts mehr fühlt? Wozu Blumen, die über Nacht verwelken? Dagegen werden – und das ist der Widersinn – die gigantisch dimensionierten Totenbräuche fremder Völker hingebungsvoll bewundert: Zahllose westliche Touristen machen sich im Urlaub auf Bali aus ihrer bequemen Hotelanlage eigens auf, um die prachtvolle Verbrennung eines Lokalfürsten zu erleben; Millionen pilgern nach Ägypten, um die Pyramiden zu bestaunen. Die Identitätsprobleme westlicher Kulturen bei der zeremoniellen Behandlung des Todes hängen sicherlich auch mit einer Krise der Religion zusammen: Wird das Jenseits negiert, so sind auch die Rituale schlicht sinnlos geworden, und sterbliche Überreste sollten auf die einfachste, die hygienischste Weise beseitigt werden.

Noch aber können sich viele Hinterbliebene nicht dazu durchringen, auf den Dienst der Kirche zu verzichten. Der Pfarrer schließt die Beerdigung mit der Beschwörung: „Der Herr segne Ausgang und Eingang, von nun an bis in Ewigkeit." Den wenigsten Trauergästen ist klar, daß dieses Wort aus Psalm 120 auch bei der Hochzeitsfeier rezitiert wird. Denn beim Begräbnis geht ein Mensch ebenfalls von einem Lebensstadium ins nächste: deshalb „Ausgang und Eingang" – und nicht umgekehrt.

Ein wenige Jahrzehnte altes katholisches Handbuch zur Sterbeliturgie zeugt allerdings davon, daß sich die Interessen von Klerus und Kirchenvolk bei Totenfeiern schon lange nicht mehr decken: „Eine unwürdige Sitte sind bei uns die Blasmusiken während des Trauerzuges. Sie machen nicht nur das Beten unterwegs unmöglich. Die tränenrührigen und finsteren Kompositionen haben nichts vom Trost christlicher Auferstehungshoffnung. Mehr als geschmacklos ist es, wenn diese Musikkapellen sich am Grabe nach der Beerdigung umdrehen und mit den Klängen eines Militärmarsches oder sogar eines Trinkliedes Richtung auf das nächste Gasthaus nehmen."

Längst hat der griechische Philosoph Demokrit die Problematik schlicht auf den Punkt gebracht: „Ein Leben ohne Feste wäre wie ein weiter Weg ohne Einkehr ..."

Die Bestattungsrituale vieler Völker – hier ein Leichenzug auf Sri Lanka – beschwören: Der Tod ist nicht Trennung auf ewig, sondern nur Übergang in eine andere Welt

Segnung in Irland: „Ausgang ist Eingang"

Einführungen in Kulturanthropologie und Völkerkunde

Bernhard Streck (Hg.) (1987). Wörterbuch der Ethnologie. Köln: Du Mont.

The New Encyclopaedia Britannica (1989). Sacred Rites and Ceremonies. 15. Aufl., Bd. 26, S. 816–889. Chicago u. a.: Encyclopaedia Britannica Inc.

Emily Schultz/Robert Lavenda (1990). Cultural Anthropology. 2. überarb. Aufl., St. Paul, New York, Los Angeles, San Francisco: West.

James Peoples/Garrick Bailey (1991). Humanity. An Introduction to Cultural Anthropology. 2. überarb. Aufl., St. Paul, New York, Los Angeles, San Francisco: West.

Anthologien zu Festen und Feiern

Hans-Joachim Simm (Hg.) (1981). Das Fest. Ein Lesebuch vom Feiern. München, Wien: Karl Hanser.

Uwe Schultz (Hg.) (1988). Das Fest. Eine Kulturgeschichte von der Antike bis zur Gegenwart. München: C. H. Beck.

David Cohen (Hg.) (1991). The Circle of Life. Rituals from the Human Family Album. San Francisco: Harper.

Kapitel I:

Heilige Ordnung in Zeit und Raum

Osternachtsfeier und Liturgie

Arbeitsgemeinschaft der Liturgischen Kommissionen des deutschen Sprachgebietes (Hg.) (1974). Karwoche und Ostern. Meßbuch für die Bistümer des deutschen Sprachgebietes. Einsiedeln, Köln: Benziger.

Gerhard Podhradsky (1962). Lexikon der Liturgie. Ein Überblick für die Praxis. Innsbruck, Wien, München: Tyrolia.

Heiliger Raum und Heilige Zeit

Rudolf Otto (1917). Das Heilige. München.

Mircea Eliade (1990). Das Heilige und das Profane. Vom Wesen des Religiösen. Frankfurt a.M.: Suhrkamp. – Erstausgabe: Reinbek bei Hamburg: Rowohlt (1957).

Heinrich Zimmer (1972). Indische Mythen und Symbole. Übertragung Ernst Wilhelm Eschmann. Düsseldorf: Eugen Diederichs. – Erstausgabe: Myths and Symbols in Indian Art and Civilization. New York: Bollingen Foundation Inc. (1946).

Manfred Josuttis (1991). Der Weg in das Leben. Eine Einführung in den Gottesdienst auf verhaltenswissenschaftlicher Grundlage. München: Chr. Kaiser.

Symbol und Ritual

Louis Bouyer (1964). Mensch und Ritus. Übers. Franz Josef Schierse. Mainz: Matthias Grünewald. – Erstausgabe: Le Rite et L'Homme. Paris: Cerf (1962).

Gerd Heinz-Mohr (1971). Lexikon der Symbole. Bilder und Zeichen der christlichen Kunst. Düsseldorf, Köln: Eugen Diederichs.

Susanne K. Langer (1984). Philosophie auf neuen Wegen. Das Symbol im Denken im Ritus und in der Kunst. Übers. Ada Löwith. – Erstausgabe: Philosophy in a New Key. A Study in the Symbolism of Reason, Rite, and Art. Cambridge, MA: Harvard Univ. Press (1942).

Hans Biedermann (1989). Knaurs Lexikon der Symbole. München: Droemer Knaur.

Kulturethologie

Otto Koenig (1970). Kultur und Verhaltensforschung. Einführung in die Kulturethologie. München: dtv.

Wallfahrt

Jonathan Sumption (1975). Pilgrimage. An Image of Mediaeval Religion. London: Faber & Faber.

Norman Foster (1982). Die Pilger. Reiselust in Gottes Namen. Frankfurt a.M.: S. Fischer/Wolfgang Krüger.

Kapitel II:

Kulte unter Mond und Sonne

Klosterfest in Hemis

Anneliese und Peter Keilhauer (1982). Ladakh und Zanskar. Lamaistische Klosterkultur im Land zwischen Indien und Tibet. Köln: Du Mont.

Jean-Louis Nou/Gisela Bonn (1982). Indische Feste. Bilder von Göttern und Menschen. Köln: Du Mont.

Kosmogonie und Fruchtbarkeitskulte

Erich Neumann (1974). Die Große Mutter. Eine Phanomenologie der weiblichen Gestaltungen des Unbewußten. Olten, Freiburg i. Br.: Walter.

Hans Peter Duerr (Hg.) (1989). Alcheringa oder die beginnende Zeit: Studien zu Mythologie, Schamanismus und Religion. Frankfurt a.M.: Athenäum.

Erno Beuchelt (1988). Der Tanz der tyi wara. Erntedank auf afrikanisch. S. 403–412 in Uwe Schultz (Hg.), Das Fest. München: C.H. Beck.

Manfred Clauss (1990). Mithras. Kult und Mysterien. München: C.H. Beck.

Bräuche im Jahreskreis

K.A. Oberle (1883). Überreste germanischen Heidentums im Christentum oder die Wochentage, Monate und christlichen Feste etymologisch, mythologisch, symbolisch und historisch erklärt. Baden-Baden: Emil Sommermeyer.

Eugen Fehrle (1955). Fest und Volksbräuche im Jahreslauf europäischer Völker. Kassel: Johann Philipp Hinnenthal.

Walter Hansen (Hg.) (1984). Das große Festtagsbuch. Feiern, Tanzen und Singen. 350 Volkslieder. Brauchtum im Jahreskreis. Akkordbezifferung Georg Schwenk. Freiburg i. Br.: Christophorus.

Theorien der Kulturanthropologie

Horst Nachtigall (1974). Völkerkunde. Eine Einführung. Frankfurt a.M.: Suhrkamp. – Erstausgabe Stuttgart: Deutsche Verlags-Anstalt (1972).

Roland Girtler (1979). Kulturanthropologie: Entwicklungslinien, Paradigmata, Methoden. München: dtv.

Wolfgang Marschall (Hg.) (1990). Klassiker der Kulturanthropologie. Von Montaigne bis Margaret Mead. München: C.H. Beck.

Wegschenken: Kula-Seefahrt und Potlatch

Bronislaw Malinowski (1984). Argonauten des westlichen Pazifik. Ein Bericht über Unternehmungen und Abenteuer der Eingeborenen in den Inselwelten von Melanesisch-Neuguinea. Übers. Heinrich Ludwig Herdt. Frankfurt a.M.: Syndikat. – Erstveröffentlichung: Argonauts of the Western Pacific. London (1922).

Marvin Harris (1974). Potlatch. S. 88–93 in Elvio Angeloni (Hg.), Annual Editions: Anthropology 90/91. Guilford: Dushkin. – Erstveröffentlichung: Cows, Pigs, Wars and Witches. New York: Vintage Books (1974).

Festliche Selbstdarstellung von Herrschern

Michael Stürmer (1988). Im Zeichen der Sonne. Die Krönung Ludwigs XV. von Frankreich im Jahre 1722. S. 222–231 in Uwe Schultz (Hg.), Das Fest. München: C.H. Beck.

Hermann Schreiber (1988). Venedigs goldener Herbst. Barocke Vermählung mit dem Meer. S. 199–209 in Uwe Schultz (Hg.), Das Fest. München: C.H. Beck.

Georg Kohler/Alice Villon-Lechner (Hg.) (1988). Die schöne Kunst der Verschwendung. Fest und Feuerwerk in der europäischen Geschichte. Zürich, München: Artemis.

Gertrud Mander (1988). Die unverwesliche Krone. Das Hinrichtungsfest von Karl I. S. 186–198 in Uwe Schultz (Hg.), Das Fest. München: C.H. Beck.

Kirmes, Jahrmarkt und politische Feste

Ingeborg Weber-Kellermann (1981). Volksfeste in Deutschland. HB Bildatlas Spezial. Hamburg: HB.

Henner Koch (1983). Feste in der Stadt. Vom Jahrmarkt zum Stadtteilfest. Diplom-Arbeit, FB Sozialwesen der Gesamthochschule Kassel.

Kapitel III:

Lust auf die verkehrte Welt

Narrenfeste des Mittelalters und Karneval

Karl Friedrich Flögel (1978). Flögel's Geschichte des Grotesk-Komischen. (Die biliophilen Taschenbücher, Bd. 24) Dortmund: Harenberg Kommunikation. Fotomechanischer Nachdruck der von Friedrich W. Ebeling bearb. u. erweiterte Ausgabe. Leipzig: Adolf Werl (1862).

Rolf Steinbach (1970). Die deutschen Oster- und Passionsspiele des Mittelalters. Kölner Germanistische Studien (Hg. Paul Böckmann), Bd. 4. Köln, Wien: Böhlau.

Jacques Heers (1986). Vom Mummenschanz zum Machttheater. Europäische Festkultur im Mittelalter. Übers. Grete Osterwald. Frankfurt a.M.: S. Fischer. – Erstausgabe: Fêtes des fous et Carnavals. Paris: Librairie Arthème Fayard (1983).

Leander Petzoldt (1988). Narrenfeste. Fastnacht, Fasching, Karneval in der Bürgerkultur der frühen Neuzeig. S. 140–152 in Uwe Schultz (Hg.), Das Fest. München: C.H. Beck.

Anita M. Back/Hermann Groeneveld (1989). Basler Fasnacht. (Die bibliophilen Taschenbücher Nr. 558). Dortmund: Harenberg Kommunikation. – Erstausgabe: 1988.

Römische Saturnalien und Hofnarren

Anton C. Zijderveld (1976). Humor und Gesellschaft. Eine Soziologie des Humors und des Lachens. Graz, Wien, Köln: Styria. – Erstausgabe: Sociologie van de zotheid. Meppel: J.A. Boom en Zoon (1971).

Klaus Bringmann (1988). Der Triumph des Imperators und die Saturnalien der Sklaven in Rom. S. 50–58 in Uwe Schultz (Hg.), Das Fest. München: C.H. Beck.

Zeremonielle Clowns und Schamanen

Alfred Stolz (1988). Schamanen. Ekstase und Jenseitssymbolik. Köln: Dumont.

Mircea Eliade (1989). Schamanismus und archaische Ekstasetechnik. Frankfurt a.M.: Suhrkamp. – Erstausgabe: Le chamanisme et les techniques archaiques de l'exstase. Paris: Payot (1951).

Hans-Ulrich Sanner (1990). Die Clown-Bünde der Pueblo-Indianer. S. 243–250 in Gisela Völger/Karin v. Welck (Hg.), Männerbande. Männerbünde. Bd. 2. Köln: Rautenstrauch-Joest-Museum.

Tantra – Versöhnung von Askese und Ekstase

Klaus Fischer (1979). Erotik und Askese in Kult und Kunst der Inder. Köln: Du Mont.

Heinrich Zimmer (1979). Philosophie und Religion Indiens. Übertragung und Hg. Lucy Heyer-Grote. Frankfurt: Suhrkamp – Erstausgabe: Philosophies of India. Aus dem Nachlaß bearbeitet von Joseph Campbell. New York: Bollingen Foundation (1951).

Kapitel IV:

Im Spiel erwacht die Kultur

Homo ludens – Der spielende Mensch

Johan Huizinga (1987). Homo Ludens – Vom Ursprung der Kultur im Spiel. Übers. H. Nachod, Nachwort Andreas Flitner. Hamburg: Rowohlt. – Erstausgabe: 1938.

Eugen Fink (1960). Spiel als Weltsymbol. Stuttgart: W. Kohlhammer.

Ruth Dirx (1968). Gaukler, Kinder, kluge Köpfe. Das Spiel einst und jetzt. Hannover: Fackelträger, Schmidt-Küster.

Gerd Heinz-Mohr (1972). Spiel mit dem Spiel. Eine kleine Spielphilosophie. Stuttgart: J.F. Steinkopf.

Biologie von Grußritual, Tanz und Musik

Irenäus Eibl-Eibesfeldt (1984). Die Biologie des menschlichen Verhaltens. Grundriß der Humanethologie. München, Zürich: Piper.

Thomas Pitcairn/Margret Schleidt (1976). Dance and decision: an analysis of a courtship dance of the Medlpa, New Guinea. Behaviour 58, S. 298–316.

Lächeln, Lachen, Humor

Jan van Hooff (1969). The facial display of the Catarrhine monkeys and apes. S. 9–98 in Desmond Morris (Hg.), Primate Ethology. New York: Garden City.

Mahadev L. Apter (1985). Humor and Laughter. An Anthropological Approach. Ithaca, London: Cornell.

Sportfeste und kultische Ballspiele

Roman Piña Chan (1968). Spiele und Sport im alten Mexiko. Übers. Elsa Schulze. Leipzig: Edition Leipzig.

Hannsferdinand Döbler (1978). Sport, Spiel, Kunst. Döblers Kultur- und Sittengeschichte der Welt, Bd. VIII. München: Wilhelm Goldmann. – Erstausgabe: München: C. Bertelsmann (1974).

Janice A. Beran (1981). The Iowa girls' high school basketball tournament viewed as an institutionalized ritual. S. 149–157 in Alyce Taylor Cheska (Hg.), Play as Context. (Proceedings of The Association for The Anthropological Study of Play, 1979). West Point, N.Y.: Leisure Press.

Christian Meier (1988). Das große Fest zu Olympia im klassischen Altertum. S. 38–49 in Uwe Schultz (Hg.), Das Fest. München: C.H. Beck.

Kapitel V:

Ins Leben geboren, zum Menschen geweiht

Übergangsriten

Arnold van Gennep (1972). The Rites of Passage. Übers. Monika B. Vizedom/ Gabrielle L. Caffee, Einf. Solon T. Kimball. Chicago: Univ. of Chicago Press. – Erstausgabe: Les rites de passage (1909).

Victor Turner (1969). The Ritual Process. Structure and Antistructure. Chicago: Aldine.

Barbara Myerhoff (1984). Rites and Signs of Ripening: The intertwining of ritual, time, and growing older. S. 305–330 in David I. Kertzer/Jennie Keith (Hg.), Age and Anthropological Theory. Ithaca, London: Cornell Univ. Press.

Geburt

Donn V. Hart/Phya Anuman Rajadhon/Richard J. Coughlin (1965). Southeast Asian Birth Customs. Three Studies in Human Reproduction. Behavior Science Monographs. New Haven, Connecticut: Human Relations Area Files Press.

Reifeweihen

Marie-Louise Bastin (1990). Die Inititiationsriten mukanda und mungonge der Tshokwe (Angola). S. 315–326 in Gisela Völger/Karin v. Welck (Hg.), Männerbande. Männerbünde. Bd. 1. Köln: Rautenstrauch-Joest-Museum.

Leonard Mars (1990). Coming of age among Jews: Bar Mitzvah and Bat Mitzvah ceremonies. S. 58–75 in Paul Spencer (Hg.), Anthropology and the Riddle of the Sphinx. Paradoxes of Changes in the Life Course. London, New York: Routledge.

Männerbünde

Gisela Völger/Karin v. Welck (Hg.) (1990). Männerbande. Männerbünde. Zur Rolle des Mannes im Kulturvergleich. 2. Bde. Köln: Rautenstrauch-Joest-Museum (insbesondere Kap. 4, Wolfgang Lipp: Männerbünde, Frauen und Charisma; Kap. 6, Mario Erdheim/Brigitta Hug: Männerbünde aus ethnopsychoanalytischer Sicht).

Gilbert Herdt (1982). Rituals of Manhood: Male Initiation in Papua New Guinea. Berkeley: Univ. of California Press.

Ethnopsychoanalyse der Beschneidung

M. R. Allen (1967). Male Cults and Secret Initiations in Melanesia. Melbourne: Melbourne Univ. Press; London, N.Y.: Cambridge Univ. Press.

Bruno Bettelheim (1962). Symbolic Wounds. Puberty Rites and the Envious Male. New York: Collier. – Erstausgabe: Glencoe: The Free Press (1954).

Hanny Lightfoot-Klein (1989). Über radikale Beschneidung von Frauen im Sudan. Zeitschrift für Sexualforschung 2, S. 147–159.

Edward Wallerstein (1989). Säkulare Beschneidung in den USA: Ein medizinischer Skandal. Zeitschrift für Sexualforschung 2, S. 160–170.

Wechsel von Altersklassen

Michael Bollig (1990). Der Kampf um Farben und Federn – Promotion von Altersgruppen bei den Pokot Ost-Kenias. S. 259–266 in Gisela Völger/Karin v. Welck (Hg.), Männerbande. Männerbünde. Bd. 1. Köln: Rautenstrauch-Joest-Museum.

Hans-Werner Prahl (1988). Doktor Schmaus und seine Gäste. Prüfungszeremonien und Doktorfeiern im späten Mittelalter. S. 105–115 in Uwe Schultz (Hg.), Das Fest. München: C.H. Beck.

Barbara Ungeheuer (1991). Marquis de Sade läßt grüßen. Erstsemester an Frankreichs Eliteschulen müssen sich peinigenden Ritualen unterwerfen. Die Zeit 49, S. 82.

Kapitel VI:

Hinter dem Schleier der Hochzeitsnacht

Hindu-Hochzeiten

J. A. Dubois (1985). Hindu manners, customs and ceremonies. Übers. Henry K. Beauchamp. New Delhi: Asian Edicational Services. – Erstausgabe: 1906.

Brautkauf bei den Kipsigis

Monique Borgerhoff Mulder (1988). Kipsigis bridewealth payments. S. 65–82 in Laura Betzig/Monique Borgerhoff Mulder/Paul Turke (Hg.), Human Reproductive Behavior – A Darwinian Perspective. Cambridge, New York: Cambridge Univ. Press.

J.G. Peristiany (1939). The Social Institutions of the Kipsigis. Oxford.

Mitgift versus Brautpreis

John L. Comaroff (Hg.) (1980). The Meaning of Marriage Payments. London, N.Y.: Academic Press.

Jack Goody (1973). Bridewealth and dowry in Africa and Eurasia. S. 1–58 in Jack Goody/S.J. Tambiah (Hg.), Bridewealth and Dowry. Cambridge: Cambridge Univ. Press.

Gisela Völger/Karin v. Welck (Hg.) (1985). Die Braut: Geliebt – verkauft – getauscht – geraubt. Zur Rolle der Frau im Kuturvergleich. 2 Bde. Köln: Rautenstrauch-Joest-Museum.

Hochzeitsreise

Simon Winchester (1987). Company honeymoon. Korea's post marriage rituals. Guardian, 1. Sept., S. 18f.

Historische Hochzeitsbräuche in Europa

Ernst Samter (1901). Familienfeste der Griechen und Römer. Berlin: Georg Reimer.

H. Bächtold (1914). Die Gebräuche bei Verlobung und Hochzeit mit besonderer Berücksichtigung der Schweiz. (Schriften der Schweizerischen Gesellschaft für Volkskunde 11). Basel, Straßburg.

Birgit Lahann (1987). Hochzeit. Lust und Elend der ersten Nacht. Hamburg: Gruner & Jahr.

Peter Blickle (1988). „Zu mercklichem Nachtheil gemeines Nutzens." Die Bauernhochzeit im Mittelalter. S. 92–104 in Uwe Schultz (Hg.), Das Fest. München: C.H. Beck.

Günter Barudio (1988). Die Elbe in Flammen. Fürstenhochzeit Georg von Hessen-Darmstadt und Sophie von Sachsen im Jahr 1627. S. 175–185 in Uwe Schultz (Hg.), Das Fest. München: C.H. Beck.

Kapitel VII:

Rausch im Schatten des Todes

Zweite Bestattung

Robert Hertz (1907). Contribution à une étude sur la représentation collective de la mort. Année sociologique 10, S. 48–137.

Richard Huntington/Peter Metcalf (1979). Celebrations of Death. The Anthropology of Mortuary Ritual. Cambridge, London etc.: Cambridge Univ. Press.

R.E. Downs (1956). The Religion of the Baré'e-speaking Toradja of Central Celebes. The Hague: Excelsior.

Andrew Strathern (1982). Witchcraft, greed, cannibalism and death: some related themes from the New Guinea Highlands. S. 111–133 in Maurice Bloch/Jonathan Parry (Hg.), Death and the regenerations of life. Cambridge etc.: Cambridge Univ. Press.

Hinduistische Leichen- und Witwenverbrennung

Jonathan Parry (1982). Sacrificial death and the necrophagous ascetic. S. 74–110 in Maurice Bloch/Jonathan Parry (Hg.), Death and the regeneration of life. Cambridge etc.: Cambridge Univ. Press.

Ägyptische Jenseitsvorstellungen

J. Wilson (1951). The Burden of Egypt. Chicago: Univ. of Chicago Press.

Totenhochzeiten

Steffen Berg/Renate Rolle/Henning Seemann (1981). Der Archäologe und der Tod. München, Luzern: C.J. Bucher.

Abendländische Totenfeiern

Jessica Mitford (1963). The American Way of Death. New York: Simon & Schuster.

Philippe Ariès (1984). Bilder zur Geschichte des Todes. Übers. Hans-Horst Henschen. München, Wien: Hanser. – Erstausgabe: Images de l'homme devant la mort. Paris: Editions du Seuil (1983).

Stichwort-Verzeichnis

(Kursive Seitenzahlen verweisen auf Bilder)

Stichwort-Verzeichnis

(Kursive Seitenzahlen verweisen auf Bilder)

Stichwort-Verzeichnis

(Kursive Seitenzahlen verweisen auf Bilder)

Stichwort-Verzeichnis

(Kursive Seitenzahlen verweisen auf Bilder)

Bildnachweis

Anordnung im Layout: l. = links, r. = rechts, o. = oben, m. = Mitte, u. = unten

Titel: Michel Setboun/Rapho/Focus
Kleine Fotos von r. nach l.: Fritz Moravec; Guido Mangold; Pascal Maitre/Odyssey/Focus; Gary Halpern/Black Star; M. Renaudeau/Hoa-Qui; Gerard Vandystadt/Vandystadt/Focus; Adriano Heitmann; Hans-Joachim Ellerbrock & Gerd Schafft/Bilderberg

Vorsatz vorn: Xavier Zimbardo
Vorsatz hinten: Adriano Heitmann

Abbas/Magnum/Focus: 18/19, 320 o.
Sam Abell: 214/215
Heimo Aga: 3, 105, 126/127 (2), 128 (2), 149 r.
Ambild/Schapowalow: 110/111
John Annerino: 224
Mohamed Ansar/Impact: 220
Archiv für Kunst und Geschichte: 102 l. u., 129, 132, 326/327 (2)
Eve Arnold/Magnum/Focus: 260/261, 289 l.
Artephot/A.D.P.C.: 97
Artephot/Kumasegawa: 149 l.
Artephot/Percheron: 131 l.
Artephot/Trola: 130
Artephot/Varga: 96
Alexandra Avakian/Woodfin Camp/Focus: 124/125
Toma Babovic/Fotoarchiv: 49 r. u.
Jürgen Bahlo/Römisch Germanische Kommission, Frankfurt: 38
Hoda Bakhshandagi/Black Star: 166/167
Bruno Barbey/Magnum/Focus: 26/27, 51, 58/59, 144, 145 o., 250/251, 304/305, 319, 337
Beisert/Schapowalow: 158/159
Italo Bertolasi: 89 r., 330 o.
Bildarchiv Preußischer Kulturbesitz: 37, 102 l. o.
Li Siao Bin/ANA: 306/307
Dieter Blum/Auslöser: 188/189, 216, 219
Bongarts: 183
Andrea Booher: 268/269 (2), 270, 273, 275, 279
Eric Bouvet/Odyssey/Focus: 328/329
Ian Bradshaw/Colorific/Focus: 223
The Bridgeman Art Library: 135
M. Bruwier/Hoa-Qui: 286/287
Hans-Jürgen Burkard/Bilderberg: 116/117, 182/183, 321
Chamussy/Sipa Press: 138/139
J.-M. Charles/Rapho/Focus: 147
Jean-Loup Charmet: 44 r.
Paul Chesley/Photographers Aspen: 221
Henning Christoph/Fotoarchiv: 100, 206/207
Yvan Cohen/Sipa Press: 89 l. o.
Stephane Compoint/Sygma: 232/233
Christopher Cormack/Picture Group/Focus: 338
Günter Deichmann/Transglobe: 312/313
Richard Derk/Picture Group/Focus: 28/29
Jean Noël De Soye/Rapho/Focus: 176, 244/245, 280
Nicolaus De Vore III/Photographers Aspen: 24/25
Edimedia: 47 o., 134 u.
Chad Ehlers/Transglobe: 92 l.
Hans-Joachim Ellerbrock & Gerd Schafft/Bilderberg: 137 r.
Victor Englebert: 174 (3), 236/237, 283
Victor Englebert/Black Star: 154/155
Liane Enkelis/Wheeler Pictures/Focus: 170/171
Thomas Ernsting/Bilderberg: 72/73
Peter Fischer/Transglobe: 320 u.
Kevin Fleming: 152/153
Werner Forman Archive: 85
Wesley Frank/Woodfin Camp/Focus: 22/23
Franz Frei: 102/103
Robert Frerck/Odyssey/Chicago/Susan Griggs Agency: 278
Michael Friedel: 89 l. u., 252/253
Francesco Gavazzeni/Focus: 138 m. o.
Gustavo Gilabert/JB Pictures/Focus: 12/13
David Gillison: 230 u., 239
David Gillison/Peter Arnold, Inc.: 236 o.
François Gilson/Gamma: 162/163
Giorgis/Grazia Neri: 3, 151
Giraudon: 44 l.
Mike Goldwater/Network/Focus: 274 u.
The Granger Collection: 237
Philippe Grielen: 230 o.
Andreas Große: 177
François Guenet/Odyssey/Focus: 142
Claus Guglberger/Black Star: 138 o.
Alain Guillou/Focus: 137 o.
Dan Guravich/Photo Researchers, Inc.: 232 o.
S. Gutierrez/ANA: 138 m. u.
Bruce Haley/Black Star/Fotoarchiv: 145 r. u.
Gary Halpern/Black Star: 302/303
Claus Hansmann: 134 o., 284, 336
Heaton/Schapowalow: 326
E.A. Heiniger/Photo Researchers, Inc.: 256/257
Adriano Heitmann: 204/205, 264/265
Rio Helmi/I.N.I.: 208/209
Hinterleitner/Contrast: 160/161
David Hiser/Photographers Aspen: 332/333
David Hiser/The Image Bank: 339 u.
Thomas Höpker/Anne Hamann: 74/75
Ethan Hoffman/Focus: 331 (2)
George Holton/Photo Researchers, Inc.: 83, 103
Ernst Horwarth/Fotoarchiv: 88 o., 92/93, 93 l., 120/121
M. Huet/Hoa-Qui: 87
Nikolai Ignatiev/Network/Focus: 298/299
Iowa Girls Highschool Athletic Union: 180
Jentsch/Schapowalow: 276
Susan Johns/Photo Researchers, Inc.: 339 o.
Antoinette Jongen: 118/119, 140, 141 u.
Wolfgang Kaehler: 94, 190/191, 234/235, 296/297
Peter Keen/Susan Griggs Agency: 114/115
Justin Kerr: 182 l.
Rupinger Khullar/Tony Stone Worldwide, Ltd.: 254/255
Chon Kil-Kim: 276/277
Paolo Koch/Photo Researchers, Inc.: 340 l.
Stephane Korb/ANA: 45 u.
Peter Korniss/Fotoarchiv: 43
Kraipit/Sipa Press: 315
Bob Krist/Black Star: 192/193, 226/227
Wolfgang Kunz/Bilderberg: 133
Michael Lange/Visum: 212/213
Frans Lanting/Minden Pictures: 70/71, 95, 322/323 (2), 324 o.
Heidi Larson: 288
Lauros-Giraudon: 42 r.
Till Leeser/Bilderberg: 238
Catherine Leroy/Sipa Press: 240/241
Lochon/Gamma: 294/295
Jean-Marc Loubat/Vandystadt/Focus: 334
Pascal Maitre/Odyssey/Focus: 168/169, 230/231
Jean-Luc Manaud/Odyssey/Focus: 20/21
Manaud-Elbaz/Odyssey/Focus: 3, 247
Guido Mangold: 8/9, 16/17, 47 u., 49 r. o., 292/293
Olivier Martel/Odyssey/Focus: 42 l., 196/197, 325
Olivier Martel/Rapho/Focus: 232 u.
Fred Mayer/Magnum/Focus: 228 l.
Walter Mayr/Focus: 81
Scott McKiernan/Black Star: 266/267
Claus Meyer/Black Star: 106/107, 138 l. u.
Roland & Sabrina Michaud/Focus: 46, 60/61, 84, 86, 122/123, 148, 271, 289 r.
Lawrence Migdale/Photo Researchers, Inc.: 56/57
Miguel/The Image Bank: 210/211
Andrew Moore/Katz Pictures/Focus: 340 r.
Fritz Moravec: 39, 64/65
Patrick Morrow: 312
Knut Müller/Magma: 50
Horst Munzig/Anne Hamann: 3, 5, 32/33 (2), 34/35, 48 r., 53, 91
Kazuyoshi Nomachi/PPS/Focus: 40/41, 146, 242/243 (2)
Jon Ortner: 78/79 (2)
Frederic Paris: 216/217, 218, 245
Pamela Parlapiano/Photo Researchers, Inc.: 274/275
Perrin/GLMR/Hoa-Qui: 184/185
Gerard Planchenault/Vandystadt/Focus: 181
Louisa Preston/Photo Researchers, Inc.: 281 l. u.
Jean-Baptiste Rabouan: 3, 55, 112/113
Bonnie Rauch/Photo Researchers, Inc.: 45 o.
Tim Rautert/Visum: 235, 334/335
G.P. Reichelt: 318
G.P. Reichelt/Look: 3, 291
Dirk Reinartz/Visum: 234
Andrej Reiser/Bilderberg: 108/109, 136 l., 172/173 (2), 185
M. Renaudeau/Hoa-Qui: 282/283, 308/309
Jean-François Rollinger/Fovea: 49 l.
John Running: 141 o.
Scala: 98/99, 178
Scala/Germanisches Nationalmuseum, Nürnberg: 131 r.
Amos Schliack: 10/11, 76/77, 88 u.
Harald Schmitt/Stern: 90
Walter Schmitz/Bilderberg: 164/165
Scholz/Schapowalow: 80
Michel Serrallier/Rapho/Focus 30/31
Michel Setboun/Rapho/Focus: 272
Serge Sibert/Odyssey/Focus: 314
Duncan Sim: 6/7
Tom Sobolik/Black Star: 244
Armin Sperber/Schapowalow: 262/263
Ted Spiegel/Susan Griggs Agency: 225
Erich Spiegelhalter/Focus: 248/249
Anselm Spring: 198/199
Jean-Marie Steinlein/Explorer: 300/301
George Steinmetz: 99, 101, 175
Elfie Stejskal: 228 r., 229
Ken Straiton/Anne Hamann: 145 l. u.
Swersey/Gamma Liaison: 333
Taverna/Sipa Press/Transglobe: 3, 187
Carlos Terrazas: 143
Klaus Thiele: 93 r.
Robin Thomas/Outline Press/Focus: 52
Transglobe: 335
Stephen Trimble: 194/195
Peter Turnley/Black Star: 258/259, 281 o.
Penny Tweedie/Impact: 200/201
Alvis Upitis/The Image Bank: 68/69
Catherine Ursillo/Photo Researchers, Inc.: 274 o.
Christian Vaisse/Hoa-Qui: 324 u.
Valdin/Schapowalow: 36
Gerard Vandystadt/Vandystadt/Focus: 156/157
Richard Vogel/Wheeler Pictures/Focus: 48 l.
Theodore Vogel/Explorer: 66/67, 136/137, 281 r. u.
Waeter/Rapho/Focus: 330 u.
Patrick Ward/Colorific/Focus: 14/15
Ron Watts/First Light: 316/317
Jamie Wellford/Black Star: 82/83
David H. Wells/JB Pictures/Focus: 226
Nick Wheeler/Black Star: 310/311
White Star: 222/223
Michael Wolf/Visum: 202/203
Sabine Wuensch: 179
Xavier Zimbardo: 62/63

BÜCHER VON GEO

Uwe George
Die Wüste
Vorstoß zu den Grenzen des Lebens.
356 Seiten mit 270 Farbfotos.
ISBN 3-570-01665-X
Ausgezeichnet mit dem Kodak-Fotobuchpreis

Joachim W. Ekrutt
Die Sonne
Die Erforschung des kosmischen Feuers.
368 Seiten mit 274 Farbfotos.
ISBN 3-570-01720-6

Peter-Hannes Lehmann/Jay Ullal
Tibet
Das stille Drama auf dem Dach der Erde.
390 Seiten mit 370 Farbfotos.
ISBN 3-570-01721-4

Peter Schille/Hans W. Silvester
Bedrohte Paradiese
Erkundungen in Europas schönsten Naturreservaten.
350 Seiten mit 287 Farbfotos.
ISBN 3-570-04955-8
Ausgezeichnet mit dem Kodak-Fotobuchpreis
(vergriffen)

Uwe George
Geburt eines Ozeans
Afrika – Ein Kontinent zerbricht.
362 Seiten mit 278 Farbfotos.
ISBN 3-570-07030-1
Ausgezeichnet mit dem Kodak-Fotobuchpreis

Loren A. McIntyre
Die amerikanische Reise
Auf den Spuren Alexander von Humboldts.
368 Seiten mit 378 farbigen Abbildungen.
ISBN 3-570-07029-8

Erwin Lausch
Der Planet der Meere
Forscher entschlüsseln die Geheimnisse der Tiefe.
382 Seiten mit 440 farbigen Abbildungen.
ISBN 3-570-02058-4

Dankwart Grube/Thomas Höpker
Die New York-Story
Wie aus Mannahatin eine Weltstadt wurde.
384 Seiten mit 483 meist farbigen Abbildungen.
ISBN 3-570-02056-8
Ausgezeichnet mit dem Kodak-Fotobuchpreis
(vergriffen)

Rolf Bökemeier/Michael Friedel
Naturvölker
Begegnungen mit Menschen, die es morgen nicht mehr gibt.
348 Seiten mit 280 Farbfotos.
ISBN 3-570-04742-3
Ausgezeichnet mit dem Kodak-Fotobuchpreis

Wolf Schneider/Guido Mangold
Die Alpen
Wildnis – Almrausch – Rummelplatz.
364 Seiten mit 304 farbigen Abbildungen.
ISBN 3-570-02380-X

Uwe George
Regenwald
Vorstoß in das tropische Universum.
380 Seiten mit 408 farbigen Abbildungen.
ISBN 3-570-04572-2

Klaus Harpprecht/Thomas Höpker
Amerika
Die Geschichte der Eroberung von Florida bis Kanada.
348 Seiten mit 280 farbigen Abbildungen.
ISBN 3-570-07996-1

GEO und NATIONAL GEOGRAPHIC SOCIETY
Der Mensch
Eine phantastische Reise durch den Kosmos in uns.
384 Seiten mit 440 farbigen Abbildungen.
ISBN 3-570-01639-0

Karl Günter Simon
Islam
Und alles in Allahs Namen.
364 Seiten mit 342 farbigen Abbildungen.
ISBN 3-570-06210-4

Uwe George
Inseln in der Zeit
Venezuela – Expeditionen zu den letzten weißen Flecken der Erde.
384 Seiten mit 422 farbigen Abbildungen.
ISBN 3-570-06212-0

Volker Sommer
Die Affen
Unsere wilde Verwandtschaft.
348 Seiten mit 325 farbigen Abbildungen.
ISBN 3-570-03985-4

Reinhard Breuer
Mensch+Kosmos
Expedition an die Grenzen von Raum und Zeit.
350 Seiten mit 400 farbigen Abbildungen.
ISBN 3-570-03470-4

Gerald Sammet
Der vermessene Planet
Bilderatlas zur Geschichte der Kartographie.
348 Seiten mit 383 farbigen Abbildungen.
ISBN 3-570-03471-2

Wolfgang W. Wurster
Die Schatz-Gräber
Archäologische Expeditionen durch die Hochkulturen Südamerikas.
350 Seiten mit 402 meist farbigen Abbildungen.
ISBN 3-570-01000-7

Volker Sommer
Feste, Mythen, Rituale
Warum die Völker feiern.
352 Seiten mit 295 farbigen Abbildungen.
ISBN 3-570-01746-X